AF894955

Über

die völkerrechtliche clausula rebus sic stantibus.

Staats-

und

völkerrechtliche Abhandlungen.

Begründet

von

Dr. Georg Jellinek und **Dr. Georg Meyer,**

herausgegeben

von

Dr. Georg Jellinek und **Dr. Gerhard Anschütz,**

Professoren der Rechte in Heidelberg.

VI. 1. Über die völkerrechtliche clausula rebus sic stantibus sowie einige verwandte Völkerrechtsnormen. Von Professor Dr. Bruno Schmidt.

Leipzig,

Verlag von Duncker & Humblot.

1907.

Über

die völkerrechtliche clausula rebus sic stantibus

sowie

einige verwandte Völkerrechtsnormen.

Zugleich ein Beitrag
zu grundsätzlichen Problemen der Rechtslehre.

Aus dem Nachlasse
von

Dr. jur. Bruno Schmidt,
a. o. Professor an der Universität Heidelberg.

Leipzig,
Verlag von Duncker & Humblot.
1907.

Vorwort.

Die letzte Arbeit eines Verstorbenen, die hiermit der Öffentlichkeit übergeben wird, bringt die schriftstellerische Tätigkeit des Verfassers (s. die Anführungen S. 19, Anm. 2, S. 89, Anm. 2, S. 2, Anm. 1 und 2 und weiter, bes. im Abschnitt VIII) zu einem gewissen Abschluß. Die Beschäftigung mit der „Spezialfrage des öffentlichen Rechts“, die ihren eigentlichen Gegenstand bildet, reicht zurück bis in die Erstlingsschrift über die Ansprüche Österreichs auf die Lausitzen und Schwedens auf Wismar aus den geschichtlichen Verträgen (s. dort bes. S. 22 f. und S. 84 ff.) und ist in der besonderen Schrift über das letztere Thema schon bis in die Endergebnisse weiter gediehen, die nur breiterer Ausführung in gesonderten Erörterungen vorbehalten blieben (vgl. dort S. 74 ff. und Vorwort S. VI). Sie hatte auch den Anstoß gegeben zu den allgemeinen Studien über Staat, Recht und Völkerrecht, von denen in den Schriften über den Staat und über das Gewohnheitsrecht zwei Bruchstücke veröffentlicht sind (vgl. die Vorrede zu ersterer S. V), und diese haben in der vorliegenden Arbeit zugleich ihre Fortführung durch Beiträge zu Grundfragen des Völkerrechts und der allgemeinen Rechtslehre gefunden. Das Streben nach weiterer Vertiefung dieser Studien ist es neben dem harten äußeren Geschicke seiner langwierigen schweren Krankheit gewesen, was die Arbeit des Verfassers Jahr um Jahr hinausgezogen und ihren völligen Abschluß durch ihn verhindert hat. Denn nur die ersten sieben Abschnitte fanden sich in druckreifer Form von seiner Hand vor, für den achten, der ihm besonders am Herzen lag, statt dessen nur einige mehr oder minder ausgeführter Entwürfe, die ersichtlich aus verschiedenen Zeiten herrührten und wesentlich voneinander abwichen. Im Auftrage der Angehörigen hat der unterzeichnete langjährige Freund des Verstorbenen den Versuch gemacht, aus diesen Entwürfen die Stücke zusammenzustellen, die als für sich genommen fertige Ergebnisse im Sinne des Verfassers angesehen werden konnten. Wenn neben den übrigen Teilen der Schrift in der Gestalt, die er selbst ihnen gegeben hat, hier auch diese Materialien zum Schluß-Abschnitt erscheinen, so geschieht dies, weil sie im Plan des Ganzen nicht wohl zu entbehren sind. Hoffentlich wird die Schrift auch in ihrer fragmentarischen Form nicht bloß den Freunden seiner schriftstellerischen Arbeit als deren letzte Frucht willkommen sein, sondern auch Andren Anregung für ihre Studien zu den Grundproblemen der Rechtswissenschaft bieten, die hier in der eigenartigen Weise des Verfassers in Angriff genommen sind. Die Mängel dieser Form wird man nicht dem Verfasser zur Last legen; er würde, wenn ihm die Zeit dazu geblieben wäre, auch den spröden und für seine Grundauffassung besondere Schwierigkeiten bietenden Stoff des letzten Abschnitts gewiß in gleicher Weise zu meistern verstanden haben, wie er das in den durch Geschlossenheit und Folgerichtigkeit besonders ausgezeichneten Ausführungen seines Gewohnheitsrechts in ähnlich schwieriger Lage vermocht hat. So können wir nur bitten, die letzten Gedanken des Verfassers nicht für sich, sondern im Zusammenhange mit seiner ganzen Lebensarbeit zu betrachten.

Den Herausgebern der Staats- und völkerrechtlichen Abhandlungen, die hier, wie einst seiner ersten allgemeinen Studie, nun auch seinem letzten Worte eine Stätte eingeräumt haben, sei dafür ebenso wie seinem Freunde Dr. Eduard Lehmann in Chemnitz für mannigfache Hilfe bei der Drucklegung auch hier aufrichtiger Dank gesagt.

Dresden, Ostern 1907.

Landrichter Meyer.

Inhalt.

Besprochene geschichtliche Vorgänge *).

Autoren-Register *).

*) Die Zahlen bedeuten die (ersten) Seiten.

Berichtigung.

Auf S. 31 besteht der Inhalt der Anm. 1 in dem der Anm. 2 und die letztere hat zu lauten: Vgl. S. 107 ff., sowie 122 ff. und 149 ff.

Erster Abschnitt.

Stellung und Begrenzung der Aufgabe.

§ 1.

Der Gegenstand, mit dem sich die vorliegende Abhandlung zu befassen hat, führt uns zunächst in den Bereich des reinen Völkerrechts, d. h. auf ein Gebiet, welches sich bei den Juristen (zum mindesten in Deutschland) nicht eben großer Wertschätzung und Teilnahme zu erfreuen pflegt. Ohne hier in eine nähere Erörterung dieser Erscheinung, namentlich der tiefer liegenden Ursachen dafür[1] eintreten zu wollen, mag bloß das Eine in aller Kürze hervorgehoben werden, daß dieselbe unter einem bestimmten Gesichtspunkte jedenfalls sehr zu bedauern ist: über der grundsätzlichen Vernachlässigung und Mißachtung des ius inter gentes kommt leider der große juristische Wert gar nicht zur gebührenden Geltung, der für allgemein-rechtliche Fragen der Beschäftigung mit diesem zweifellos innewohnt.

Es ist eine auch dem flüchtigsten Blick beinahe von selbst sich aufdrängende Tatsache, daß das Völkerrecht von vornherein ein ganz eigenartiges Gepräge aufweist. Als eigentlich primäre Besonderheit, als diejenige, auf welche alle übrigen in letzter Wurzel als bloße Folgeerscheinungen

---

[1] Es kann keinem Zweifel unterliegen, daß die Völkerrechtswissenschaft am meisten sich selbst anzuklagen hat. Vgl. hierzu unten S. 66f.

mehr oder weniger sich zurückführen lassen, ist dabei die gesamte Art der Entstehung anzusehen: während das innerstaatliche Recht[1] nie direkt von den zu seiner Anwendung berufenen Einzelindividuen produziert, sondern ihnen stets, mit Einschluß des spezifischen jus non scriptum[2], von oben her, durch einen einheitlichen Gemeinschaftswillen auferlegt wird, fällt letzteres die Sache wesentlich komplizierende, schwierige, neue Probleme unlöslich in sie verflechtende Moment für internationale Verhältnisse ganz weg; die Staaten, von denen die einzelnen Völkerrechtssätze als juristisch wirksame Direktiven ihres Tuns und Lassens befolgt werden sollen, sind gleichzeitig auch diejenigen Personen, von welchen der gesamte Normenkomplex entweder durch ausdrücklichen oder stillschweigend erklärten Rechtssatzungsvertrag (resp., wie man neuerdings vielfach zu sagen vorzieht, durch „Vereinbarung") überhaupt erst geschaffen

[1] Zur Vermeidung etwaiger Mißverständnisse möchte ich hier eine erläuternde Bemerkung einschieben. Wenn ich an der obigen, sowie zahlreichen anderen Stellen dem Völkerrecht immer nur die interstaatliche Ordnung gegenübersetze, so soll damit jenem (als einem ausnahmsweise auf dem Wege strengster Koordination entstandenen Rechte) stets bloß das wichtigste Beispiel des normalen und regelmäßigen Falles (d. h. des einer begrifflich superordinierten Quelle entspringenden Regelsystems) an die Seite gestellt, keineswegs aber behauptet werden, es seien weitere selbständige Rechtsordnungen überhaupt nicht vorhanden. Diese Art der Auffassung ausdrücklich von mir abzulehnen, habe ich um so mehr Veranlassung, als ich schon von Rehm expressis verbis der Zahl derjenigen Schriftsteller eingereiht worden bin, über die er (Allgemeine Staatslehre, 1899, S. 147) sagt: „Es gibt für sie Recht nur im, nicht vor, außer und über dem Staat, alles Recht führt auf den Staatswillen zurück." In Wirklichkeit ist aber von mir bereits in meiner 1896 veröffentlichten Studie über den „Staat" (Heidelberger „Staats- und Völkerrechtliche Abhandlungen" I, 6) klipp und klar gesagt worden (S. 77/78): „Das Recht ist vom Staat keineswegs in der Weise völlig abhängig, daß es ihm überhaupt seine ganze Existenz verdankte; vielmehr ist die Hänelsche Bekämpfung des Satzes, ‚Ohne Staat kein Recht' insofern völlig begründet, als solches auch noch in vielen anderen Verbänden erzeugt werden kann und wirklich wird." Wie Rehm diesen und ähnlichen, aufs Bestimmteste lautenden Erklärungen gegenüber zu seiner Auffassung gekommen ist, verstehe ich nicht. Vgl. noch S. 97, Anm. 1.

[2] Hierüber zu vgl. meine früher publizierte Schrift, „Das Gewohnheitsrecht als Form des Gemeinwillens" (Leipzig 1899). Cf. bes. S. 46 ff.

ist[1]. Dies hat einerseits freilich zur unvermeidlichen Konsequenz, daß das so entstehende Normensystem viel weniger in sich gefestet, ein weit loseres und unsichereres sein wird[2]; auf der anderen Seite aber läßt sich, da grundlegende Probleme stets besser an einfachen und primitiven wie an verwickelten Verhältnissen erforscht werden, von Haus aus auch wieder annehmen, daß das jus inter gentes wegen seiner essentiell durchsichtigeren Struktur und Bauart für zahlreiche Fragen der allgemeinen Rechtslehre ein äußerst

---

[1] Aus was für Gründen auch unter diesen Umständen noch wahres Recht anzunehmen ist, inwiefern die Meinung derjenigen, die der Internationalordnung den spezifisch-juristischen Charakter prinzipiell absprechen, lediglich auf die Verwechslung einer bloßen Art des Rechtsbegriffes mit der Gattung schlechtweg hinausläuft, diese Frage muß natürlich hier unerörtert bleiben. Eine sehr zutreffende (in dem gegebenen Zusammenhang allerdings etwas anders gemeinte) Formel für die gesamte Rechtsentstehung findet sich gelegentlich bei Stammler, indem dieser (Wirtschaft und Recht nach der materialistischen Geschichtsauffassung, 1896, S. 508) sagt, daß von Anfang an „zwei Möglichkeiten zu unterscheiden sind: eine solche der Einigung unter den Recht Setzenden und nun zugleich rechtlich Gebundenen, oder aber eine einseitige Satzung durch einen Machthaber gegen den Willen der Unterworfenen". Vgl. auch A. Merkel, Juristische Enzyklopädie (2. Aufl., 1900), § 121, S. 55.

[2] Beiläufig sei darauf hingewiesen, daß das allein eigentlich noch lange nicht die Befugnis dazu gibt, das Völkerrecht gegenüber dem innerstaatlichen als „unvollkommen" zu brandmarken, trotzdem dies (auch seitens solcher Autoren, die die Rechtsqualität des ersteren prinzipiell anerkennen) überaus häufig geschieht. Denn wenn über irgendetwas in wahrhaft gerechter Weise ein derartiges Werturteil gefällt werden soll, so muß man zuvor auch den Einfluß des gesamten äußeren, unabänderlich gegebenen Milieus mit in Ansatz bringen; man muß sorgfältig untersuchen, ob es in Anbetracht und unter Berücksichtigung des letzteren alles das geworden ist, was es überhaupt werden konnte, und lediglich hiernach über das Vorhandensein oder Nichtvorhandensein der „Vollkommenheit" entscheiden. Demgemäß mag man wohl das Völkerrecht mit Fug insofern unvollkommen nennen, als es sachlich und inhaltlich zweifellos auch heute noch nicht völlig das leistet, was es an sich zu leisten fähig wäre; dagegen hat es gar keinen Sinn, ihm aus der, der ganzen Erscheinung essentiell inhärenten, Abwesenheit gewisser formaler Sicherheitskriterien (z. B. aus dem Fehlen selbständiger, aus eigener Autorität und unabhängig von den Parteien fungierender Gerichte, aus dem Mangel einer rechtlich geordneten Zwangsgewalt u. dergl.) einen Vorwurf zu machen. Grundsätzlich richtig Nippold, der völkerrechtliche Vertrag, seine Stellung im Rechtssystem und seine Bedeutung für das internationale Recht (1894), S. 282: „Sowie das innerstaatliche Recht Gesetzesrecht ist, so ist das Völkerrecht Vertragsrecht. Hierin liegt keine

dankbares Studienobjekt abgeben muß[1]. Diese, hier zunächst aus universal-theoretischen Erwägungen hergeleitete Voraussage wird gerade durch die folgende Einzeluntersuchung eine praktisch wirksame Bestätigung erfahren: unsern Ausgangspunkt nehmend von einer rein völkerrechtlichen Detailfrage, werden wir im Verfolg zu umfassendsten und wichtigsten Allgemeinresultaten hingeführt werden, mit einem Ausblick auf Wesen und prinzipielle Auffassung des Rechts überhaupt zu schließen haben. —

Das internationale Spezialproblem, mit welchem sich unsere Arbeit ex officio befassen soll, gehört zu den berühmtesten — man kann freilich ebenso gut sagen: berüchtigsten — Streitfragen der gesamten Völkerrechtswissenschaft; haben wir es doch, der Titelangabe zufolge, mit der vielumstrittenen Clausula rebus sic stantibus zu tun, d. h. mit der Lehre, daß durch spätere Änderung der Verhältnisse auch die Wirksamkeit internationaler Verträge ungünstig beeinflußt wird. Da machen sich nun vor allen Dingen ein paar kurze Bemerkungen zur formellen Rechtfertigung der gewählten Überschrift erforderlich. Wenn im Titel ausdrücklich hervorgehoben ist, daß lediglich „über die völkerrechtliche clausula rebus sic stantibus" gehandelt werden soll, so wird das sicherlich von vielen als ein durchaus unnötiger und inhaltsloser Zusatz empfunden werden. Denn einer heutigentags überaus weitverbreiteten Meinung zufolge ist das Klauselinstitut sämtlichen übrigen Rechtsgebieten vollständig fremd, dergestalt, daß jede Beschäftigung mit diesem Gegenstand von selbst und ohne weiteres streng international-rechtlichen Charakter an sich tragen müßte.

Unvollkommenheit des letzteren: beides ist in der ureigensten Natur der beiden Gebiete begründet."

[1] Vgl. die treffende Bemerkung von Brie (Die Fortschritte des Völkerrechts seit dem Wiener Kongreß, 1890, S. 3), daß „das Völkerrecht theoretisch gerade durch die Unvollkommenheit seiner Quellen und seiner Realisierung dazu beitragen kann, Begriff und Wesen des Rechts klarzustellen".

Nun ist aber in Wahrheit jene Hinzufügung durchaus nicht so überflüssig, wie es hiernach allerdings scheinen möchte, vielmehr mit gutem Grunde zu dem Zwecke vorgenommen worden, um eine grundsätzliche Begrenzung unserer Aufgabe zum Ausdruck zu bringen. Im Gegensatz nämlich zu dem ebengenannten allgemeinen Vorurteil steht tatsächlich die Sache so, daß der clausula an und für sich auch für das innerstaatliche Recht nicht alle und jede Bedeutung abgesprochen werden darf. Es gilt das sogar in einem mehrfachen Sinne. Zunächst rein geschichtlich, mit Rücksicht auf früher gegebene Zustände und Verhältnisse. In dieser Beziehung hat insbesondere Jellinek[1] schon vor Jahrzehnten darauf aufmerksam gemacht, daß man mit der Klausellehre ehedem in viel ausgedehnterem Maße zu operieren pflegte, und daß sie deshalb in der privatrechtlichen Literatur damals gleichfalls eine große Rolle spielte. In welch bedeutendem Umfange dies der Fall war, das ist dann vor einigen Jahren durch eine besondere Abhandlung des österreichischen Gelehrten Pfaff[2] des Näheren dargetan und retrospectiv klargelegt worden. In eingehenden Untersuchungen weist letzterer nach, daß, gestützt auf bestimmte Stellen des corpus iuris civilis, schon die Glossatoren und ihnen folgend die Kommentatoren mit der Ausbildung eines entsprechenden zivilistischen Rechtsinstituts begonnen haben, daß dieses in der Folgezeit zu immer weiterer Anerkennung gelangte und namentlich auch von der, ja viel später erst einsetzenden Völkerrechtswissenschaft einfach übernommen wurde. Bereits diese wenigen Andeutungen lassen zur Genüge erkennen, wie verkehrt es historisch-genetisch ist, wenn ein öffentlich-rechtlicher Schriftsteller der Neuzeit[3] den Satz

---

[1] Vgl. „Rechtliche Natur der Staatenverträge" (1880), Anm. 104: „Es war lange Zeit hindurch naturrechtliche Anschauung, daß auch für zivilistische Verträge die Änderung der Umstände als Auflösungsgrund gilt."

[2] Die Klausel Rebus sic stantibus in der Doktrin und der österreichischen Gesetzgebung. Stuttgart 1898.

[3] L. v. Hagens, Staat, Recht und Völkerrecht (1890) S. 54/55.

formulierte: „Um die Tatsachen in die Schablone pressen zu können, erfand (!!) die völkerrechtliche Doktrin die Lehre von der clausula rebus sic stantibus, welche als essentiale negotii jedem zwischenstaatlichen Vertrag innewohne“.

Daß ein derartiger Ausspruch überhaupt fallen konnte, wurde einzig und allein dadurch möglich, daß die privatrechtliche Klausellehre, schon bald nach Erreichung ihres Höhepunktes, etwa in der Mitte des 18. Jahrhunderts, allmählich in Mißkredit kam und schließlich fast vollständiger Vergessenheit anheimfiel. Dabei blieben aber — und hiermit kommen wir zu einem zweiten Punkte, der in einer ganz allgemein angelegten Arbeit über die clausula rebus sic stantibus nicht fehlen dürfte — die sachlichen Verhältnisse und Bedürfnisse, die seinerzeit zur Ausbildung derselben geführt hatten, völlig in Kraft und Wirksamkeit; mit anderen Worten, es konnte auf den Rechtsgedanken, den man bis dahin mit Hilfe jener Lehre zu formeln suchte, keineswegs gänzlich verzichtet werden, sondern er lebte, nur jetzt in neuen Formen und Konstruktionen, materiell unbeeinträchtigt fort[1]. Wenn Windscheid[2] mitten in der Erörterung seiner Lehre über die Voraussetzung Anlaß findet, auf die alte Doktrin von der clausula rebus sic stantibus Bezug zu nehmen, wenn § 321 des Bürgerlichen Gesetzbuches für das Deutsche Reich an eine nachträglich eingetretene „wesentliche Verschlechterung in den Vermögensverhältnissen“ der einen Vertragspartei wichtige Rechtsfolgen anknüpft, wenn Pfaff[3] ausführlich für die österreichische Gesetzgebung und andeutungsweise auch für einige andere den Nachweis liefern kann, daß sich dieselben noch immer von der clausula rebus sic stantibus materiell beeinflußt

---

[1] Vgl. hierzu die Bemerkungen, die Fritze in einer Besprechung des vorhin genannten Pfaffschen Werkes macht; Kritische Vierteljahrsschrift Bd. 42, S. 523.

[2] Pandekten § 98, Anm. 5.

[3] A. a. O., S. 78 ff.

zeigen, so sind das gewiß ebensoviel überzeugende Belege dafür, daß letztere nur dem äußeren Anschein, nicht aber auch der Sache nach aus dem heutigen innerstaatlichen Recht entschwunden ist.

Mit allen diesen Dingen nun, so interessant sie an und für sich zweifellos sind, werden wir uns in der vorliegenden Arbeit in keiner Weise befassen. Wir wollen weder geschichtlich auf die Zeiten zurückgreifen, da die Klausellehre geradezu formell-technisch einen integrierenden Bestandteil des Privatrechts bildete, noch die Frage untersuchen, durch was für Sätze sie wenigstens materiell auch heutzutage noch vertreten wird; vielmehr soll auf jede detaillierte Erörterung intern-staatlicher Verhältnisse grundsätzlich verzichtet und die Untersuchung von vornherein bloß auf das beschränkt werden, was die Wissenschaft des internationalen Rechts über die clausula rebus sic stantibus zu sagen pflegt.

Freilich muß uns, wie wir bald sehen werden, eben die exklusive Beschäftigung mit dieser, die kritische Prüfung der völkerrechtlichen Klausellehre in allen ihren Teilen, doch am letzten Ende selbst wieder hinausführen über die spezifischen Grenzen der internationalen Verkehrsordnung. Aber es wird das nach einer ganz anderen Richtung hin geschehen, wie es bei einem Eingehen auf die beiden vorhin genannten Punkte der Fall wäre: während jede Erörterung dieser uns sofort in Einzelheiten des Zivilrechts verwickeln müßte, bleibt dergleichen hier strikt ausgeschlossen, und es soll nur die davon völlig verschiedene Frage kurz erörtert werden, ob nicht vielleicht das Spezialphänomen der internationalen clausula in letzter Wurzel sich zurückführen läßt auf Eigentümlichkeiten und Beschränkungen des Rechtsbegriffes überhaupt[1]. Das aber kann offenbar geschehen, ohne die essentielle Anlage der Arbeit irgendwie zu beeinträchtigen; der grundsätzlich völkerrechtliche Charakter derselben bleibt durchaus ge-

[1] Vgl. §§ 11, 12; 16, 17.

wahrt, auch wenn wir den gewonnenen Ergebnissen durch Bezugnahme auf Probleme der allgemeinen Rechtslehre schließlich eine breitere Basis, ein tieferes Fundament zu geben suchen.

§ 2.

Nachdem wir unsere Aufgabe einer ersten und prinzipiellen Abgrenzung unterzogen haben, gehen wir jetzt zur Behandlung des so fixierten eigentlichen Themas über. Da stellt sich denn sofort die Notwendigkeit noch fernerer Vorarbeiten, einleitender Feststellungen und Forschungen heraus. Ehe wir nämlich an irgendwelche Beurteilung der völkerrechtlichen Klausellehre herantreten können, müssen wir sie zuvor inhaltlich überhaupt erst zu bestimmen suchen; es liegt uns ob, die herrschende Meinung über diesen Gegenstand zu formulieren. Bei der Umfänglichkeit und Verstreutheit des zu berücksichtigenden Materials (in Frage kommt ja eigentlich die einschlagende Literatur aller Kulturnationen) offenbar eine Aufgabe, die von vornherein mit einer gewissen Schwierigkeit zu kämpfen hat.

Der Versuch einer Lösung läßt sich natürlich nur in der Weise machen, daß jetzt die Äußerungen verschiedener völkerrechtlicher Autoren über den uns interessierenden Punkt zitiert und vergleichend nebeneinandergestellt werden, wobei aus leicht ersichtlichen Gründen Wert darauf zu legen ist, daß Schriftsteller möglichst mannigfacher Völker und Staaten zu Worte kommen. Den Anfang mache ich mit der Meinung einiger deutscher Völkerrechtslehrer.

Sehr dürftig ist noch das, was Klüber über den Gegenstand zu bemerken hat, denn wir finden bei ihm[1] lediglich Folgendes: „Die rechtliche Wirksamkeit der Völkerverträge hört auf bei wesentlicher Veränderung solcher Umstände, deren Dasein für die Wirksamkeit des Vertrages, nach dem Willen beider Teile, als notwendig vorausgesetzt war, gleich-

[1] Europäisches Völkerrecht, 2. Aufl. besorgt von Morstadt (1851), § 165 (S. 189/190).

viel ob die Voraussetzung ausdrücklich oder vermöge der Natur des Vertrags stillschweigend gemacht war".

Ebenfalls recht knapp gehalten sind die Angaben, die in Holtzendorffs Handbuch des Völkerrechts[1] Geßner macht. Abgesehen von verschiedenen Zitaten aus anderen Schriftstellern, beschränkt sich dieser lediglich auf die Konstatierung, daß, „wenn die Umstände, unter welchen ein Staatsvertrag abgeschlossen wurde, sich wesentlich geändert haben, derselbe als aufgelöst angesehen werden kann". Nur wenig mehr läßt sich auch aus einem zweiten ein paar Zeilen später folgenden Satze entnehmen, woselbst es heißt: „Veränderte Umstände können auf die Gültigkeit eines internationalen Vertrags rechtlichen Einfluß haben, da derselbe eines Staatszweckes wegen geschlossen wird, und seine Fortdauer deshalb davon abhängig ist, daß er mit diesem Staatszwecke nicht in Widerspruch kommt".

Im Gegensatz zu den beiden bisher genannten Autoren wird die Frage einer viel ausführlicheren Erörterung unterworfen von Jellinek in seinem gelegentlich schon einmal angezogenen Werke: „Die rechtliche Natur der Staatsverträge"[2]. Ich hebe aus seinen umfassenden Darlegungen nur die wichtigsten Punkte heraus. „Ein Endigungsgrund der Staatenverträge ist auf die eigentümliche Natur des Staates zurückzuführen. Das ist die Kollision der höchsten Staatszwecke, unter welche vor allem die Selbsterhaltung zählt, mit der Erfüllung des Vertrages. Hier tritt das Notrecht des Staates ein, welches ihm gebietet, seine Existenz höher zu achten als die Verpflichtungen, welche er gegen Fremde übernommen hat. Juristisch ist das Eintreten solcher, die Vertragserfüllung zur Verletzung der Pflichten gegen sich selbst machender Umstände als unverschuldetes Ein-

---

[1] Bd. III (1887), S. 80.

[2] Cf. S. 62 ff. An den damals formulierten Sätzen hat Jellinek auch in der Folgezeit unverändert festgehalten. Vgl. besonders Lehre von den Staatenverbindungen (1882), S. 102 f.; Allgemeine Staatslehre (1900), S. 679 Anmerkung.

treten der Unmöglichkeit der Leistung aufzufassen. Eine Gebundenheit des Staates in alle Ewigkeit gehört zu dem rechtlich Unmöglichen. — Ein Staat ist kein physisches Individuum, welches die ganze Zeit seines Lebens hindurch einen nur innerhalb gewisser Grenzen sich verändernden Typus trägt, sondern es ist ein in steter Bewegung und Umbildung begriffener Faktor der weltgeschichtlichen Entwicklung. — Und der Staat der Vergangenheit sollte die Macht haben, die Gegenwart und Zukunft des Staates zu beherrschen? Die Erstarrung der Staaten, der Tod der Weltgeschichte wäre die Konsequenz. Nur eine den Zweck und die geschichtliche Funktion des Rechts vergessende Theorie könnte dem Staate eine unlösbare Verbindlichkeit auferlegen wollen. Der Zweck des Rechts besteht in der Erhaltung der Bedingungen des menschlichen Gemeinlebens. Zu diesen Bedingungen zählt aber vor allem die staatliche Organisation in ihrer freien Entwicklung. Was diese hemmt, kann also nimmermehr Recht sein." —

An diese Zitate inländischer Schriftsteller mögen sich nunmehr ein paar aus fremden, nichtdeutschen Autoren anreihen. Wieder mit recht kurzen Andeutungen begnügt sich der Engländer Phillimore, wenn er in seinen Commentaries upon international law[1] sagt: „When that state of things which was essential to, and the moving cause of the promise or engagement, has undergone a material change, or has ceased, the foundation of the promise or engagement is gone, and their obligation has ceased. This proposition restes upon the principle that the condition of rebus sic stantibus is tacitly annexed to every covenant."

Etwas mehr Material bietet uns dagegen ein Vertreter der zweiten angelsächsischen Nation, der Nordamerikaner Wharton, der sich folgendermaßen[2] ausspricht: „A treaty may be modified or abrogated under the following circum-

---

[1] 2. Aufl., 1871, Bd. II, S. 109.
[2] International law, Vol. II (1886), S. 58/59 (§ 137 a).

stances: — 7) When a state of things which was the basis of the treaty, and one of its tacit conditions, no longer exists. In most of the old treaties were inserted the ‚clausula rebus sic stantibus' by which the treaty might be construed as abrogated when material circumstances on which it rested changed. To work this effect, it is not necessary that the facts alleged to have changed should be material conditions. It is enough, if they were strong inducements to the party asking abrogation. The maxim ‚conventio omnis intelligitur rebus sic stantibus' is held to apply to all cases in which the reason for a treaty has failed, or there has been such a change of circumstances as to make its performance impracticable except at an unreasonable sacrifice."

So ziemlich die gleichen Gedanken, die hierin zum Ausdruck gelangt sind, treten uns dann weiterhin auch entgegen in den Worten des Franzosen Pradier-Fodéré[1]: „En droit international on enseigne que les traités cessent d'être obligatoires lors du changement essentiel de telle ou telle circonstance dont l'existence était supposée nécessaire par les deux parties (soit que cette condition ait été stipulée expressément, soit qu'elle résulte de la nature même du traité), en d'autres termes lorsqu'il se produit une modification essentielle des circonstances en vue desquelles le traité a été conclu. — L'effet d'un traité doit nécessairement cesser lorsqu'il se produit dans la situation réciproque des parties contractantes un tel changement que le but visé par le traité ne saurait plus être atteint et que le maintien de ce traité deviendrait un danger pour l'état."

Im Anschluß an diese Äußerungen Pradier-Fodérés sei jetzt die Ansicht zweier fernerer Schriftsteller angeführt, die gleich jenem Franzosen, freilich aber nur der Nationalität, nicht auch der politischen Staatsangehörigkeit nach

---

[1] Droit international public européen et américain, T. II (1885), S. 927 ff.

sind. An erster Stelle beziehe ich mich auf die des Schweizers Vattel, das heißt eines ziemlich alten Autors, der jedoch mit gutem Grunde im interationalen Leben noch immer eine große Autorität genießt. Bei ihm finden wir in seinem, 1793 erschienenen Droit des gens[1] einen verhältnismäßig recht eingehenden Versuch, dem Problem gerecht zu werden: „On a proposé et agité cette question; si les promesses renferment en elles-mêmes cette condition tacite que les choses demeurent dans l'état où elles sont, ou si le changement survenu dans l'état des choses peut faire une exception à la promesse et même la rendre nulle? — S'il est certain et manifeste que la considération de l'état présent des choses est entrée dans la raison qui a donné lieu à la promesse, que la promesse a été faite en considération, en conséquence de cet état des choses, elle dépend de la conservation des choses dans le même état. Cela est évident puisque la promesse n'a été faite que sur cette supposition. Lors donc que l'état des choses, essentiel à la promesse, et sans lequel elle n'eût certainement pas été faite, vient à changer, la promesse tombe avec son fondement. — Mais il faut être très réservé dans l'usage de la présente règle; ce seroit en abuser honteusement que de s'autoriser de tout changement survenu dans l'état des choses, pour se dégager d'une promesse: il n'y en auroit aucune sur laquelle on pût faire fond. Le seul état des choses, à raison duquel la promesse a été faite, lui est essentiel, et le changement seul de cet état peut légitimement empêcher ou suspendre l'effet de cette promesse. C'est là le sens qu'il faut donner à cette maxime des jurisconsultes: conventio omnis intelligitur rebus sic stantibus."

Wir gelangen nunmehr zu den Ausführungen des Belgiers Rivier[2]. Dieser bewegt sich in der Hauptsache

---

[1] Bd. II, S. 271 f. (§ 296).

[2] Belgier wenigstens der fast ausschließlichen Stätte seines Wirkens nach, während er allerdings von Geburt, wie Vattel, der französischen Schweiz angehört. Zitiert wird hier von ihm sein deutsch geschriebenes „Lehrbuch des Völkerrechts" (2. Aufl. 1899), S. 350 ff.

vollständig in Jellinekschen Gedankengängen, indem es bei ihm heißt: „Die Staaten sterben nicht, und sie vermögen nicht auf ewige Zeiten sich ihrer Freiheit zu entäußern. Würden sie es vermögen, so würden die Verträge, anstatt das Leben der Völker zu fördern, es im Gegenteil hemmen, ihm Fesseln auferlegen und das Selbsterhaltungsrecht der Völker verletzen, das das Recht der Entwicklung einbegreift. — Kraft des Selbsterhaltungsrechts der Staaten bleiben Verträge [1] stets einseitiger Kündigung unterworfen, und man muß den Satz aufstellen, daß ein Volk auf dieses Recht der Kündigung nicht definitiv verzichtet, auch wenn dies nicht ausdrücklich erwähnt sein sollte. — Die hier aufgestellten Sätze werden gewöhnlich in der Form ausgedrückt, daß gesagt wird: die Verträge seien geschlossen mit der stillschweigenden Klausel rebus sic stantibus. Mit der Veränderung der Verhältnisse sei die Rechtskraft des Vertrags hinfällig geworden."

Endlich und zum Beschlusse der hier gegebenen Literaturnachweise soll noch die Auffassung eines russischen Autors wiedergegeben werden, nämlich die von F. v. Martens [2], der sich über das fragliche Problem in folgender Weise ausspricht: „Die Rechtsverbindlichkeit eines Vertrags hört auch auf, wenn die Umstände, angesichts welcher oder um derentwillen er abgeschlossen worden war, sich wesentlich verändert haben. — Freilich ist diese sogen. clausula rebus sic stantibus häufig als Deckmantel willkürlicher Vertragsverletzungen benutzt und in dem Sinne verstanden worden, als ob jedwede Wandlung der Umstände auch gleich die legale Annullation des Vertrags nach sich ziehe. Der Miß-

---

[1] Ganz genau zitiert schreibt Rivier hier eigentlich „derartige Verträge". Die Hinzufügung des einschränkenden Beiworts erklärt sich daraus, daß er eine gewisse Scheidung vornehmen will, daß er bloß für bestimmte Traktate die auflösende Wirkung der Klausel anerkennt, für andere dagegen negiert. Wir haben später auf diese Besonderheit noch zurückzukommen (s. § 8, S. 87).

[2] „Völkerrecht. Das internationale Recht der zivilisierten Nationen." Deutsche Ausgabe von Bergbohm, Bd. I (1883), 426/427.

brauch vermag aber gewiß nicht zu beweisen, daß die Regel selbst absolut wertlos sei. Aus dem Wesen der internationalen Verträge folgt, daß der Staat sich durch sie nur um eines Staatszwecks willen binden kann, sodaß jedes von ihm eingegangene Rechtsverhältnis solange besteht, als es mit diesem Zweck im Einklang steht. Die Gültigkeit eines Vertrags erlischt daher nur, wenn eine solche Veränderung in der beiderseitigen Situation der Parteien eintritt, daß der gedachte Zweck unerreichbar wird, und die fortgesetzte Anerkennung des Vertrags den Staat in Gefahr bringen würde."

§ 3.

Wenn wir die in dem vorausgehenden Paragraphen genannten Schriftsteller prüfend miteinander vergleichen, so macht sich sofort bemerklich, daß ihre Ansichten über die Klausel im großen und ganzen eine weitgehende Verwandtschaft aufweisen [1]. Zwar scheinen auf den ersten Blick zwischen ihnen auch manche, recht tiefgreifende Differenzen obzuwalten; wir werden jedoch gleich im folgenden sehen, daß diese mehr formeller Art sind und die Gemeinsamkeit der sachlichen Hauptpunkte nirgends wesentlich tangieren. Indem vielmehr bezügl. der letzteren überall, für sämtliche doch recht mannigfachen Ländern angehörende Autoren, eine prinzipielle Übereinstimmung sich feststellen läßt, ist schon hierdurch der Nachweis erbracht, daß in der Theorie eine internationale Harmonie noch immer weit eher erzielt werden kann, als es, wie das oft genug in greuliche Dissonanzen sich auflösende „Europäische Konzert" dartut, in der Praxis leider möglich ist.

Nun wäre es ja freilich ganz verkehrt, wollte man, bloß auf das bisherige Material gestützt, ohne weiteres auch für die gesamte Völkerrechtsliteratur eine entsprechende communis opinio als gegeben und bewiesen annehmen; denn im Verhältnis zu der kaum übersehbaren Fülle derselben

---

[1] Näheres hierüber s. u. S. 18 ff.

dürfen gewiß die angeführten Stellen höchstens die Bedeutung einzelner Stichproben beanspruchen und müßten also für weitergehende Schlußfolgerungen noch beträchtlich vermehrt werden. Indes wie die Dinge wirklich liegen, würde eine auch nur halbwegs genügende Zitierung völkerrechtlicher Schriftsteller überaus ermüdend wirken und außerdem zu den bereits gewonnenen Resultaten kaum noch etwas Neues hinzufügen. Wenigstens soweit meine Kenntnis des in Betracht kommenden Materials reicht, verhält sich die Sache in der Tat so, daß schon die genannten Autoren als treuer Spiegel der völkerrechtlichen Literatur überhaupt, und zwar nicht bloß in den übereinstimmenden Hauptzügen, sondern auch in den wichtigeren Spezialnuancierungen und -abweichungen der Klauseltheorie, gelten dürfen. Wohl fehlt es in ihr auch keineswegs an grundsätzlicher Opposition; im Gegenteil gibt es, wie sich im Verlauf der Abhandlung herausstellen wird, auch eine gewisse Anzahl solcher Autoren, die sich gegen die clausula äußerst skeptisch verhalten. Das sind jedoch relativ gefaßt bloß recht seltene Ausnahmsfälle; in der Hauptsache steht es immer so, daß die Klausellehre widerspruchslos akzeptiert und vertreten wird, wobei die Formen und Wendungen, in denen das geschieht, regelmäßig bloße Variationen der uns bereits bekannten Ausführungen sind.

Vom historisch-genetischen Standpunkt aus betrachtet ist in dieser Erscheinung auch durchaus nichts Überraschendes zu finden; lassen sich doch mehrere Gründe namhaft machen, warum die internationale Klausellehre eine solch einheitliche Entwicklung nehmen mußte und wirklich genommen hat. Es kommen da im wesentlichen zwei Momente in Frage.

Das erste besteht in der nicht unbedeutenden gegenseitigen Beeinflussung, die unter der spezifisch völkerrechtlichen Literatur verschiedener Nationen von jeher stattgefunden hat. Entsprechend der Eigenart des ganzen Gegenstandes, der ja allen Kulturvölkern gleichmäßig nahe lag und gemeinsam war, hat das moderne jus inter gentes innerhalb der Wissenschaft der einzelnen Völker wohl niemals eine völlig isolierte Behandlung erfahren, mindestens nicht in dem Maße, wie es zur gleichen Zeit bei anderen Disziplinen, z. B. dem Kriminalrecht, meist üblich und nach Lage der Dinge auch möglich war; vielmehr war hier im allgemeinen eher eine Art Arbeitsgemeinschaft, eine gewisse Benutzung auch fremdstaatlicher Schriftsteller zu konstatieren. Daß das die Ausbildung scharfer nationaler Divergenzen nicht eben erleichtern, sondern umgekehrt die allmähliche Abschleifung derselben begünstigen mußte, liegt wohl klar auf der Hand, und tatsächlich läßt sich eine derartige Wirkung bei zahlreichen Völkerrechtsnormen auch im einzelnen verfolgen und praktisch dartun. Dieses letztere gilt nun speziell von der auf die clausula bezüglichen Doktrin entschieden gleichfalls, da gerade hier nachweislich oft Schriftsteller von Werken des Auslands wesentlich beeinflußt erscheinen. Wie weit das unter Umständen zu gehen vermag, dafür möchte ich als Beleg nur die zwischen Pradier-Fodéré und F. v. Martens hervortretende Übereinstimmung anführen, die in den letzten, oben aus beiden Autoren zitierten Sätzen direkt bis zur wörtlichen Kongruenz gesteigert ist.

Weiter noch in die Entstehungsgeschichte des ganzen Instituts greift eine zweite Erwägung zurück. Ich habe bereits früher[1] erwähnt, daß die Klausel als vermeintlich internationale Rechtsnorm erst aus dem innerstaatlichen Recht herausgewachsen ist. In diesem war aber nach den Literaturzeugnissen, die Pfaff in seinem schon mehrfach genannten Werke beibringt, die Sache von Anbeginn im Sinne einer wesentlich einheitlichen Ausbildung verlaufen. Angeregt durch gewisse Bestimmungen des römischen Rechts, das ja so ziemlich auf Gesamteuropa in irgendeiner Weise bedeutenden Einfluß ausgeübt hat, zuerst formuliert und

[1] Vgl. S. 5 f.

erörtert von den Glossatoren, zu denen damals aus allen gesitteten Staaten gleichmäßig die Schüler hindrängten, fortgebildet und weiter entwickelt in Zeiten, während deren infolge der gemeinsamen lateinischen Gelehrtensprache zwischen den einzelnen Ländern eine rege Wechselwirkung, insbesondere ein ständiger Austausch von Hochschuldozenten [1] stattfinden konnte, hat selbstverständlich die Klausellehre überall ungefähr die nämliche Gestalt erhalten müssen; sie war in der gleichen Form lange Zeit so allgemein anerkannt und unbestritten, daß nach Pfaff [2] der erste, der sich gegen sie überhaupt erklärte, der Holländer Hugo Grotius war [3]. Unter diesen Umständen war es sicher kaum anders möglich, als daß auch die neu entstehende Völkerrechtsdoktrin, die sich anfangs natürlich aufs engste an das Privatrecht als ihr Muster und Vorbild anschloß, in den verschiedenen Ländern ein prinzipiell gleichartiges Gepräge annahm, daß auch die internationale Klausellehre überall übereinstimmende Züge erhalten mußte.

Gestützt nun auf die Darlegung dieser beiden Entwicklungsmomente, in der man nach Lage der Sache wohl unbedenklich vollwertigen Ersatz für eine Reihe weiterer Einzelnachweise aus der Literatur erblicken darf, soll hier auf die, an sich unschwer zu bewerkstelligende Vermehrung derselben ganz verzichtet werden; wir wollen zunächst [4]

---

[1] Um speziell von Männern, die die clausula wissenschaftlich behandelt haben, einige Beispiele zu nennen, so hat Andreas Alciati bekanntlich nicht nur in seinem Heimatlande Italien, sondern auch in Frankreich gelehrt, der deutsche Pufendorf war lange Jahre an der schwedischen Universität Lund als Professor tätig, Heinr. v. Cocceji wirkte abwechselnd in Holland und Deutschland, usw. usw.

[2] S. S. 11.

[3] Übrigens war auch sein Widerspruch mehr formeller als sachlich durchgreifender Art, woraus es sich leicht erklärt, daß er weder auf die fernere Privatrechtsentwicklung nachhaltigen Einfluß zu gewinnen, noch auch die Rezeption der Klausel ins jus inter gentes zu hindern vermocht hat, trotzdem Grotius als „Vater" desselben gerade hier sich des größten Ansehens erfreute.

[4] Es ist zu beachten, daß in den späteren Partien der Arbeit entsprechende Zitate noch vielfach sich vorfinden. So werden wir z. B.

Ansichten völkerrechtlicher Schriftsteller über die clausula nicht mehr im Wortlaut mitteilen, sondern schon die neun bisher genannten als ausreichende und hinlängliche Belege für das Vorhandensein einer internationalen communis opinio gelten lassen; und haben nun, ehe wir uns zu unserer sachlichen Hauptaufgabe, d. h. zu eingehender Kritik der festgestellten herrschenden Meinung wenden können, nur noch eine letzte Vorarbeit zu leisten.

Die besteht darin, daß wir die zu besprechende communis opinio analytisch in ihre sämtlichen Bestandteile zergliedern; wir müssen aufzählend feststellen, was für Einzelpunkte, teils klar und deutlich ausgesprochen, teils mehr angedeutet und versteckt, bei den völkerrechtlichen Schriftstellern über die clausula stets wiederkehren, damit durch getrennte Untersuchung der Elemente eine möglichst erschöpfende und übersichtliche Beurteilung des Ganzen gewonnen werden kann.

Als solche regelmäßige Bestandteile habe ich in der Hauptsache folgende zu nennen. In erster Linie dasjenige Moment, welches schon durch die technische Bezeichnung des ganzen uns interessierenden Instituts, durch den Namen Clausula rebus sic stantibus angedeutet wird: alle Autoren sind sich darüber einig, daß irgendwelche tatsächliche Veränderung von Umständen eingetreten sein muß, wenn jenes überhaupt platzgreifen soll. Daß das der Klausel recht eigentlich zu grunde liegende Prinzip von der Berücksichtigung des wahren und tiefsten Parteiwillens manchmal auch dort nach Geltung ringt, wo absolut kein Wechsel in den früheren Verhältnissen stattfand, sondern umgekehrt alles beim Alten blieb, diese von uns in Abschnitt VI zu erörternde Idee liegt der herrschenden Ansicht völlig fern;

---

gleich in diesen und dem folgenden Paragraphen noch auf sieben weitere Autoren (Neumann, Pinheiro Ferreira, Nippold, Ullmann, Gareis, Heffter, Bluntschli) gelegentlich Bezug nehmen, die im Prinzip (also kleinere Besonderheiten immer vorbehalten) durchaus auf dem Boden der herrschenden Lehre stehen.

höchstens daß sich einmal eine flüchtige Andeutung findet, die allenfalls in diesem Sinne ausgelegt werden könnte.

Fernerhin ist zu konstatieren, daß die völkerrechtliche Wirkung später eingetretener Veränderungen immer bloß in Ansehung internationaler Verträge erörtert zu werden pflegt. Wohl gibt es einzelne Autoren, die, sachlich anknüpfend an die alte zivilistische Behandlung des Problems, der clausula rebus sic stantibus eine viel weitergehende Bedeutung beimessen; es wird dann aber, anders wie bei uns in § 11/12, die Frage gemeinhin nicht so sehr hinsichtlich der übrigen Völkerrechtsnormen als in Bezug auf innerstaatliche Willensakte publizistischen Charakters ins Auge gefaßt[1].

Drittens ist hervorzuheben, daß die communis opinio den veränderten Umständen stets einen spezifisch rechtlichen Effekt zuschreibt, daß sie die Wirkung derselben in der juristischen Tangierung der Vertragsgültigkeit selber bestehen läßt. Gerade in diesem Punkte, der der materiellen Wichtigkeit nach zweifellos den Kern der ganzen Klausellehre bildet, machen sich im einzelnen manche Abweichungen und Besonderheiten bemerklich, die jedoch der Übereinstimmung im Hauptgedanken schlechterdings keinen Eintrag tun. So wird beispielsweise von zahlreichen Schriftstellern unter Zuhilfenahme einer angeblich stets vorhandenen tacita condicio argumentiert, wogegen anderwärts auf diese Denkform Verzicht geleistet wird; manche, wie Rivier nehmen bloß ein Recht der Kündigung als gegeben an[2],

---

[1] Das ist u. a. der Fall bei Vattel, wie der Schlußabsatz des § 296 seines Droit des gens beweist: „Ce que nous disons des promesses doit s'entendre aussi des lois. La loi qui se rapporte a un certain état des choses, ne peut avoir lieu que dans ce même état." Und wie hier für Gesetze wird die clausula rebus sic stantibus manchmal auch für andere öffentlich rechtliche Staatsakte herangezogen: vgl. z. B. Otto Mayer, Deutsches Verwaltungsrecht I, S. 209. Ganz allgemein Jellinek, Lehre von den Staatenverbindungen, S. 103: „Jeder Akt des Staatswillens, mag er sich nach innen oder außen wenden, trägt die Klausel Rebus sic stantibus in sich."

[2] Vgl. des Verfassers Dissertation Über einige Ansprüche aus-

während sonst vielfach die ipso iure eintretende Wirkung Verteidiger findet, und was dergleichen Nebendifferenzen mehr sind. Wir werden auf alle diese Dinge im Verfolg der Arbeit noch eingehender zu sprechen kommen.

Die drei bisher aufgezählten Punkte der Lehre können als solche gelten, die in der Gesamtheit der völkerrechtlichen Literatur (natürlich bloß insoweit, als sie die Klausel überhaupt prinzipiell anerkennt) gleichmäßig zum Ausdruck gelangt sind; wir vermögen sie insbesondere bei allen in § 2 genannten Autoren aufs deutlichste ausgesprochen zu konstatieren. Nicht ganz das Nämliche darf von den jetzt noch folgenden Momenten behauptet werden.

Hierher gehört vor allem die Frage, welcher Art und Beschaffenheit die Umstände sein müssen, die durch ihre spätere Veränderung eine juristische Annullation internationaler Verträge herbeiführen sollen. In dieser Beziehung läßt sich als wirklich konstanter Faktor der Gesamtentwicklung im allgemeinen bloß negativ feststellen, daß nicht jede beliebige Umgestaltung der früheren Sachlage als ausreichend angesehen wird; in der positiven Abgrenzung machen sich dagegen größere Verschiedenheiten bemerklich. Meist behilft man sich zunächst mit der rein formellen Bestimmung, daß wesentliche, essentielle, fundamentale Veränderungen gefordert werden; die materielle Präzisierung derselben wird dann bald mehr objektiv, nach generellen Grundsätzen und Merkmalen, bald mehr subjektiv, im Sinne der in concreto vertragschließenden Parteien, unternommen. Schließlich erfolgt aber zwischen beiden Richtungen praktisch doch wieder eine sehr bedeutsame Annäherung. Diejenigen Autoren nämlich, die von Anfang an objektiv ein für allemal die Beschaffenheit der vertragsauflösenden Veränderungen zu bestimmen suchen, lassen die clausula rebus sic stantibus, wie dies namentlich Jellinek in voller Klar-

---

wärtiger Staaten auf gegenwärtiges Deutsches Reichsgebiet (Leipzig 1894), S. 24 und unten S. 89 ff.

heit ausspricht[1], überall dort eingreifen, wo infolge der geschehenen Umgestaltung der Staat seiner Vertragspflicht nur noch auf Kosten der höchsten politischen Interessen, vor allem des Selbsterhaltungszweckes, genügen könnte. Nun steht es aber auch um die Anhänger der zweiten, gegensätzlichen Richtung offenkundig so, daß sie fast immer[2] bei der Ausführung unvermerkt in die Ideengänge der ersten hinüberlenken, daß sie, mindestens prima facie und vorwiegend, gleichfalls an Eventualitäten der genannten Art zu denken gewohnt sind. Zum Beleg brauche ich bloß daran zu erinnern, daß Wharton bei seinen Ausführungen zuletzt den Vorstellungskreis eines „unreasonable sacrifice" verwendet, ebenso daß Pradier-Fodéré am Schlusse von dem Fall eines „danger pour l'état" redet. Ja selbst ein Mann wie Vattel, dessen Text an sich gar keine Hindeutung auf das Moment der staatlichen Gefährdung enthält, zeigt sich von ihm doch ebenfalls sachlich beeinflußt, wenngleich das hier einzig und allein in der Art der ge-

---

[1] Mit ähnlicher Bestimmtheit äußern sich aber auch noch zahlreiche andere, z. B. Neumann, Grundriß des heutigen Europäischen Völkerrechts (1885), S. 84: „Ein einseitiges Zurücktreten von einem beiderseitig verbindlichen Vertrage ist — nur höchst ausnahmsweise zulässig, wenn die Erfüllung des Vertrags einem Teile verderblich — werden würde.

[2] Keineswegs ganz ausnahmslos; vielmehr begegnen wir auch Schriftstellern, die mit dem Gedanken, es komme lediglich auf das an, was die konkreten Parteien beim Momente des Vertragsschlusses als für den Bestand des Traktats wesentliche Bestimmungsgründe im Sinne hatten, wirklich ernst machen. Eine solche Wendung, bei der die ganze Klausellehre in bestimmtem Sinne zu einer bloßen Auslegungsfrage herabsinkt, liegt u. a. wohl vor bei Fiore. Dieser nämlich (zu vgl. Trattato di diritto internazionale publico, 3. Aufl. 1888, Bd. II) übergeht zunächst bei Aufzählung der allgemein wirkenden Endigungsgründe des Vertrags (a. a. O., S. 345) die Veränderung der Umstände gänzlich; dessen ungeachtet läßt er bald darauf die Bemerkung einfließen, ein Vertrag könne auch durch den Eintritt neuer Tatsachen außer Wirksamkeit gesetzt werden, verweist aber im wesentlichen bloß auf das von der Auslegung handelnde Kapitel (cf. S. 350/351: „La sospensione del trattato può essere la conseguenza di un fatto nuovo sopravenuto. — Delle altre [vorher ist lediglich von dem Ausbruche eines Krieges zwischen den Kontrahenten die Rede gewesen] cagioni che possono giustificare la sospensione, e in certi casi la risoluzione, del trattato, noi discorremo già nel Capitolo antecedente [das betitelt ist: „Della interpretazione dei trattati!])

wählten Beispiele zutage tritt[1]. Mit Rücksicht auf alles dies erscheint es schließlich doch fast als zulässig, auch den Gesichtspunkt des Konfliktes mit den obersten Staatsinteressen, insbesondere mit der Selbsterhaltung, wenigstens zu den regelmäßigen Bestandteilen der völkerrechtlichen communis opinio zu zählen, wobei allerdings zur Vermeidung allzugroßer Verallgemeinerung immer im Auge behalten werden muß, daß ein Teil der Schriftsteller das Anwendungsfeld der Klausel von vornherein und prinzipiell auf abweichendem Wege zu bestimmen sucht.

Noch verhüllter und beiläufiger als es bei dem eben erörterten vierten Punkte der Fall war, tritt bei vielen Autoren die Zustimmung zu dem fünften und letzten Element auf, welches meiner Auffassung nach in der derzeit herrschenden Lehre von der clausula rebus sic stantibus ständig enthalten ist. Es betrifft dies dasjenige Moment, welches nach den bereits gegen Schluß des ersten Paragraphen gemachten Andeutungen zu einer bestimmt gearteten Überschreitung des exklusiv internationalrechtlichen Gebietes unbedingt nötigt; stellt doch in ihm, dem auf Seite 4 erwähnten allgemeinen Vorurteil auch ihrerseits Tribut bezahlend, die spezifische Völkerrechtswissenschaft selber die eo ipso nur auf solche Weise anfechtbare Behauptung auf, die clausula repräsentiere, zum mindesten nach ihrer modernen Um- und Fortbildung, eine strikte Singularität des ius inter gentes. Freilich findet sich dieser Satz, in derartiger Unmißverständlichkeit und Schärfe ausgesprochen, nicht eben häufig vor;

---

[1] Da letztere seinerzeit nicht mit zitiert worden sind, so mögen sie hier nachträglich noch folgen: „Si le grand Gustave n'eût pas été tué à Lutzen, le cardinal de Richelieu, qui avoit fait l'alliance de son maître avec ce prince, qui l'avoit attiré en Allemagne et aidé d'argent, se fût peutêtre vu obligé de traverser ce conquerant devenu formidable, de mettre des bornes à ses progrès étonnans et de soutenir ses ennemis abattus. Les états-généraux des Provinces-Unis se conduisirent sur ces principes en 1668. Ils fermèrent la triple alliance en faveur de l'Espagne, auparavant leur mortelle ennemie, contre Louis XIV., leur ancien allié. Il falloit opposer des digues à une puissance qui menaçoit de tout envahir.“

insbesondere läßt er sich bei sämtlichen oben in § 2 zitierten Autoren eigentlich nirgends mit voller Bestimmtheit konstatieren. Indes darauf kann nach Lage der Dinge kein entscheidendes Gewicht gelegt werden. Auf der einen Seite nämlich sehen wir die hier vermißte ausdrückliche Statuierung wenigstens anderwärts tatsächlich gegeben, beispielsweise in den Worten, die Nippold auf Seite 236 seines 1894 erschienenen Werkes über den „völkerrechtlichen Vertrag" ausspricht: „Wir haben es bei der Klausel mit einem Endigungsgrund zu tun, der spezifisch-völkerrechtlicher Natur ist"[1]. Auf der anderen Seite darf nicht unbeachtet bleiben, daß im Grunde auch die Ausführungen der Übrigen bloß mehr stillschweigend vorausgesetzt und implicite das Nämliche enthalten. Dies ist zunächst mit unbedingter Sicherheit für alle Autoren zu behaupten, die in der Weise Jellineks und Riviers expressis verbis bestrebt sind, der Klausellehre eine tiefere Basis, eine materielle Rechtfertigung zu geben; denn indem sie sich zur Begründung derselben darauf berufen, die einseitige Lösbarkeit internationaler Verträge werde durch die besondere Natur und Beschaffenheit der im Völkerrecht auftretenden Verkehrssubjekte, der Staaten, zur Notwendigkeit gemacht, ist es klar, daß ihr hiermit für innerstaatliche Verhältnisse, die ja begrifflich unter völlig anders gearteten Personen bestehen, jede Existenzberechtigung von Haus aus ganz abgesprochen wird. Nun läßt sich aber weiterhin noch feststellen, daß diese gesamte Art der Beweisführung keineswegs bloß auf die ausdrücklich mit ihr operierenden Vorstellungen beschränkt ist, sondern den sachlich unentbehrlichen Hintergrund für die internationale Klausellehre überhaupt abgibt und demgemäß auch in alle

---

[1] Völlig übereinstimmend u. a. Ullmann, Völkerrecht S. 175/176: „Spezifisch-völkerrechtliche Endigungsgründe der Staatsverträge sind folgende: — 2. Die Veränderung der Umstände, unter denen der Vertrag ursprünglich abgeschlossen worden war — ein Endigungsgrund — von singulärer und im Hinblick auf das privatrechtliche Vertragsrecht anomaler Natur."

übrigen mehr oder weniger versteckt hereinspielt[1]. Ich kann und will das selbstverständlich nicht bis in alle Einzelheiten verfolgen, weil uns das sicher allzulange aufhalten müßte, und gebe deshalb zur Illustration bloß ein paar Beispiele: Pradier-Fodéré, welcher an der früher von uns genannten Stelle seines Droit international public irgendwelche Betonung des eigenartigen Wesens der Staaten nicht erkennen läßt, argumentiert doch wenige Seiten später ganz offenkundig unter Verwertung und mit Hilfe desselben[2]. Ähnlich erklärt sich L. v. Martens[3] im Verlauf seiner Deduktionen vollinhaltlich mit einer Bemerkung John Stuart Mills einverstanden, wie „unpassend es sei, Staaten zu ewigen Pflichten zu verbinden"; die Martensschen Darlegungen werden wieder ohne jede Einschränkung akzeptiert und als sehr richtig bezeichnet von Geßner[4]: kurz, sobald man die der Klausel gewidmeten Sätze nicht bloß isoliert für sich, sondern auch im Zusammenhang und Lichte der Gesamtdarstellung betrachtet, wird man so gut wie überall irgendeiner Anerkennung des hier erörterten Moments begegnen. Deshalb erscheint es schließlich auch an diesem Punkte wieder berechtigt, ein Normalelement der heutigen Klauseldoktrin schlechthin anzunehmen und es als solches mit zur Untersuchung zu stellen, wenngleich natürlich die letztere hier stets der ihr durch Anlage und prinzipiellen Charakter unserer Abhandlung gesteckten Schranken sorglich eingedenk zu bleiben hat.

Mit den fünf aufgezählten Momenten ist meines Er-

---

[1] Die nähere Entwicklung des ganzen Gedankenganges gehört nicht hierher, sondern ist erst im zweiten Abschnitt S. 27 nachzubringen.

[2] T. II, 931 ff. Vgl. bes. S. 932: „Les nations se modifient sans cesse, lorsque les rapports viennent à changer, les traités qui les exprimaient, ont contre eux la force des choses, et leur raison d'être disparaît."

[3] Völkerrecht I, S. 427.

[4] Vgl. Holtzendorffs Handbuch des Völkerrechts III, S. 81. Auch bei einer früheren Gelegenheit schon hebt Geßner hervor (a. a. O., S. 78), daß für ihn „Subjekte und Wirkungen bei den Staatsverträgen ganz andere sind als bei den Privatverträgen".

achtens dasjenige erschöpft, was nach Lage der Dinge als Gemeingut der modernen Völkerrechtsliteratur gelten darf. Es ist nun unsere Aufgabe, diese Punkte gesondert je für sich zu prüfen, um dann schließlich summierend zu einem Urteil über Wert oder Unwert der ganzen Doktrin zu gelangen. Fassen wir sie vorher zur Erzielung eines einheitlichen Gesamtbildes nochmals in einem Satz zusammen, so erhalten wir als Inhalt der üblichen Meinung Folgendes: Es soll angeblich eine besondere Eigentümlichkeit des Völkerrechts (hierüber zu vergleichen Abschnitt VIII) darin bestehen, daß internationale Verträge (Abschnitt V) eine rechtliche Aufhebung (Abschnitt II—IV) erfahren können durch jede Veränderung von Umständen (Abschnitt VI), die eine Erfüllung des Versprechens nur noch unter Verletzung höchster staatlicher Interessen und Zwecke (Abschnitt VII) als möglich erscheinen ließe. Hierin ist alles Material enthalten, an dem die herrschende Lehre über die clausula rebus sic stantibus den Nachweis ihrer gesamten Existenzberechtigung zu erbringen hat; sobald sie bei keinem einzigen dieser Punkte streng kritischer Prüfung standzuhalten vermag, ist sie in ihrer derzeitigen Gestalt wohl überzeugend als völlig unzulänglich dargetan. Der Verlauf der Untersuchung mag hierüber entscheiden.

Zweiter Abschnitt.

Der rein naturrechtliche Charakter der üblichen Lehre von der clausula rebus sic stantibus.

---

§ 4.

Der erste und gleichzeitig allerwichtigste Gegenstand, mit dem wir uns zu befassen haben, besteht in der Untersuchung dessen, ob der Satz von der eventuellen Rechtsunwirksamkeit internationaler Verträge wirklich in dem Sinne zu den spezifisch juristischen Regeln gezählt werden darf, in dem allein man von solchen überhaupt zu sprechen befugt ist. Das ist mit Entschiedenheit zu bestreiten. Der Beweis dafür soll in doppelter Form angetreten werden: wir wollen zunächst, in diesem § 4, negativ-kritisch erörtern, daß und warum die gewöhnlich gebrauchte Argumentation von Haus aus zur Erreichung ihres Zwecks gar nicht imstande ist; hierauf aber, nach dieser Widerlegung fremder Beweismethode, werden wir positiv noch unsererseits versuchen, die juristische Existenz der Klausel in der prinzipiell möglichen Art zu begründen, um dann aus dem offenkundigen Mißlingen unseres Experiments endgültig die Haltlosigkeit des vermeintlichen Rechtssatzes zu deduzieren; dies im folgenden § 5.

Fragen wir, worauf gemeinhin der juristische Charakter der clausula rebus sic stantibus gestützt zu werden pflegt, so finden wir bei demjenigen Teil der Schriftsteller, der der Sache überhaupt auf den Grund zu gehen sucht[1], in immer neuen Wendungen variiert, sachlich aber ganz gleichbleibend bloß diese Antwort: Weil ohne ihn praktisch nicht auszukommen ist, weil es anders überhaupt nicht geht. Das erhält dann seine nähere Ausführung und Erläuterung dadurch, daß man sagt: Die die völkerrechtlichen Verträge abschließenden Personen, die Staaten, sind nicht wie die Individuen zu einer nur kurzlebigen Existenz prädestiniert, sondern umgekehrt auf die Dauer angelegt. Während es den einzelnen Menschen ganz allgemein bestimmt ist, nach flüchtigem Dasein rasch wieder zu verschwinden, ist es den aus ihnen gebildeten Sozialwesen gerade eigentümlich, sich aus sich selbst heraus stets nur fortzusetzen und bloß ausnahmsweise, beim Eintritt ganz besonderer Verhältnisse, ein Ende zu erreichen. So überdauern sie oft viele Jahrhunderte, in denen sie einerseits selbst eine recht mannigfache Entwicklung durchlaufen, und während deren sie auf der anderen Seite sich auch sehr verschiedenartigen und wechselnden Zuständen in der Außenwelt gegenübersehen. Aus diesem Grunde muß an ihnen immer von Neuem die Erscheinung hervortreten, daß etwas, was unter früheren Bedingungen ganz angemessen, ja vielleicht sogar notwendig war, heute einen durchaus unhaltbaren Zustand bedeutet; eben deshalb darf namentlich auch von einer schlechthin unlösbaren, die Staaten auf ewig bindenden Wirksamkeit völkerrechtlicher Verträge von vornherein nicht die Rede sein.

Man kann zugeben, daß diese Argumentation sehr viel Zutreffendes in sich schließt, und doch die Überzeugung festhalten, daß sie an dem entscheidenden Punkte völlig versagt. Was nämlich diesen, d. h. den Nachweis der juristischen Qualität der clausula anbelangt, so handelt es sich hier doch entschieden um nichts anderes wie Naturrecht in optima forma. Denn es wird bloß individuell ver-

---

[1] Cf. oben S. 23/24.

standesmäßig festgestellt, daß eine immerwährende Verpflichtung mit der eigenartigen Beschaffenheit des Staates, mit seiner „Natur" nicht verträglich wäre, und damit soll dann ohne weiteres auch das Bestehen eines entsprechenden allgemeinen Rechtssatzes dargetan sein, mit anderen Worten, es liegt hier ein Verfahren vor, auf welches prinzipiell die bekannte Begriffsbestimmung des Grotius vom Naturrecht durchaus paßt: Jus naturale est dictatum rectae rationis, iudicans actui alicui ex eius convenientia cum ipsa natura rationali inesse necessitatem moralem.

Dieses Folgern von spezifisch-juristischen Sätzen rein aus der Natur der Sache, dieses subjektive Behaupten von Rechtsregeln, ohne daß letztere auf die doch unentbehrliche objektive Basis gestellt, aus positiv fließender Normquelle hergeleitet würden, wird überhaupt im modernen Völkerrecht noch überaus häufig geübt und stellt also keineswegs bloß eine der Klauseltheorie eigentümliche Erscheinung dar. Dabei steht jenes Verfahren bei den meisten Schriftstellern in direktem Widerspruche zu früheren allgemeinen Darlegungen, indem theoretisch jetzt überwiegend zugegeben wird, daß eine wahrhaft gültige Völkerrechtsordnung einzig und allein aus dem sich irgendwie manifestierenden gemeinsamen Willen der Staaten entspringen könne; doch gibt es noch immer eine Anzahl Autoren, die die Entbehrlichkeit des letzteren für den Prozeß der internationalen Rechtsbildung ausdrücklich und prinzipiell verteidigen, und mit diesen muß man sich notwendig auseinandersetzen, wenn man wie wir die Richtigkeit einer solchen These sowohl im allgemeinen als bei der Klausel im besonderen strikt leugnet.

Zu diesem Zwecke mag speziell auf die Ausführungen von Gareis[1] Bezug genommen werden. Derselbe[2] spricht

---

[1] Institutionen des Völkerrechts (1888), S. 29 f. Völlig übereinstimmend in der 2. Aufl. (1901), S. 33 f.

[2] Von anderen Schriftstellern verweise ich noch besonders auf

sich ganz generell folgendermaßen aus: „Wirkliche echte Quelle des Völkerrechts ist die Rechtsnotwendigkeit, die necessitas; die tatsächlich vorhandenen Verhältnisse, vor allem das Dasein des Staates in seinem Wesen und in der Vielheit der Staaten, die wesentlichen Eigenschaften und Aufgaben des Staates, die Tatsache — eines Verkehrs derselben — führen den sie mit logischer Konsequenz spekulativ beobachtenden Juristen und Staatsmann zu einer Anzahl von Regeln des äußeren Verhaltens, die von den Staaten anerkannt werden und denen sich keine Politik entziehen kann. Diese Regeln sind weit davon entfernt, Naturrecht zu sein; das Naturrecht ist ein subjektiv-theoretisches, der in notwendigen Rechtssätzen bestehende Teil des Völkerrechts, ius necessarium belli et pacis, dagegen ein objektiv-praktisches: das Naturrecht wird von der Theorie erzeugt, vom Individuum subjektiv willkürlich gestaltet; das ius necessarium wird von der Praxis und für die Praxis gefunden und aufgestellt; diese, von der Theorie nur unterstützt, nicht geleitet, leistet sich in der Erzeugung und Anerkennung der notwendigen Rechtssätze das, was der Staat für seine innerstaatlichen Verhältnisse sich durch seine Gesetzgebung leistet; im Privatrecht und in anderen innerstaatlichen Verhältnissen gibt es für die Anerkennung solcher notwendigen Rechtssätze deshalb keinen Raum, weil dort der Gesetzgeber das ausspricht, was die Not auszusprechen gebietet und das Herkommen, der Kürze der Zeit wegen, nicht statuieren konnte.

Im Rahmen einer bloßen Spezialarbeit ist es natürlich nicht möglich, der eben zitierten Auffassung in aller Aus-

---

Heffter, Europäsches Völkerrecht, 8. Aufl. (1888) besorgt von Geffcken, S. 7: „Es gibt ein schon aus innerer Nötigung anzuerkennendes, darum auch keiner ausdrücklichen (nach dem Zusammenhang zu verstehen als „weder einer gewohnheits-, noch vertragsmäßigen") Anerkennung bedürftiges, gegenseitiges Recht der Staaten." Dagegen glaube ich nicht, daß Ullmann, auf den sich Gareis (a. a. O., 2. Aufl. S. 33, Anm. 3) speziell beruft, zu den die necessitas als wahre und selbständige Rechtsquelle anerkennenden Autoren gerechnet werden darf. Vgl. unten S. 32, N. 1.

führlichkeit und Vollständigkeit entgegenzutreten; ich muß mich deshalb bloß mit der Hervorhebung einiger besonders wichtiger Punkte begnügen. Wie man sieht, glaubt Gareis, der Einreihung seines ius necessarium unter den Begriff des Naturrechts dadurch begegnen zu können, daß er für dasselbe eine ganz abweichende Statuierungsmethode in Anspruch nimmt; er behauptet, wenn ich ihn recht verstehe, daß im Gegensatz zu letzterem, welches bloß deduktiv aus obersten Sätzen und Vernunftprinzipien gefolgert sei, das erstere rein induktiv aus praktischem Erfahrungsmaterial gewonnen würde. Hier wäre zunächst daran zu erinnern, daß anerkanntermaßen [1] die wissenschaftliche Untersuchung in Wahrheit kaum jemals rein deduktiv oder rein induktiv, sondern immer beides zugleich ist, und daß folglich aus dem relativen Überwiegen der einen oder anderen Methode keinesfalls fundamentale Kontrastierungen hergeleitet werden dürfen. Auch das alte Naturrecht arbeitete durchaus nicht bloß mit Schlüssen aus der (subjektiven) Vernunft, sondern stützte sich bei seinen Operationen, freilich mehr unbewußt, stets auch auf ein gewisses (nur viel zu geringfügiges und unzulängliches) Tatsachenmaterial. Und umgekehrt folgert wieder bei Gareis der „spekulativ beobachtende Jurist" keineswegs nur induktiv aus empirischer Betrachtung der internationalen Praxis, sondern argumentiert vielfach aus bestimmten, fertig mitgebrachten Obersätzen wie Natur und Wesen des Staates u. dergl. mehr.

Indes der Haupteinwand, der von uns geltend zu machen ist, besteht in etwas anderem. Selbst wenn nämlich Gareis in dem eben erörterten Punkte, in der Annahme streng praktisch-erfahrungsmäßiger Beweisführung, wirklich Recht hätte, so wäre damit für seine eigentliche These noch nichts gewonnen. Er will dartun, daß direkt unter dem Einfluß und Druck naturgegebener „Notwendigkeit" für die beteiligten Staaten ein Komplex spezifisch juristischer

---

[1] Cf. u. a. Wundt, Logik, 2. Aufl. II, 1 (1894), S. 20 ff.

Normen zu entstehen vermöge; rein aus „der Macht der sich selbst entwickelnden Lebensverhältnisse, der Tatsachen“ [1], sollen letztere prinzipiell gefolgert werden dürfen. Dabei wird jedoch übersehen, daß, entsprechend dem allgemein gültigen Satze, nach welchem der generalisierende Schluß den zu grunde gelegten Einzelbeobachtungen essentiell stets adäquat sein muß, jede Summierung streng faktischer Geschehnisse und Wahrnehmungen an sich und zunächst auch nur zur Aufstellung eines faktischen Gesetzes führen kann. Ein solches zu formulieren mag unter Umständen für die Wissenschaft vom praktischen Verkehrsleben der Völker sehr wohl zulässig und angebracht sein, und wir selbst werden später [2] die clausula rebus sic stantibus, resp. genereller aufgefaßt die internationale Notstandsnorm ganz in diesem Sinne, als faktisch zu betätigenden Erfahrungssatz, aussprechen und definieren. Davon steht aber noch weitab die Ausstattung einer derartigen Regel mit spezifisch rechtlicher Geltungskraft. Soll diese als vorhanden dargetan werden. so genügen Feststellungen der bisherigen Art schlechterdings nicht mehr, sondern sie müssen noch in eigentümlicher Weise qualifiziert sein, sich auf ein gewisses neues Moment mit erstrecken, ohne das jede juristische Normstatuierung von vornherein ganz in der Luft schwebt. Diese erste und fundamentale Rechtfertigung weitergehender, essentiell veränderter und gesteigerter Schlußfolgerungen kann nun nach Lage der Dinge bloß in dem Nachweise bestehen, daß das zunächst rein tatsächlich-erfahrungsmäßig konstatierte Gesetz von den zur positiven Rechtssatzung kompetenten und befähigten Personen, das sind hier die miteinander Verkehr pflegenden Staaten, auch als technisch-juristische Regel in den Inhalt ihres gemeinsamen Willens aufgenommen sei [3].

---

[1] Vgl. S. 91 ff., sowie 103 ff. u. 126 f.

[2] Vgl. Gareis, Enzyklopädie und Methodologie der Rechtswissenschaft, 2. Aufl. 1900, S. 36.

[3] Das Erfordernis des Durchgangs durch dieses Medium wird im

Eine solche Auffassung verlangt absolut nicht, daß man allen und jeden Einfluß der faktisch gegebenen Zustände auf den gesamten Rechtsbildungsprozeß negieren müßte; vielmehr vermag jene mit umfassender Anerkennung dieses durchaus Hand in Hand zu gehen. Aber jedenfalls kann es sich dabei für uns bloß noch um einen mittelbaren Einfluß handeln[1]: die Staaten, deren Wille natürlich ebensogut wie der individuell menschliche durch äußere Motive be-

---

gewissen Sinne von Gareis selbst angedeutet, insofern als er mehrmals von einer eigenen „Anerkennung" des jus necessarium durch die Staaten spricht. Doch erscheint diese — die übrigens nirgends als speziell erteilt nachgewiesen, sondern überall, z. B. bei der Konstruktion der so problematischen „Grundrechte", bloß generell fingiert wird — bei ihm in keiner Weise als entscheidendes Stadium des Vorgangs der internationalen Rechtsentstehung, sondern bildet nur ein nebensächliches Beiwerk. Daß dem wirklich so ist, ergibt sich nicht bloß daraus, daß (Institutionen S. 33 f.) die necessitas direkt als echte Rechtsquelle bezeichnet, dagegen das Moment der „Anerkennung" nur ganz beiläufig nachgebracht wird (an zahlreichen anderen Stellen bleibt dieses Requisit sogar völlig unerwähnt; vgl. S. 5: „Die Macht der Notwendigkeit — erzeugt eine Reihe von Vorschriften des Verhaltens der Staaten untereinander," S. 36: „Rechtssätze, die von der Rechtsnotwendigkeit erzeugt sind". Ebenso Rechtsenzyklopädie S. 50: „Rechtsnotwendigkeit als Quelle positiven Rechts" und öfter), sondern folgt auch mit logischer Notwendigkeit aus Art und Zusammenhang der Beweisführung. Ohne hier in eine ausführliche Erörterung dieses Punktes, die nur in breiter angelegten Untersuchungen möglich wäre, einzutreten, möchte ich doch auf eines wenigstens in aller Kürze hinweisen. Das jus necessarium soll ausgesprochenermaßen etwas von den durch Staatenvertrag oder gewohnheit erzeugten Rechtssätzen Verschiedenes, selbständig neben beide Tretendes sein. Das wäre jedoch nicht möglich, falls es formellen Rechtscharakter erst durch die gegenseitige Anerkennung der Staaten empfinge; denn um nach außen hin wirksam zu sein, müßte sich diese offenbar irgendwie manifestieren, was wieder von vornherein bloß in doppelter Art, ausdrücklich und stillschweigend, zu erzielen wäre, oder wie Brie (Theorie der Staatenverbindungen, 1886, S. 41, N. 1) den ganzen Sachverhalt sehr richtig formuliert: „Die Anerkennung, welche teilweise als Völkerrechtsquelle neben der Gewohnheit und den Staatsverträgen betrachtet wird, ist immer unter eine dieser beiden Kategorien von Quellen einzureihen." So kommen wir zu dem Ergebnis, daß Gareis, wenn er sein jus necessarium als selbständige Bildung nicht ganz aufgeben will, unbedingt auf jede schärfere Akzentuierung des Anerkennungsmoments verzichten, trotz gelegentlicher anders klingender Äußerungen (vgl. bes. Institutionen S. 6, N. 1; Enzyklopädie S. 36, 37, 42, 43) jenes eventuell auch schon vor und unabhängig von der staatlichen Anerkennung als fertiges Recht betrachten muß.

[1] Hiermit sachlich völlig übereinstimmend Ullmann, Völkerrecht, S. 27/28 (s. auch S. 1 ff., 12 ff.).

stimmt und determiniert ist, werden durch die Wahrnehmung realer Zustände und Bedürfnisse veranlaßt, sie vernunftgemäß zu berücksichtigen und von sich aus zur Setzung entsprechender Rechtsnormen zu schreiten. Jedesmal wenn das in einem einzelnen Falle aus irgendwelchen Gründen nicht geschieht, ausführlicher und deutlicher gesagt: wenn die motivierende Kraft der materiellen Verhältnisse sich in concreto zur Durchsetzung der formaljuristischen Sanktion als nicht stark genug erwiesen hat, tritt es praktisch in Erscheinung, daß letztere und nicht erstere das eigentlich entscheidende Element bilden: wir haben alsdann einen Rechtszustand vor uns, der partiell anders und besser, als er wirklich ist, zu wünschen wäre[1], der aber bloß deshalb, rein wegen dieser sachlichen Verbesserungsbedürftigkeit, keineswegs aufhört, in positiv-juristischer Geltung zu stehen. Ein analoges Verhältnis zeigt sich übrigens bei dem Vorgang der innerstaatlichen Rechtsbildung. Denn auch bei diesem liegt die Sache offenkundig so, daß ein rechtschaffender Wille, hier der, besonders legislativ sich betätigende, des einzelnen Staats, im allgemeinen von den faktisch gegebenen Sozialbedürfnissen maßgebend beeinflußt und geleitet wird, daß er aber diesen gelegentlich die formelle Berücksichtigung auch sehr wohl versagen und dadurch ihre Umsetzung in spezifisch-juristische Normen entscheidend verhindern kann. Da nun nach dieser Richtung hin Gareis mit uns in der Verzichtleistung auf ein besonderes jus necessarium ganz einig ist, da er direkt sagt, daß zivilistische und sonstige innerstaatliche Rechtsregeln erst dann entstehen, wenn „der Gesetzgeber das ausspricht, was die Not auszusprechen gebietet“ [2], so müßte er eigent-

[1] Unter Umständen kann es sich aber auch so verhalten, daß der scheinbare Mangel in Wahrheit gar keiner ist, und zwar deshalb, weil das Vorhandensein des vermißten Rechtssatzes in anderen Beziehungen noch weit schlimmere Folgen haben müßte, als jetzt sein Nichtvorhandensein. Nach den S. 72 ff. zu gebenden Ausführungen trifft das gerade auf den Fall der clausula in ganz hervorragendem Maße zu.

[2] Institutionen des Völkerrechts, S. 34. Weniger bestimmt und exklusiv allerdings Rechtsencyklopädie, S. 50.

lich konsequenterweise auch für das ius inter gentes zu entsprechenden Resultaten kommen; geht es doch schwerlich an, aus den hier wie dort gleichliegenden Prämissen abweichende Konsequenzen zu ziehen dergestalt, daß die „Notwendigkeit" das eine Mal bloß als materielle Willensdetermination, das andere Mal aber als formelle Rechtsquelle selber angesehen wird.

Aus dem Gesagten erhellt, daß auch im Völkerrecht nicht der kleinste Rechtssatz unmittelbar aus faktischen Tatbeständen, sondern lediglich aus den, durch solche eventuell ausgelösten staatlichen Rechtssetzungsakten gefolgert werden darf. Dieses prinzipielle Abstellen auf letztere, zu dem wir im vorstehenden zunächst aus allgemein theoretischen Erwägungen gelangt sind, erweist sich nun auch in anderer Beziehung, unter mehr praktischen Gesichtspunkten, als schlechthin unentbehrlich. Das ist um deswillen zu behaupten, weil man sich beim Aufgeben jenes Kriteriums sofort selbst aller Möglichkeit beraubt, die Frage: „Gilt die und die Regel positiv rechtlich?" nach wahrhaft objektiven, von der Person des Einzelbetrachters losgelösten Merkmalen zu untersuchen und zu entscheiden. Das Nähere hierüber läßt sich gerade an dem Problem der clausula rebus sic stantibus recht deutlich aufzeigen.

Sobald man nämlich, was die herrschende Meinung im Grunde überall tut, von jeder Erörterung dessen absieht, wie sich die völkerrechtlichen Verkehrssubjekte ihrerseits zu der behaupteten Einschränkung der Norm Pacta sunt servanda verhalten haben, sobald man es also nicht ausschließlich von ihrer Beurteilung abhängen läßt, ob und event. in welchem Umfange die tatsächlichen Verhältnisse auch spezifisch rechtliche Wirkungen äußern sollen, so bleibt gar nichts anderes mehr übrig, als daß diese Beurteilung von jedem völkerrechtlichen Einzelforscher subjektiv für sich vorgenommen wird. Damit ist dann aber unheilbarer Zersplitterung im Detail Tür und Tor geöffnet. Denn keine einzige individuell menschliche Überzeugung ist im stande, der anderen gegenüber diejenige „äußere Autorität“ [1], die eo ipso einleuchtende Superiorität in Anspruch zu nehmen, wie sie zu gunsten der positivrechtlichen Willensmeinung der Staaten allerdings besteht und vorhanden ist; vielmehr tritt unter den angenommenen Voraussetzungen immer nur Einzelanschauung prinzipiell gleichberechtigt wider Einzelanschauung. Mag mithin noch so oft die herrschende Lehre wiederholen: „Nach unserer Auffassung der tatsächlich unter den Staaten gegebenen Verhältnisse ist die Anerkennung der Klausel als Rechtsnorm eine unbedingte Notwendigkeit“, grundsätzliche Gegner derselben wie Triepel[2], Zorn[3] u. a. brauchen darauf stets von neuem bloß zu konstatieren, daß sie ihrerseits diese Notwendigkeit nicht einzusehen vermöchten. Und ganz ähnlich gestaltet sich die Sache auch wieder unter denjenigen Schriftstellern, die zwar übereinstimmend Anhänger der herrschenden Lehre sind, sie aber doch in Einzelheiten verschieden ausprägen. Wir sehen z. B., daß der eine Autor eine recht weitgehende Fassung der Klausel für erforderlich hält[4], der andere umgekehrt eher zu möglichster Restringierung neigt[5]: wie soll man da nun objektiv ent-

[1] Bergbohm, Staatsverträge und Gesetze als Quellen des Völkerrechts, 1877, S. 41.

[2] Völkerrecht und Landesrecht, 1899, S. 30, Anm.: „Ganz unpraktisch scheint mir die berüchtigte Lehre von der clausula rebus sic stantibus zu sein.“

[3] Reichsstaatsrecht, 2. Aufl. I (1895), S. 514, Anm. 47: „Die ganze Streitfrage, ob Verträge nur unter der clausula rebus sic stantibus abgeschlossen werden und demgemäß bei Änderung der Verhältnisse einseitig gekündigt werden können, ist nur eine moralisch-politische Frage, und es fehlt dafür jede Möglichkeit einer juristischen Erörterung.“ Reich und Reichsverfassung (1895), S. 6: „Die berüchtigte clausula rebus sic stantibus der völkerrechtlichen Verträge.“

[4] Vgl. etwa Heffter, Europäisches Völkerrecht, S. 215: „Als eine solche (die Rechtsgültigkeit des Vertrags tangierende) Veränderung ist diejenige zu betrachten, wobei der Verpflichtete seine bisherige politische Stellung nicht behaupten könnte und namentlich sich in eine Ungleichheit gegen andere Staaten versetzen würde“, eine Formulierung, die Geffcken (ebenda S. 216, N. 8) für „bedenklich dehnbar“ erklärt.

[5] Das ist offenbar der Fall bei Gareis selbst. Vgl. Institutionen des Völkerrechts, S. 213: „Wird unter der clausula rebus sic stantibus verstanden, daß die Vertragsverbindlichkeit wegfällt, wenn die juristische,

scheiden können, wessen Meinung die richtige ist, wenn jeder immer nur mit subjektiven Gründen, rein nach dem Maßstab seiner individuellen Beurteilung der Sache, argumentieren darf? Diese Schwierigkeit findet sofort ihre Lösung, wenn man mit uns den wahren Rechtszustand, der doch immer nur A oder B, aber nicht beides zugleich sein kann, einzig und allein durch den Inhalt des gemeinsamen Staatenwillens bestimmt sein läßt. Wohl kann es auch dann noch große Schwierigkeiten insofern geben, als dieser Wille oftmals nur schwer festzustellen sein wird; indes existiert hier doch wenigstens die prinzipielle Möglichkeit, ein objektiv maßgebendes Gültigkeitskriterium ausfindig zu machen. Denn mit dem Moment, wo ein solcher Wille positiv-genereller Rechtssetzung wirklich dargetan ist, verlieren alle sonstigen Ansichten von selbst ihre praktische Bedeutung; auch wenn der einzelne die festeste Überzeugung hat, daß der fragliche Rechtsgedanke besser eine andere, sei es nun engere oder weitere, Fassung erhalten hätte, kann er doch schlechterdings nicht mehr daran denken, seine abweichende Meinung für positiv geltendes Recht auszugeben. —

Neben der hiermit wohl genügend widerlegten Richtung der Völkerrechtswissenschaft, die zur Fundierung der Klausel von vornherein bloß mit Folgerungen aus der Natur des Staates, seinen wesentlichen Eigenschaften usw. operiert und insofern ganz unverkennbar den naturrechtlichen Begriff eines jus necessarium verwertet, besteht nun noch eine andere, die, ohne sich materiell von jener wesentlich zu unterscheiden, doch wenigstens formell ihrer Beweisführung durch einen kleinen Zusatz etwas mehr Anschein von

---

auch im Zivilrecht mit gleicher Wirkung anerkannte Voraussetzung (causa) in Wegfall geraten, oder die ausdrücklich oder stillschweigend paktierte, auflösende Bedingung eingetreten ist, so wird hiermit nichts juristisch Bedenkliches angenommen; anders liegt die Sache, wenn unter jener Klausel verstanden wird, daß die Veränderung der politischen Lage allein schon genüge, einen Vertrag als hinfällig geworden zu bezeichnen."

Positivität zu geben weiß. Das ist der Fall bei allen denjenigen Schriftstellern, die die einseitige Lösbarkeit internationaler Verträge nicht schon unmittelbar aus der Art der beim völkerrechtlichen Verkehrsleben obwaltenden faktischen Verhältnisse als allgemeine Regel entspringen lassen, sondern mehr indirekt die Behauptung aufstellen, wegen und auf Grund dieser besonderen Beschaffenheit sei es der übereinstimmende Wille der vertragsschließenden Staaten selbst, ihren konkreten Verträgen beim Abschlusse stets die, stillschweigend hinzu gedachte, weil als selbstverständlich vorausgesetzte clausula beizufügen [1].

Wäre das in der Tat richtig, dürfte man wirklich annehmen, letztere wäre in jedem Einzelübereinkommen stets als tacita condicio, als stillschweigende Resolutivbedingung [2] enthalten, so müßte ihr positiv-juristischer Charakter im Prinzip sicherlich als ausreichend gewahrt gelten. Denn wenn die Staaten als solche damit einverstanden sind, durch eine bestimmt geartete Veränderung

---

[1] Vgl. hierzu von den in § 2 aufgeführten Autoren, u. a. die Äußerungen Whartons („a state of things which was — one of its tacit conditions") und Vattel („on a proposé et agité cette question, si les promesses renferment en elles-mêmes cette condition tacite —." Dagegen kann als Beispiel für die ersterörterte Richtuug Jellinek dienen, in dessen „Rechtl. Natur der Staatenverträge" die Idee der stillschweigenden Beifügung der Klausel höchstens flüchtig einmal anklingt.

[2] Es ist darauf aufmerksam zu machen, daß tacita condicio an sich in einem doppelten Sinne verstanden werden kann; vgl. Arndts, Lehrbuch der Pandekten § 66, Anm. 9: Notwendigkeit der „Unterscheidung zwischen stillschweigender und stillschweigend erklärter Bedingung". Im Text wird nur die zweite Möglichkeit einer Besprechung unterzogen, und zwar deshalb, weil bloß bei dieser, also bei der Annahme, die Veränderung der Umstände werde bei jedem Einzelvertrag von den konkreten Parteien als wahre (Resolutiv-) Bedingung stillschweigend mitgewollt, in die ganze Beweisführung etwas wirklich neues hereinkommt. Sobald man dagegen an die andere, technisch neuerdings meist als condicio juris bezeichnete Eventualität denkt, gelangt man damit in der Hauptsache einfach auf den bereits widerlegten Standpunkt zurück; denn es wird dann offenbar von vornherein wieder bloß postuliert, daß dem internationalen Vertragsrecht eine solche Beschränkung von Natur inhäriere und eigentümlich sei, ohne daß für diese Behauptung irgend ein positiv ausreichender Beweis erbracht wäre.

von Umständen ihre Verträge immer erlöschen zu lassen, so liegt hierin offenkundig auch eine abstrakte Recht setzende Verfügung der zur (abstrakten wie zur konkreten) positivrechtlichen Regulierung aller internationalen Verhältnisse wahrhaft befugten Willenssubjekte vor.

Indes was Bergbohm[1], der verdienstvolle Bekämpfer alles modernen Krypto-Naturrechts, gelegentlich einmal bemerkt: „Es kommt auf die Sache an, und der Sache nach besteht naturrechtliche Methode überall, wo aus subjektiven Überzeugungen statt aus objektiven Erkenntnismitteln des gewordenen Rechts geschöpft wird", das erweist sich bei schärferer Betrachtung auch hier als zutreffend. Nirgends, soviel ich sehen kann, wird in ausreichender Form der Beweis dafür angetreten, daß die Staaten tatsächlich bei Abschluß aller Einzeltraktate entsprechend gesinnt und gewillt seien, sondern es wird das sofort und ohne weiteres vorausgesetzt[2]. Bald klar ausgesprochen, bald mehr im Hintergrund stehend, spielt auch hier wieder bei jedem Autor wesentlich die Vorstellung herein, es müsse, da an eine schlechthin unlösbare Verbindlichkeit der Staatsverträge nach Lage der Dinge gar nicht zu denken sei, hierfür unbedingt ein geeignetes juristisches Abhilfsmittel ausfindig gemacht werden, und um ein solches zu erhalten, greift man dann eben kurz resolviert zu der Hypothese des immer nur bedingt erfolgenden Traktatsabschlusses[3].

---

[1] Jurisprudenz und Rechtsphilosophie, I (1892), S. 141.

[2] Ganz der nämlichen Ansicht verleiht auch Fritze bei seiner Besprechung des Pfaffschen Werkes über die clausula deutlichen Ausdruck; vgl. Kritische Vierteljahrsschrift Bd. 42, S. 530: „Eine stillschweigende Erklärung der Klausel wird von denjenigen Schriftstellern, welche sie als stillschweigend dem Vertrag beigefügte Bedingung behandeln, lediglich fingiert."

[3] Besonders scharf tritt der ganze Gedankengang bei Rivier hervor, dessen Ausführungen (Lehrbuch des Völkerrechts, S. 350) ich deshalb hier in ihren Hauptzügen nochmals wiederholen möchte. I: „Die Staaten sterben nicht, und sie vermögen nicht auf ewige Zeiten sich ihrer Freiheit zu entäußern" (Konstatierung der besonderen „Natur", der eigenartigen Beschaffenheit der Staaten). II: Daher „bleiben — Verträge stets einseitiger Kündigung unterworfen und man (!) muß den Satz aufstellen" (rein vernunftrechtlicher Notwendigkeitsschluß aus I), III: „daß ein Volk

Das erscheint aber doch als ein recht willkürliches Verfahren, zumal wenn in Anschlag gebracht wird, wie wenig die Ansichten der Theorie darüber, wie sich die Staaten praktisch verhalten sollten, bei den letzteren Berücksichtigung gefunden haben[1]. Diesem Umstand hätte die Wissenschaft, wie an zahlreichen anderen Punkten, so namentlich auch in unserem Falle entschieden mehr Rechnung tragen müssen; sie durfte bei der clausula rebus sic stantibus, selbst wenn sie noch so fest von deren Vernünftigkeit und Notwendigkeit überzeugt war, doch nicht ganz die Untersuchung dessen beiseite lassen, ob sich die völkerrechtliche Praxis wirklich auch ihrerseits die Lehre von der tacita condicio streng und folgerichtig zu eigen gemacht habe. Solange sie derartige Feststellungen gänzlich verabsäumt, so lange sie sich damit zufrieden gibt, das von ihr für wichtig und wünschenswert Gehaltene den Staaten gleichfalls zu imputieren, schweben ihre Darlegungen in der Luft, vermögen sie niemals über das Stadium rein subjektiver Behauptungen hinauszulangen. Daß bis jetzt nur und ausschließlich solche immer vorgebracht worden sind, dafür existiert ein recht charakteristischer Beleg insofern, als einige Schriftsteller die ganze Lehre ebenso subjektiv wieder haben bestreiten können[2], ohne daß sie dabei ge-

---

auf das Recht der Kündigung nicht definitiv verzichtet, so daß dasselbe stets vorbehalten bleibt, auch wenn dies nicht ausdrücklich erwähnt sein sollte" (Formulierung der angeblich von den Staaten stets gewollten tacita condicio).

[1] Man denke an Institute, wie dasjenige der Friedensblockade, der Fremdenausweisung u. a. m.

[2] Vgl. z. B. Bluntschli, Modernes Völkerrecht der zivilisierten Staaten als Rechtsbuch dargestellt, 3. Aufl., 1878, S. 256: „Zu weit gehen einzelne Völkerrechtslehrer, wenn sie behaupten, daß die Klausel rebus sic stantibus stillschweigend allen Verträgen der Staaten beigefügt sei, und daß demgemäß rebus mutatis die Gebundenheit aufhöre." Trotz dieser prinzipiellen Stellungnahme erkennt übrigens Bluntschli hinterher die einseitige Aufhebung internationaler Verträge in so zahlreichen, genauer spezifizierten Einzelfällen als berechtigt an, daß die ganze Klausellehre schließlich bei ihm doch wieder mindestens denselben Umfang annimmt, wie nur bei irgendeinem Anhänger der herrschenden Meinung.

zwungen gewesen wären, zuvor irgendwelches objektive, zugunsten der gegnerischen Ansicht sprechende Material zu entkräften und aus dem Wege zu räumen.

Wir an unserem Teile haben selbstverständlich nicht Anlaß, das Nichtvorhandensein der Klausel als jedesmaliger tacita condicio in eingehender Erörterung darzutun; vielmehr genügt für unsere Zwecke die Konstatierung, daß vorläufig ihr positives Vorhandensein von den hierfür nach Lage der Dinge beweispflichtigen Autoren noch nicht bewiesen worden ist. Deshalb können wir uns hier auch darauf beschränken, nur einen einzigen Punkt anzuführen, der es von vornherein so unwahrscheinlich wie möglich macht, daß die Staaten regelmäßig nur Traktatsabschlüsse sub condicione im Sinne hätten. Angenommen, dies träfe wirklich zu, so wäre es nicht bloß, wie Nippold[1] meint, „denkbar, daß die clausula rebus sic stantibus dem Vertrage mitunter auch ausdrücklich beigefügt würde“, sondern es müßte das als eine überaus häufig zu erwartende Eventualität gelten. Denn da jede stillschweigend erklärte Bedingung doch immer etwas recht Unbestimmtes, Schwankendes, der Anzweiflung Ausgesetztes bleibt, würden gewiß viele Staaten auf die naheliegende Idee kommen, die so unsichere tacita condicio durch die viel präzisere ausdrückliche Bedingung zu ersetzen. Indem nun aber von der Hinzufügung der letzteren in der völkerrechtlichen Praxis so gut wie gar nichts zu bemerken ist[2], muß man notwendig zu dem Schlusse gelangen, daß jene überhaupt nicht die ernstliche Absicht haben, lediglich unter strikter Resolutivbedingung[3] ihre Verträge einzugehen. —

[1] Der völkerrechtliche Vertrag, S. 237.

[2] Vgl. unten S. 70 ff.

[3] Sorgfältig im Auge zu behalten ist, daß hier immer nur die Annahme einer solchen, d. h. die Behauptung, es werde den Vertragserklärungen bewußt und erkennbar gleich bei Abgabe derselben von den Staaten eine Beschränkung hinzugefügt, für unzulässig erklärt wird. Davon völlig verschieden ist die Art, wie wir später — §§ 10 und 15 — dem (zutiefst zugrunde liegenden, seinerzeit aber nicht zu klarer Erkenntnis

Als Fazit aus den in diesem Paragraphen angestellten Erwägungen ergibt sich, daß beide Methoden, wie man bisher eine spezifisch-juristische Wirksamkeit der Klausel darzutun versucht hat, gleichmäßig vernunftrechtlichen Charakter an sich tragen. Der einzige Unterschied zwischen ihnen besteht nur darin, daß dieser Sachverhalt das eine Mal mehr, das andere Mal minder verschleiert erscheint. Während die ersterörterte Richtung (S. 26 ff.) direkt aus naturgegebenen Verhältnissen eine allgemeine Rechtsregel herleiten wollte, machen die Anhänger der zweiten (S. 36 ff.) bloß den etwas weiteren Umweg, daß sie schließen: „Die clausula rebus sic stantibus entspricht den subjektiv von uns festgestellten Zuständen und Bedürfnissen, und deshalb muß sie unbedingt auch von den Staaten stets in concreto gewollt und statuiert sein.“ Auf die prinzipielle Beurteilung vermag diese, doch recht nebensächliche Differenz keinen Einfluß auszuüben, und so darf man denn von der Klausellehre schlechthin behaupten, daß sie zu denjenigen Parteien des Völkerrechts gehört, die nach einem bezeichnenden Ausdruck Bergbohms[1] „ihre juristische Illegitimität nicht verbergen können“, oder um eine gelegentliche Wendung von Fricker[2] aufzunehmen, die Schriftsteller der einen wie der anderen Richtung haben im Grunde immer „bloß ihre eigenen Ansichten ausgesprochen und nicht mit einem einzigen Wort den Beweis aus dem positiven Völkerrecht geführt“.

§ 5.

Ungeachtet aller im vorigen Paragraphen beigebrachten Argumente würde es immerhin noch möglich sein, daß die clausula rebus sic stantibus ein Institut des positiv gültigen Völkerrechts bildete. Wirklich dargetan ist bisher

durchgedrungenen) wahren und eigentlichen Willen der Kontrahenten eine gewisse Berücksichtigung zuteil werden lassen.

[1] A. a. O., S. 352.

[2] Gebiet und Gebietshoheit, 1901, S. 37.

bloß soviel, daß die communis opinio den Beweis der juristischen Existenz desselben in durchaus ungenügender Weise zu führen unternommen hat; dadurch erscheint es aber nicht ausgeschlossen, daß richtiger angelegte Versuche auch ein besseres Resultat ergeben könnten. Enthielten doch die früheren Strafrechtssysteme zweifellos gleichfalls viel Elemente, denen positiv-juristischer Charakter gar nicht abzusprechen war, nur daß letztere freilich nicht kraft ihrer behaupteten Vernunftnotwendigkeit, sondern kraft der Einführung durch eine wirkliche Rechtsquelle objektiv galten. Wie damals die falsche und verfehlte Ableitung bloß durch die richtige ersetzt zu werden brauchte, um den betr. Sätzen ihre Positivität durchaus zu retten, so mag Ähnliches vielleicht auch in unserem Falle durchzuführen sein.

Wollen wir nun hierüber ins Klare kommen, so müssen wir jetzt noch die Frage untersuchen: wie sich die Staaten selber zu der ganzen Sache praktisch verhalten haben. Nur wenn uns der Nachweis gelänge, daß die letzteren tatsächlich, ausdrücklich oder stillschweigend, durch formellen Rechtssatzungsvertrag oder im Wege des Gewohnheitsrechts, den Willen zu einer derartigen Normschaffung kundgegeben hätten, könnte der von der Theorie ausgebildeten Klausellehre auch tatsächlich juristische Geltung zukommen; sie „ist nur insoweit aufrechtzuerhalten, als sie sich auf den Grundlagen dieser positiven Rechtsquellen festhalten läßt“ [1].

Sehr kurz können wir dabei über die Frage nach der etwaigen ausdrücklichen Statuierung der clausula hinweggehen, denn es wird allseitig anerkannt, daß die unter sich völkerrechtlichen Verkehr pflegenden Kulturstaaten bisher miteinander keinen allgemeinen Satz des Inhalts vereinbart haben, es solle durch wesentliche Veränderung der Umstände die juristische Verbindlichkeit der internationalen Traktate erlöschen. Eher noch ließe sich das direkte

---

[1] Worte, die Störk in Holtzendorffs Handbuch des Völkerrechts, Bd. II, S. 515 mit Bezug auf eine andere internationalrechtliche Doktrin (natürliche Verkehrsfreiheit in fremden Küstengewässern) ausspricht.

Gegenteil behaupten. Das gilt zunächst ganz unzweifelhaft von einem Spezialfalle, insofern als bezüglich sämtlicher, sich an der Regierungsform, überhaupt der politischen Organisation eines Volkes etwa vollziehenden Umgestaltungen seitens der europäischen Hauptmächte expressis verbis, durch das Londoner Protokoll vom 19. Februar 1831, der Grundsatz ausgesprochen worden ist, dieselben vermöchten keinen Einfluß auf die Gültigkeit internationaler Verträge zu beanspruchen [1]. Für alle andersgearteten Veränderungen fehlt es freilich an einer derartig bestimmten Erklärung; doch könnte man eine solche wenigstens implicite in einem zweiten Londoner Protokoll enthalten finden, welches von den Großmächten am 17, Januar 1871 unterzeichnet wurde und in dem es klipp und klar, ohne jeden Vorbehalt zu Gunsten der clausula, heißt, daß Traktate lediglich unter Zustimmung des Gegenkontrahenten, im Wege der freundschaftlichen Verständigung aufgehoben oder modifiziert werden dürften [2]. Dazu kommt nun noch, daß dieses Prinzip damals keineswegs ganz neu formuliert wurde, sondern in gewissem Sinne schon weit früher zu konstatieren ist. Ein wirkliches Novum brachte nämlich das genannte

---

[1] Cf. Martens, N.R.G. X, S. 197: „Les traités ne perdent pas leur puissance, quels que soient les changements qui interviennent dans l'organisation intérieure des peuples." Vgl. auch S. 199: „Les changements survenus dans la condition d'un état ancien ne l'autorisent à se croire délié de ses engagements antérieurs — maxime de tous les peuples civilisés." In der Folgezeit hat man sich über dieses Prinzip noch mehrfach eigenmächtig hinwegzusetzen versucht, beispielsweise 1848 in Frankreich, als nach Errichtung der zweiten Republik Lamartine dem Wortschwall seines Zirkulars vom 2. März u. a. auch die Phrase einfügte: „Les traités de 1815 n'existent plus en droit aux yeux de la république française (s. Martens a. a. O., 3 Folge, XII, S. 72); doch haben derartige Tendenzen dem einmütigen Widerstand der übrigen Mächte gegenüber nie durchzudringen vermocht.

[2] Martens, N.H.G. XVIII, S. 273: „C'est un principe essentiel du droit des gens qu'aucune puissance ne peut se délier des engagements d'un traité ni en modifier les stipulations qu' à la suite de l'assentiment des parties contractantes, au moyen d'une entente amicale." Das vollständige Schweigen von dem Falle „veränderter Umstände" ist um so charakteristischer, weil der unmittelbare Anlaß zur Abfassung des Protokolls eben in einer auf die clausula gestützten Vertragskündigung bestand. Vgl. hierzu das weiter unten Folgende.

Protokoll bloß insofern mit sich, als der in ihm statuierte Grundsatz gleich durch eine Mehrzahl von Staaten und generell für alle Verträge ausgesprochen wurde; dagegen ist, lediglich zwischen je zwei Mächten und beschränkt auf Einen konkreten Vertrag, Entsprechendes schon oft, zu allen Zeiten und bereits vor Jahrtausenden erklärt worden. So enthielt u. a. der auf der *Λακωνικὴ στήλη* in Athen verzeichnete Frieden des Nikias die ausdrückliche Stipulation, Abänderungen desselben setzten, um unbeschadet des Eides erfolgen zu können, die Einwilligung b e i d e r Kontrahenten voraus[1], eine Bestimmung, die mehr oder weniger modifiziert auch sonst noch in hellenischen Verträgen vielfach wiederkehrt. Und ebenso tauchen derartige Festsetzungen in späteren Perioden gelegentlich immer von neuem auf, wie z. B. noch zu Beginn des 19. Jahrhunderts der erste Entwurf des von Talleyrand 1805 dem bayerischen Kurfürsten vorgeschlagenen Allianztraktates erkennen läßt[2].

Es wird kaum zu bestreiten sein, daß die bisher gemachten Beobachtungen der Annahme einer positiv-rechtlichen Sanktionierung der Klausel durch die Staaten nicht eben günstig sind; geht doch aus ihnen hervor, daß die letzteren dort, wo sie im voraus, sei es nun generell oder konkret, die Eventualität des späteren Erlöschens eines auf die Dauer angelegten Vertrags ausdrücklich ins Auge fassen, stets nur an den Fall des mutuus dissensus zu denken gewohnt sind und also wahrscheinlich von einer auch wider den Willen der Parteien, rein durch die Veränderung der

---

[1] Cf. Thukydides V, 18: „*εἰ δέ τι ἄμεινον νοοῦσιν ὁποτεροιοῦν καὶ ὁτουοῦν πέρι, λόγοις δικαίοις χρωμένοις εὔορκον εἶναι ἀμφοτέροις, Ἀθηναίοις καὶ Λακεδαιμονίοις.*“

[2] Wenigstens scheint mir der Schlußartikel desselben (nach L e d e r m a n n, Anschluß Bayerns an Frankreich im Jahre 1805, München 1900, S. 8, Anm. 3 folgendermaßen lautend: „Le présent traité d'alliance affinera et définira de demeurer réensemblées les hautes parties contractantes aussi longtemps qu'elles le jugeront necessaire“) nur dann einen vernünftigen, der ganzen Sachlage angemessenen Sinn zu geben, wenn man ihn als Verbot jeder e i n s e i t i g e n Vertragsaufhebung versteht. In die endgültige Redaktion des Traktats hat die nicht eben klar stilisierte Bestimmung übrigens keine Aufnahme gefunden.

Umstände erfolgenden Aufhebung von Haus aus überhaupt nichts wissen wollen. Nichtsdestoweniger könnte heute immer noch eine wahrhaft rechtsgültige Anerkennung der Klausellehre zu verzeichnen sein; es müßte zu diesem Zwecke bloß nachgewiesen werden, daß die Staaten die ursprünglich bei ihnen vorauszusetzende, der clausula abgeneigte Auffassung hinterher nicht praktisch festzuhalten vermocht haben. Damit gelangen wir zu der zweiten Art, wie positiv-völkerrechtliche Normen sich bilden können, d. h. hier zu der Frage, ob vielleicht stillschweigend-gewohnheitsrechtlich die clausula in die internationale Verkehrsordnung aufgenommen worden ist. Ein Versuch, dieselbe zu beantworten, ist natürlich nur in der Weise möglich, daß wir nacheinander eine Reihe von Einzelfällen näherer Betrachtung unterziehen, bei denen die beteiligten Staaten erst nach bereits erfolgtem Vertragsschluß Gelegenheit nahmen, sich über den etwaigen Einfluß tatsächlicher Veränderungen auf die juristische Gültigkeit der Verträge zu äußern; bloß unter der Bedingung, daß ein solcher allseitig und in konstanter Übung sich akzeptiert findet, würde man das Recht haben, ein entsprechendes jus non scriptum jetzt als entstanden zu proklamieren.

Der erste Fall, der hier betrachtet werden soll, bezieht sich auf ein Rechtsverhältnis, welches nun schon annähernd drei Jahrhunderte zwischen Österreich und Sachsen schwebt. Während des Dreißigjährigen Krieges, ums Jahr 1635, trat nämlich die erstere Macht durch den Vertrag zu Prag vom 30. Mai die beiden Lausitzen an die letztere ab, doch so, daß „mehrbemeldete Marggrafenthümer von dem Königreich Böheimb nicht abgesondert werden, sondern demselben als ein hohes und fürnehmes Stück desselben zugethan verbleiben sollten“ [1]. In näherer Ausführung dieser prinzipiellen

[1] Der ganze sogen. „Traditionsrezeß“ ist abgedruckt im Lausitzer Kollektionswerk, Tom. II, S. 1409 ff., auch bei Glafey, Kern der sächsischen Geschichte, Beilage 8, S. 1268 ff. An denselben hat sich eine

Bestimmung wurde dann Böhmen neben manchen unwichtigeren Befugnissen besonders dreierlei reserviert: es behielt die Lehnsherrlichkeit über die Lausitzen, ihm standen vor wie nach bestimmte kirchenhoheitliche Rechte zu, endlich wurde unter gewissen Voraussetzungen ein Rückfall der zedierten Lande an Böhmen in Aussicht genommen. Während nun die hieraus resultierenden Rechtsbeziehungen lange Zeit keinen Anlaß zu grundsätzlichen Differenzen unter den Vertragskontrahenten boten, änderte sich das bald nach Anfang des 19. Jahrhunderts. Und zwar in der Weise, daß die sächsische Regierung damals begann, dem Traditionsrezeß seine fernere Rechtsgültigkeit überhaupt zu bestreiten. Bei Begründung ihrer Ansicht „legte sie das Hauptgewicht auf die politischen und staatsrechtlichen Veränderungen, welche in den Verhältnissen der deutschen Staaten und Länder zu Anfang unseres Jahrhunderts vorgegangen sind“[1]; sie war der Meinung, daß mit Rücksicht auf die 1806 eingetretene Auflösung des alten Reiches, den hierdurch bedingten Erwerb der vollen Souveränetät für die deutschen Einzelstaaten, das Eintreten Sachsens in den Rheinbund usw. usw. von einem Fortbestand der österreichischen Ansprüche keine Rede mehr sein könne. Kürzer und in der uns hier interessierenden Formel ausgedrückt, sie hat in jener Zeit wirklich den Versuch gemacht, der clausula rebus sic stantibus die Kraft rechtlicher Vertragsaufhebung in concreto beizulegen. Österreichischerseits wurde jedoch dieser Auffassung aufs Entschiedenste widersprochen; im strikten Gegensatz zu den sächsischen Rechtsdeduktionen vertrat die andere Partei in ausführlichen Darlegungen die Ansicht, daß alle seit dem Jahr 1806 erfolgten politischen Umgestaltungen die juristische Gültigkeit des Traditionsrezesses absolut nicht beeinträchtigt hätten, und es ist ihr

---

ziemlich umfangreiche Spezialliteratur angeschlossen, über die meine (S. 19, Anm. 2 angeführte) Dissertation nähere Angaben enthält.

[1] Pfeiffer, Das Verhältnis der Oberlausitz zur Krone Böhmens. 50. Band des Neuen Lausitzischen Magazins, S. 86.

auch schließlich gelungen, selbst den Gegner zu einer gewissen Abschwächung seines schroff negierenden Standpunkts zu bewegen. Durch einen eigenen, vom 9. Mai 1845 datierten Vertrag wurde nämlich das böhmische Schutz- und Oberaufsichtsrecht über die katholische Geistlichkeit und die Klöster in der Lausitz einer Neuordnung dahin unterzogen, daß Sachsen, ohne prinzipiell auf seine Meinung von der jetzigen Rechtsunverbindlichkeit des Prager Rezesses zu verzichten, doch praktisch zugestand, „es wolle das Domkapitel St. Petri zu Budissin und die Frauenklöster Marienstern und Marienthal hinfür wie bisher in ihrem Rechte und in ihrer Verfassung erhalten", wogegen Österreich, ebenfalls unter aller Wahrung der grundsätzlich vertretenen Auffassung, die Gegenerklärung abgab, „mit Hinsicht auf die vorgedachte Kgl. Sächsische Deklaration und deren unverbrüchliche Festhaltung sich fortan aller Einmischung in die Führung der inneren und äußeren Angelegenheiten dieser Stifter zu enthalten" [1].

Ein zweiter Fall, in dem wir in der Völkerrechtspraxis eine deutliche Bezugnahme auf die clausula konstatieren können, versetzt uns mittenhinein in die welthistorischen Ereignisse, die in ihrem unmittelbaren Erfolg die Losreißung Schleswig-Holsteins von Dänemark und indirekt

---

[1] Vgl. Pfeiffer, a. a. O., S. 91. Deumer, Rechtlicher Anspruch Böhmen-Österreichs auf das Kgl. Sächsische Markgrafentum Oberlausitz, S. 62 f. Sachlich lief das obige Übereinkommen einfach darauf hinaus, daß Sachsen bestimmte, im Traditionsrezeß übernommene Pflichten nochmals bestätigte und neu anerkannte; denn wenn Österreich auch formell auf die frühere „Spezialeinwirkung in die Geschäfte der Stifter", auf fortwährende „Detailbevogtung" verzichtete (Pfeiffer, a. a. O., S. 92/97), so geschah das doch nur deshalb, weil und so lange die sächsische Regierung die geschuldete Aufrechterhaltung des kirchenrechtlichen status-quo schon von sich aus durchführen würde. Betreffs der beiden anderen Punkte, also rücksichtlich der Lehnsherrlichkeit über die Lausitz und des eventuellen Heimfallsrechts, hat wegen der damaligen Geringfügigkeit ihrer praktischen Bedeutung eine neue vertragsmäßige Einigung unter den Parteien nicht stattgefunden. Jedenfalls gab aber auch bei ihnen Österreich das Erlöschen seiner Ansprüche in keiner Weise zu, sondern hielt letztere im Gegenteil ausdrücklich und zu wiederholten Malen aufrecht.

weiterhin die Aufrollung der ganzen deutschen Frage, die politische Neuordnung unseres Vaterlands auf bundesstaatlicher Grundlage herbeiführen sollten. Durch das Londoner Protokoll vom 8. Mai 1852[1] hatten die europäischen Großmächte mit Einschluß von Preußen und Österreich die Erhaltung der dänischen Gesamtmonarchie für überaus wichtig zur Wahrung des Gleichgewichts und Friedens von Europa erklärt und demgemäß vereinbart, nach dem Aussterben der augenblicklich über jene noch regierenden Linie den Prinzen Christian von Sonderburg-Glücksburg als Nachfolger in sämtlichen, zur Zeit dem König von Dänemark gehörenden Territorien gemeinsam anzuerkennen. Als die damals ins Auge gefaßte Eventualität infolge des Todes von Frederik VII. schon 1863 eingetreten war, schienen die Ereignisse zunächst auch wirklich in der verabredeten Weise verlaufen zu wollen; denn die Thronbesteigung des neuberufenen Königs fand zwar mit Rücksicht auf die Elbherzogtümer lebhaften und ungeteilten Widerspruch bei der deutschen Nation, nicht aber auch bei den praktisch ausschlaggebenden Staaten Österreich und Preußen, da diese sich eben durch das 1852er Abkommen als gebunden ansahen. Selbst nachdem es aus anderen, hier nicht weiter zu erörternden Gründen zu offenem Kampf zwischen Dänemark auf der einen und den beiden deutschen Großmächten auf der anderen Seite gekommen war, wurde die Gültigkeit des Londoner Protokolls anfangs noch nicht prinzipiell bestritten. Das änderte sich jedoch, als der erstere Staat trotz aller erlittener Niederlagen mit hartnäckiger Verblendung jedes Eingehen auf die ursprünglich recht mäßigen Forderungen der Sieger verweigerte: während der Friedenskonferenzen, die vom 20. April bis 25. Juni 1864 zu London abgehalten wurden und bei denen die neutralen Mächte eine Einigung herbeizuführen suchten, tat Preußen und ihm

[1] Abgedruckt bei Ghillany, Diplomatisches Handbuch, Bd. II, S. 170 f.

folgend Österreich den entscheidenden Schritt, das frühere Übereinkommen, hauptsächlich wegen völlig veränderter Umstände, einfach für aufgehoben zu erklären[1]. Die fernere Entwicklung der Sache gehört nicht mehr hierher; vielmehr bedarf es für unsere Zwecke bloß noch der Feststellung, daß dem österreichisch-preußischen Vorgehen damals allgemein stark opponiert wurde, daß nicht nur das unmittelbar beteiligte Dänemark, sondern auch die übrigen Staaten nachdrücklichen und mehrmals erneuerten Widerspruch gegen jede einseitige Vertragskündigung erhoben.

Als drittes Beispiel nenne ich die Art und Weise, wie 1870/71 gewisse Stipulationen des den Krimkrieg abschließenden Pariser Friedens vom 30. März 1856[2] einer Modifikation unterzogen wurden. Durch Art. 11, 13, 14 desselben, sowie kraft einer am gleichen Tage unterzeichneten russisch-türkischen Spezialkonvention war den Uferstaaten des Schwarzen Meeres die Verpflichtung auf-

---

[1] Ursprünglich geschah das allerdings bloß Dänemark selbst gegenüber, dadurch, daß Preußen in der Konferenzsitzung vom 12. Mai für sich und seinen Alliierten formell bemerkte, „qu'ils regardent le terrain de la discussion comme entièrement libre de toute réstriction résultante d'engagements qui peuvent avoir existé avant la guerre entre leurs Gouvernements et le Danemark" (cf. Martens, N.R.G., T. XVII, Partie II, S. 358). Im Anschluß jedoch an einen von England gemachten Einwand, durch den auf die „obligations envers les autres Puissances, co-signataires du même traité" hingewiesen wurde, begann man sehr bald, auch im Verhältnis zu diesen, zu den Mitunterzeichnern des Londoner Protokolls, die fortdauernde Verbindlichkeit desselben zu negieren, zunächst noch verhüllt und in etwas eigentümlicher Weise (näheres bei Martens, a. a. O., S. 360), später immer klarer und entschiedener. Daß man sich dabei materiell auf den Gesichtspunkt veränderter Umstände zu stützen gedachte, kam erstmalig zum Ausdruck in einer Depesche Bismarcks vom 15. Mai (vgl. Holtzendorff, Handbuch des Völkerrechts, Bd. III, S. 81), darauf auch in der Konferenz selbst (cf. Protokoll der Sitzung vom 17. Mai; Martens, a. a. O., S. 363) vermöge der motivierten Erklärung: „Les Puissances allemandes, la situation étant changé depuis, doivent se réserver toute liberté quant aux bases de la discussion." Noch bestimmter klingend die Äußerung Preußens in der Sitzung vom 18. Juni (Martens, a. a. O., S. 416), daß es „ne peut plus d'aucune façon se croire lié par les obligations qu'il avait contractées le 8. mai 1852 sous d'autres pré-suppositions".

[2] Vollständiger Text bei Ghillanny, Diplomatisches Handbuch III, S. 36 ff.

erlegt worden, Etablissements für Kriegsmarine daselbst gar nicht und Kriegsschiffe nur in genau fixierter Größe und Zahl zu unterhalten. Von diesen schon längst als drückende Fessel empfundenen „ungeschicktesten Bestimmungen des Pariser Friedens“ [1] suchte sich nun Rußland gegen Ende des Jahres 1870 frei zu machen, wobei es zur Rechtfertigung seines Verhaltens ganz unverkennbar die clausula rebus sic stantibus heranzog. Das trat schon in dem Rundschreiben vom 19./31. Oktober [2] deutlich hervor, durch welches der russische Kaiser erklären ließ, in der gegenwärtigen Lage der Dinge, dans cet état des choses, könne er jene Stipulationen nicht länger als verpflichtend anerkennen, mehr aber noch im Verlauf der großmächtlichen Konferenzen [3], die auf Vorschlag Deutschlands zur Regulierung der ganzen Angelegenheit stattfanden. Diese Neuordnung ist nun in einer Form erfolgt, die für die Frage der positiv-praktischen Wirksamkeit der Klauseltheorie überaus bezeichnend und lehrreich ist. Ganz wie 1864 waren nämlich auch jetzt wieder die Mitunterzeichner des Pariser Friedens durchaus nicht der Ansicht, daß die Bestimmungen desselben durch irgendwelche Veränderung von Umständen schon rechtlich als beseitigt gelten könnten; insbesondere England hat auf der Konferenz die russischen Erklärungen von Anfang an umgedeutet zu bloßen „propositions que la Russie désire

---

[1] Bismarck, Gedanken und Erinnerungen II, S. 104.

[2] Cf. Martens, N.R.G. XVIII, S. 269 ff.

[3] Ein Abdruck sämtlicher Sitzungsprotokolle findet sich bei Martens, a. a. O., S. 276 ff. Nur ein paar besonders wichtige Belegstellen will ich hier aus ihnen beibringen. 1. Sitzung vom 17. Jan. 1871: „Le plénipotentiaire de Russie a signalé combien la situation actuelle en Europe est loin de celle qui existait à l'époque du Congrès de Paris“; „prenant en sérieuse considération les changements produits graduellement par la marche du temps“; „ces stipulations suggérées à une autre époque sous l'influence de conjonctures toutes différentes de la situation présente.“ 2. Sitzung vom 24. Jan.: „Combinaisons qui ne sont plus en accord avec l'actualité des choses.“ 3. Sitzung vom 3. Febr.: „Les stipulations du traité de Paris, écrites sous l'influence des événements alors encore trop récents de la guerre, ne se trouvent plus en accord aujourd'hui avec la situation créée par l'état de paix heureusement rétabli en Orient.“

nous faire par rapport à la révision qu'elle demande des stipulations du traité de 1856"[1]. Prinzipiell in der nämlichen, wiewohl vielleicht nicht so prononcierten Weise äußerten sich aber auch die Vertreter der übrigen Mächte[2]; ja was am allerbedeutsamsten ist, Rußland selbst hielt es während der Konferenzen für angezeigt, dieser Auffassung formell nicht zu widersprechen und so den zuerst eingenommenen Standpunkt von der unmittelbar juristischen Wirkung veränderter Umstände stillschweigend aufzugeben[3]. Freilich wurde ihm das sehr wesentlich dadurch erleichtert, daß es bei der damaligen politischen Lage[4] sicher sein konnte, sein Ziel praktisch doch zu erreichen, wie denn die beanstandeten Bestimmungen ja auch wirklich durch einen neuen Vertrag[5] schließlich aufgehoben und gemeinsam außer Kraft gesetzt worden sind.

Endlich an letzter Stelle mag noch eines Vorfalles aus den 80er Jahren des 19. Jahrhunderts gedacht werden, bei dem Rußland in ganz ähnlicher Weise wie 1870 gegen die fortdauernde Rechtsgültigkeit einer internationalen Traktatsfestsetzung vorgegangen ist. Dieselbe war enthalten in dem Art. 59 des Berliner Vertrags vom 13. Juli 1878 und bestand sachlich in der vom russischen Kaiser abgegebenen Erklärung, es sei seine Absicht, die durch den vorhergehenden Artikel von der Türkei erworbene Stadt Batum am Schwarzen Meere zu einem Freihafen zu machen[6].

---

[1] Martens, a. a. O., S. 275. Ähnlich auch S. 283: „La Russie exprime aujourd'hui aux co-signataires du traité de 1856 le désir d'être déliée de ces engagements."

[2] Vgl. z. B. die Art, wie der deutsche Gesandte (Martens, a. a. O., S. 277) warm der Berücksichtigung empfiehlt „le désir du Gouvernement Impérial de Russie de voir les stipulations de 1856 soumises à une révision", oder auch die türkischen Erklärungen, S. 281.

[3] Am schärfsten kam das zum Ausdruck in der Tatsache, daß Rußland auch das, von uns auf S. 43 zitierte, Protokoll vom 17. Januar bereitwillig mit unterschrieb, „wiewohl seine ganze Aktion in der Frage dem dort ausgesprochenen Prinzip widersprach" (Heffter-Geffcken, Europäisches Völkerrecht, S. 184, Anm. 4).

[4] Vgl. hierzu S. 67, N. 1.

[5] Vom 13. März 1871; cf. Martens, a. a. O., S. 303 ff.

[6] Im französischen Originaltext (cf. Martens, N.R.G., II. Série, T. III,

Diese Bestimmung war auch zunächst wirklich zur Ausführung gelangt; doch wurde schon acht Jahre später, durch einen Ukas vom 23. Juni 1886[1], einseitig von Rußland die Freihafenstellung Batums wieder beseitigt. Die nähere Begründung, die man der ganzen Maßregel damals zu geben versuchte, läuft nun zwar keineswegs lediglich auf den Gedankengang der üblichen Klausellehre hinaus, insofern als daneben, in einem der Haupterklärung beigegebenen Memorandum, auch noch ein ganz anderer Gesichtspunkt geltend gemacht wurde[2]; immerhin bestand aber dasjenige Moment, auf welches sich Rußland in dem Ukas selbst ausdrücklich stützte, hier abermals in dem Hinweis auf die inzwischen eingetretene Veränderung der Umstände[3]. Ebensowenig jedoch wie der letztere bei dem früheren Vorkommnis widerspruchslos durchzudringen vermocht hatte, sollte das auch diesmal wieder der Fall sein. Wohl setzten die meisten Unterzeichner der Berliner Kongreßakte, da ihnen naturgemäß an der Freihafenqualität der entlegenen kleinasiatischen Stadt wenig liegen konnte, dem eigenmächtigen Verfahren Rußlands einen Protest nicht entgegen. Diejenige Macht aber, deren Flagge in Batum weitaus dominierte, d. h. England, verhielt sich durchaus anders: sie erhob formelle Einsprache gegen die einseitige Aufhebung des Art. 59[4]: sie erklärte ausdrücklich das uns bereits be-

1, S. 464: „S. M. l'empereur de Russie déclare que Son intention est d'ériger Batoum en port franc, essentialement commercial.“

[1] Cf. Martens, N.R.G., II. Série, T. XIV, I, 169 ff.

[2] Vgl. Martens, a. a. O., S. 171: „L'article 59 occupe dans le traité de Berlin une place à part, car il' n'est pas, comme les autres, le produit d'un accord collectif, mais il borne à enregistrer une déclaration libre et spontanée de S. M. l'empereur Alexandre II.“ Wir werden uns mit dieser eigentümlichen „Einregistrierungstheorie“, mit der Behauptung, daß manche Bestimmungen gar nicht zwecks rechtlicher Bindung, sondern lediglich zur Kundmachung und Verlautbarung unverbindlicher Absichten in den Text eines internationalen Vertrags aufgenommen würden, noch bei einem späteren Anlaß (S. 153 bei Anm. 2.) zu beschäftigen haben und verweisen deshalb jetzt einfach auf das dort zu sagende.

[3] Cf. Martens, S. 169: „Les circonstances, dans lesquelles la dite mesure avait été adoptée se sont beaucoup modifiées depuis.“

[4] Angeblich übrigens auch nicht um materieller Interessen willen,

kannte Londoner Protokoll vom Jahre 1871 als hierdurch verletzt, kurz sie markierte auch in der 1886er Angelegenheit deutlich den Standpunkt, daß „keine Macht sich ihrer vertragsmäßigen Verbindlichkeiten anders entledigen könne, als unter Zustimmung ihrer Gegenkontrahenten, im Wege der freundschaftlichen Verständigung.

Mit den vier oben aufgeführten Beispielen mag es einstweilen sein Bewenden haben. An und für sich könnte es ja Bedenken erregen, schon aus einem so geringfügigen praktischen Erfahrungsmaterial allgemeine Schlüsse zu ziehen. Doch sind gerade bei unserem Falle Gründe vorhanden, die es erlauben, uns an dieser Stelle mit einer kleineren Zahl von Einzelbelegen zufrieden zu geben, als es sonst wohl gestattet wäre. Einmal nämlich werden wir auch im folgenden noch mehrmals Gelegenheit zur Zitierung praktischer Fälle finden[1] und dabei in dem entscheidenden Punkte stets die gleiche Erscheinung zu konstatieren haben, wie sie in sämtlichen vorhin genannten Beispielen übereinstimmend zutage tritt; dann aber und vor allen Dingen ist auf die Ausführungen zu § 6 zu verweisen, denen zufolge es schon als überaus schwierig, um nicht zu sagen direkt unmöglich gelten muß, auch nur der Vierzahl der von uns beigebrachten Belege eine entsprechende Menge konträr beweiskräftiger Vorkommnisse entgegenzuhalten.

Wenn wir nunmehr festzustellen suchen, was uns jene vier Fälle für die ganze hier zur Behandlung stehende Frage zu lehren vermögen, so ergibt sich folgendes. In erster Linie macht sich ein Moment bemerklich, welches wirklich zugunsten der positiv-juristischen Geltung der clausula

---

sondern bloß wegen des Prinzips der Vertragstreue als solchen. Vgl. die Depesche Roseberrys vom 13. Juli 1886: „Apart to the position of Great Britain as one of the powers, parties to the Declaration of the 19th January 1871 and to the Treaty of Berlin, Her Majesty's governement have little or no material interest in the question.“

[1] Vgl. bes. S. 57, Anm. 3 (Fall des Luxemburger Besatzungsrechts), S. 172, Anm. 1 a. E. (Clayton-Bulwer-Vertrag), S. 188ff., speziell 189, Anm. 3 (Barrière-Traktat) u. a. m.

rebus sic stantibus zu sprechen scheint: mit der Wahrnehmung, wie Sachsen bei der Leugnung seiner Lausitzer Verpflichtungen sich unverkennbar eines derartigen Gedankenganges bedient hat, wie 1864 Preußen und Österreich in bezug auf das Londoner Protokoll vom 8. Mai 1852 ganz ebenso verfuhren, wie endlich auch Rußland zu wiederholten Malen die vertragsaufhebende Wirkung veränderter Verhältnisse behauptete, ist immerhin soviel dargetan, daß die Klausellehre bisher schon nicht bloß in theoretisch wissenschaftlichen Völkerrechtssystemen existiert, sondern auch im praktischen Verkehrsleben der Staaten eine gewisse Rolle gespielt hat. Indes die näheren Umstände, unter denen letzteres geschah, sind keineswegs danach angetan, der Entstehung eines spezifischen Rechtssatzes als ausreichende Basis zu dienen.

Es ist nämlich darauf aufmerksam zu machen, daß die praktische Bezugnahme auf die Klausel doch stets nur eine einseitige war. Immer nur derjenige Staat, der sich durch einen alten Vertrag unangenehm beengt, in seinen Interessen beeinflußt fühlte, mit einem Worte immer nur der verpflichtete Partner, wenn wir diesen kurzen, aber freilich nicht überall ganz genau zutreffenden[1] Ausdruck brauchen wollen, ist es gewesen, der sich auf die Umgestaltung der Verhältnisse berufen und aus ihr das Erlöschen seiner Verbindlichkeit herzuleiten versucht hat; dagegen zeigt sich auf der anderen Seite regelmäßig das Bild, daß der Richtigkeit dieser Argumentation scharf widersprochen, der juri-

---

[1] Faßt man z. B. den Londoner Traktat vom Jahre 1852 über die Regelung der dänischen Erbfolge ins Auge, so ergibt sich, daß das 1864 die fortdauernde Gültigkeit desselben behauptende England und das sie bestreitende Preußen formell in ganz gleicher Lage waren: es handelte sich bei dem einen wie bei dem andern um die Verbindlichkeit, die Sukzession des neuen Königs Christian im vollen Umfange anzuerkennen. Trotzdem darf auch hier, wenigstens materiell, von dem Verhältnis eines berechtigten Staats zu einem verpflichteten gesprochen werden, weil die Erhaltung der dänischen Gesamtmonarchie für die Politik des ersten Staats nur günstig und erwünscht, dagegen für die des zweiten überaus nachteilig war.

stische Fortbestand des Traktats energisch verfochten wird. Bei dieser diametralen Gegensätzlichkeit der Beurteilung ist aber von vornherein dem ersten und obersten Prinzip aller internationalen Rechtsbildung nicht genügt, nach welchem eine solche gerade nur aus irgendeiner Übereinstimmung mehrerer Staaten hervorgehen kann.

Letzteres Erfordernis, welches zunächst bei der ausdrücklichen Normsetzung ganz deutlich darin zutage tritt, daß zu derselben nicht isolierte Erklärungen der einzelnen Staaten, sondern bloß gemeinsame, aufeinander bezogene Aktionen ausreichend und imstande sind, ist der stillschweigenden Rechtsbildung mutatis mutandis genau so charakteristisch und wesentlich. Daher erscheint z. B., bloß in diesem Sinne verstanden und speziell in Anwendung auf das Völkerrecht, auch beispielsweise die Förmelung Windscheids[1] — mit der man sich im übrigen durchaus nicht zu identifizieren braucht — als völlig zutreffend, es müsse bei jedem Gewohnheitsrecht „der Ausdruck einer gemeinsamen Rechtsüberzeugung des Kreises, für welchen es behauptet wird, gefunden werden können". Ist dem aber wirklich so, so schließt das offenbar vor allem auch dies mit ein, daß die beiden in concreto beteiligten Parteien über die Beurteilung der Sache immer ganz einig gewesen sein müssen, widrigenfalls eine zugunsten des fraglichen Gewohnheitsrechts sprechende Übungshandlung von vornherein gar nicht zu entstehen vermochte; läßt sich doch die gesamte Bildung von internationalem jus non scriptum näher bloß in der Weise konstruieren, daß aus der stets von neuem beobachteten Übereinstimmung dieser zuletzt der allgemeine Schluß gezogen wird, derartiges sei als präsumtiver Wille der Kulturstaaten schlechthin und überhaupt anzusehen. Aus alledem erhellt, wie wenig die von uns analysierten historischen Vorkommnisse als positive Unterlage und Stütze der behaupteten Klauselnorm heran-

[1] Pandekten § 16 im Eingange.

gezogen werden dürfen. Denn selbst völlig zugegeben, daß dafür auf der einen Seite, bei den jeweils verpflichteten Mächten, die geeigneten Voraussetzungen wirklich vorhanden waren, so fehlte es an ihnen doch jedenfalls unbedingt auf der anderen, da hier die Gläubigerstaaten eben stets eine ganz entgegengesetzte Auffassung wie jene an den Tag legten. Wo aber niemals eine Übereinstimmung in concreto zu konstatieren ist, da kann natürlich auf ein innerhalb der ganzen Völkerrechtsgemeinschaft akzeptiertes jus non scriptum erst recht nicht geschlossen werden. Das ist umsoweniger zulässig, als einige Male, bei den Ereignissen der Jahre 1864 und 1871, die Zahl der der clausula opponierenden Staaten notorisch eine größere war wie die der für sie eintretenden.

Zu den Erwägungen dieser Art kommen nun aber unterstützend noch andere hinzu. Es kann nämlich begründeten Zweifeln unterworfen werden, ob auch nur die vorhin gemachte Annahme wirklich zutreffend ist, daß wenigstens die Haltung der Schuldnerstaaten an sich für gewohnheitsrechtliche Übung der clausula sprechen würde. Sollte das tatsächlich der Fall sein, so müßte in erster Linie auch bewiesen werden können, daß die Betreffenden immer optima fide ein spezifisches Recht im Sinne hatten, die Erfüllung der fraglichen Verbindlichkeiten wegen geänderter Umstände verweigern zu dürfen. Gerade diese eigene Gutgläubigkeit erscheint aber aus verschiedenen Gründen ziemlich problematisch. So ist es beispielsweise Tatsache, daß einige Staaten sich bei Anfechtung ihrer Verpflichtungen nicht ausschließlich auf die clausula stützten, sondern außerdem noch die Heranziehung anderer Momente für angezeigt hielten [1] und damit selber nicht allzu großes

[1] Vgl. u. a. die Batum-Angelegenheit, bei der ja Rußland sehr wesentlich auch mit der „Einregistrierungstheorie“ operierte. In ähnlicher Weise haben 1864 Preußen und Österreich neben dem Gesichtspunkt veränderter Verhältnisse noch denjenigen der Nichterfüllung gewisser, 1852 von Dänemark übernommenen Verbindlichkeiten („non-accomplissement de conditions préliminaires“) geltend gemacht.

Zutrauen auf die juristische Durchschlagskraft der ersteren bekundeten. Fernerhin ist in Anschlag zu bringen, wie bereitwillig man teilweise die ursprüngliche Argumentation hinterher ganz aufgab[1] oder sich doch mindestens zu gewissen Konzessionen an den Standpunkt des Gegners bereit finden ließ[2]. Endlich muß es noch als sehr bezeichnend gelten, daß oft die nämlichen Staaten, die in der Rolle des Verpflichteten mit der Anwendbarkeit der Klausel durchaus einverstanden sind, sich ihr höchst abgeneigt zeigen, sobald sie wider sie selbst als Berechtigte gekehrt werden soll[3].

---

[1] So Rußland 1871 in der Pontusfrage; vgl. S. 51 bei Anm. 3.

[2] So Sachsen 1845 in Bezug auf die kirchenrechtlichen Verhältnisse der Lausitz; vgl. S. 47.

[3] Ein Beleg hierfür läßt sich unter nochmaliger Anknüpfung an die Schleswig-Holsteinsche Sache gewinnen. Wir wissen, daß bei dieser die deutschen Großmächte unverkennbar für die vertragsaufhebende Wirkung von res mutatae sich ausgesprochen haben. An anderer Stelle jedoch verhielt sich in diesem Punkte sowohl Österreich wie Preußen völlig entgegengesetzt. Und zwar geschah das seitens des ersteren hinsichtlich der Lausitzer Frage, im Verhältnis zu Sachsen, dagegen seitens des letzteren im Falle des Luxemburger Besatzungsrechts. Da die zweitgenannte Angelegenheit in den vorliegenden Untersuchungen noch nicht berührt wurde, gleichzeitig aber für unsere Zwecke in mehrfacher Beziehung recht instruktiv ist, so mag hier eine kurze Darstellung derselben Platz finden. Im Anschluß an Art. 67, Abs. 3 der Wiener Kongreßakte, durch den die Stadt Luxemburg ganz allgemein zur deutschen Bundesfestung erklärt wurde, hatte speziell Preußen auf Grund verschiedener völkerrechtlicher Erwerbstitel (bes. zu beachten der Frankfurter Vertrag mit dem König der Niederlande vom 8. November 1816; Klüber, Öffentliches Recht des deutschen Bundes, 4. Aufl., S. 280, N. 3) die Befugnis erlangt, in der Hauptsache die Besatzungstruppen dieses Platzes zu stellen. Als dann durch die Ereignisse des Jahres 1866 das Ende des deutschen Bundes herbeigeführt worden war, nahm die luxemburgische Regierung der preußischen gegenüber sofort den Standpunkt ein, letztere habe unter den veränderten Verhältnissen kein Recht mehr, in jener fremden Festung Garnison zu halten (vgl. die Erklärung Bismarcks im norddeutschen Reichstag am 1. April 1867; Hahn, Zwei Jahre preußisch-deutscher Politik, S. 582). Diese Meinung von der eo ipso eingetretenen Hinfälligkeit des Besatzungsrechts wurde jedoch von Preußen absolut nicht gebilligt; vielmehr vertrat dasselbe in amtlichen und halbamtlichen Erklärungen entschieden die Ansicht, es bliebe lediglich „weiterer Erwägung und Verständigung der beiden beteiligten Mächte vorbehalten, inwieweit sie den in Rede stehenden Vertrag aufrecht erhalten oder etwa abändern wollten“ (Hahn, a. a. O., S. 589). Tatsächlich sind dann auch erst durch „nouveaux arrangements“, durch den bekannten, von den europäischen Großmächten mitunterzeichneten Vertrag vom 11. Mai 1867 (Ghillany, Diplomatisches Handbuch, Bd. III, S. 408 ff.)

Angesichts aller dieser Umstände wird man gewiß mit der Möglichkeit, vielleicht sogar der großen Wahrscheinlichkeit zu rechnen haben, daß nicht einmal seitens der auf Umgestaltung der Verhältnisse sich wirklich berufenden Staaten an eine wahre Rechtsübung der clausula gedacht wurde; im Gegenteil erscheint durch sie die Vermutung sehr nahe gelegt, daß die letzteren die von der Theorie ausgebildete Klausellehre bloß als politisch brauchbares Hilfsmittel zur Bekämpfung drückend gewordener Vertragspflichten benutzten, ohne selbst von der juristischen Zulässigkeit ihres Verhaltens durchdrungen zu sein. Damit wäre dann aber auch der letzte schwache Anhalt geschwunden, in jenen Vorkommnissen praktische Belege zugunsten der behaupteten Rechtsnorm erblicken zu dürfen: wenn nach den früher gegebenen Ausführungen immerhin noch einseitige Versuche einer Rechtsübung möglich blieben, Versuche freilich, die stets auf den nachdrücklichen Widerstand der Gegenkontrahenten stießen und also schon deshalb nie zur Ausbildung einer positiv-juristischen Norm führen konnten, ist nunmehr auch dies noch mindestens recht fraglich geworden.

In Summa: das von uns untersuchte Material ist so ungeeignet wie nur möglich, der Annahme einer stillschweigend-gewohnheitsrechtlichen Sanktionierung der clausula irgendwelche positive Stütze zu gewähren; weit entfernt, für eine solche zu sprechen, vermag es umgekehrt nur aufs Entschiedenste wider sie zu zeugen.

§ 6.

Wie bereits (auf S. 53) angedeutet wurde, bietet unsere Beweisführung, daß die clausula rebus sic stantibus bis auf den heutigen Tag auch nicht als Bestandteil des völker-

---

dem „changement apporté à la situation du grand-duché par suite de la dissolution des liens qui l'attachaient à l'ancienne confédération germanique" praktisch wirksame Folgen zugesprochen, eine grundsätzliche Neuordnung des Verhältnisses vereinbart worden.

rechtlichen ius non scriptum sich dartun läßt, in gewisser Beziehung noch Gelegenheit zur Beanstandung. Es beruht das auf derselben Schwierigkeit, die wegen der eigentümlichen Natur und Beschaffenheit des Gewohnheitsrechts mehr oder weniger überall wiederkehrt, wo der Nachweis resp. wie in unserem Falle die Widerlegung eines solchen unternommen wird; bleibt doch dem Gegner trotz aller konkreten Belege nach der einen oder anderen Richtung hin stets noch die Chance, durch Anführung einer entsprechend größeren Zahl entgegengesetzter Beispiele zu zeigen, daß jene bloß seltene Ausnahmefälle darstellen und deswegen einen allgemeinen Schluß in ihrem Sinne nicht gestatten. Gerade bei unserem Spezialproblem mag aber ein derartiger Versuch von vornherein gar nicht so aussichtslos dünken, denn nicht bloß haben wir für unsere Auffassung verhältnismäßig nur wenig Einzelbeweise beigebracht, sondern es kann sich auch die gegenteilige Meinung unleugbar auf zahlreiche geschichtliche Vorkommnisse berufen, die ihr für den ersten Augenblick sehr günstig zu sein scheinen.

Unter diesen Umständen macht sich nun zur Ergänzung unserer Argumentation noch eine nähere Präzisierung dessen notwendig, was für Merkmale historisch gegebene Fälle unbedingt aufweisen müssen, wenn sie in Wirklichkeit für eine positiv-rechtliche Einführung der Klausel sprechen sollen. Wir werden dabei zu dem Resultate gelangen, daß von dem gesamten umfänglichen Gegenmaterial, an das man zunächst wohl zu denken geneigt wäre, bestenfalls nur ein geringfügiger Bruchteil den zu erhebenden Anforderungen wahrhaft zu genügen vermöchte.

Vor allem ist eine ganze große Gruppe auszuscheiden, bei der sorgfältige Prüfung des Sachverhalts zu dem Ergebnis führen muß, daß hier überhaupt gar keine rechtliche Aufhebung des Vertrags und also noch viel weniger eine Aufhebung durch veränderte Umstände vorliegt. Zur Veranschaulichung und Erläuterung mag auf ein praktisches Beispiel Bezug genommen werden.

Im Jahre 1469 übertrug der dänisch-norwegische König Christian I. auf seinen Schwiegersohn Jakob II. von Schottland an Stelle der ausbedungenen Mitgift von 60 000 rheinischen Gulden die Arkaden und Shetlandinseln, behielt aber sich und seinem Staate gleichzeitig die Befugnis vor, durch nachträgliche Zahlung den Rückfall derselben an den Vorbesitzer zu bewirken. Weil jedoch eine wirkliche Auslösung der verpfändeten Inselgruppen aus Geldmangel nie zustande kam, so blieben dieselben dauernd unter der Herrschaft Schottlands und weiterhin des diesem folgenden vereinigten Königreichs von Großbritannien. Demgemäß haben wir jetzt den Tatbestand vor uns, daß ein durch Staatsvertrag[1] sichergestellter Anspruch jahrhundertelang nicht geltend gemacht wurde, und damit erhebt sich notwendig die Frage, ob vielleicht das bisher Verabsäumte heute noch nachgeholt werden darf.

Es kann keinem Zweifel unterliegen, daß im allgemeinen und prima facie hierauf eine entschiedene Verneinung zu erwarten ist, d. h. man wird weit überwiegend der Ansicht begegnen, daß die noch aus dem Mittelalter stammende Einlösungsbefugnis jetzt ganz antiquiert sei und nicht mehr zu Recht bestehen könne. Indes diese Auffassung entbehrt, wie noch neuerdings von einem geborenen Schottländer[2] in eingehenderen Untersuchungen gezeigt wurde, der festen und ausreichenden Grundlage. Selbstverständlich haben wir an dieser Stelle nicht nötig, uns auf alle Details der Beweisführung einzulassen, sondern dürfen uns mit der Hervorhebung eines Hauptpunktes begnügen, welcher speziell für unsere Zwecke von Wichtigkeit ist. Derselbe besteht in dem Umstande, daß der internationalen Rechtsordnung an-

---

[1] Daß es sich bei dem 1469er Traktat trotz des privatfürstenrechtlichen Beiwerks wirklich um einen solchen handelte, muß hier zur Vermeidung allzugroßer Weitläufigkeit einfach vorausgesetzt werden.

[2] Gilbert Goudie, in den Proceedings of the Society of Antiquaries of Scotland. Ich verdanke die Kenntnis der Schrift einer freundlichen Mitteilung des Herrn Prof. Dr. Kahle in Heidelberg. Sie ist angeführt in „Nord und Süd", Bd. 83, S. 238.

erkanntermaßen die Verjährung als technisch-juristisches Institut durchaus fremd ist[1]. Hier vermag niemals der einfache Zeitablauf als solcher irgendwelche Rechtsverschiebungen zu erzeugen, namentlich die durch Verträge gewonnenen Befugnisse aufzuheben — ein derartiger Erfolg kann erst dort in Frage kommen, wo noch etwas anderes hinzutritt, wo nämlich unverkennbar die beteiligten Staaten selber durch die lange, inzwischen verstrichene Frist dahin beeinflußt worden sind, dem betreffenden Vertrage keine fernere Wirksamkeit mehr beizumessen.

Schon aus dieser Feststellung resultiert eine bedeutende Verengerung desjenigen Kreises historischer Vorkommnisse, den man bei oberflächlicherer Betrachtung vielleicht zur Begründung der clausula rebus sic stantibus für geeignet halten möchte: indem ganz allgemein gezeigt wurde, daß im Völkerrecht der Zeitablauf immer nur durch das Medium des von ihm determinierten Staatenwillens juristische Wirkungen äußern kann, ist offenbar insbesondere auch dargetan, daß er allein selbst dann nicht genügt, wenn er mit wesentlicher Veränderung der Umstände kombiniert auftritt. Wir gehen nunmehr einen Schritt weiter und untersuchen diejenigen Fälle, bei denen das obige für die Beseitigung vertragsmäßiger Rechte unerläßliche Moment wirklich gegeben ist, oder direkt auf das vorhin gebrauchte konkrete Beispiel angewandt, wir fingieren jetzt, daß sich sowohl auf Seiten des skandinavischen Heimfallsberechtigten wie des rückgabepflichtigen Englands eine ausdrücklich erklärte Willensmeinung[2] des Inhalts konstatieren lasse, an

---

[1] Vgl. u. a. von Liszt, Völkerrecht (2. Aufl. 1902), S. 155: „Die Verjährung hat völkerrechtlich weder als acquisitive (insbesondere als Ersitzung) noch als extinktive die Kraft einer rechtserheblichen Tatsache."

[2] Eine solche wird zu dem Zwecke angenommen, damit über den Sachverhalt selber absolut kein Zweifel mehr möglich bleibt. An und für sich würden natürlich auch stillschweigend dokumentierte Verzichtsabsichten genügen, vorausgesetzt nur daß auf das wirkliche Vorhandensein derselben mit hinlänglicher Sicherheit geschlossen werden kann. Gerade hieran pflegt es aber bei Folgerungen bloß aus konkludenten Handlungen

eine Realisierung des 1469 stipulierten Einlösungsrechts sei gegenwärtig nicht mehr zu denken. Es fragt sich nun, ob mit Fällen dieser Art etwas für den Nachweis internationalrechtlicher Gültigkeit der Klausel auszurichten ist. Darauf kann die Antwort nur lauten: Nichts, aber auch gar nichts. Wohl steht jetzt das Eine mit aller Sicherheit fest, daß die betreffende Traktatsbestimmung ihre juristische Gültigkeit verloren hat. Aber um das zu erklären, reicht schon vollständig die Tatsache aus, daß beide Kontrahenten sich in diesem Sinne übereinstimmend geäußert haben, anders ausgedrückt, es greift nunmehr einfach die altbekannte Regel Platz, daß offenkundiger mutuus dissensus ganz generell und unterschiedslos die Traktate wieder aufhebt, womit der behaupteten Spezialnorm von der vertragsaufhebenden Kraft geänderter Umstände von vornherein gar kein Raum zur eigenen und selbständigen Entfaltung mehr gelassen ist.

Auf diese Weise scheint sich für die in Frage stehende Beweisführung eine logische Scylla und Charybdis zu ergeben, an der schlechterdings nicht vorbeizukommen ist. Denn eine von den zwei eben erörterten Möglichkeiten muß doch wohl jedenfalls vorhanden sein: Entweder liegt bei den zugunsten der clausula anzuführenden Fällen die Sache so, daß es über das Schicksal des betr. Vertrags noch gar nicht zu einer irgendwie gearteten Willenserklärung beider beteiligten Staaten selber gekommen ist; dann wird notwendig zu wenig bewiesen, weil nach völkerrechtlichen Grundprinzipien der Traktat, mag er noch so lange Zeit unausgeführt geblieben sein und sachlich noch so wenig in die dermaligen Verhältnisse hereinpassen, überhaupt nicht als beseitigt gelten darf. Oder aber man ist wirklich in der Lage, das für seine Aufhebung recht eigentlich entscheidende Erfordernis als gegeben darzutun; dann wird wieder umgekehrt zu viel bewiesen, weil hier gar nicht

---

nur zu oft zu fehlen, und speziell für den Fall der Orkneys scheinen mir die Momente, die nach dieser Richtung hin etwa anzuführen wären, in keiner Weise ausreichend zu sein.

mehr der ursprünglich gesuchte Aufhebungsgrund, sondern ein weit umfassenderer Rechtssatz praktisch belegt wird.

Nichtsdestoweniger wäre es verfehlt, wollte man daraufhin den Nachweis der gewohnheitsrechtlichen Klausel als logisch-begrifflich ausgeschlossen, an einem unentrinnbaren Dilemma scheiternd, ausgeben, und zwar deshalb, weil jene Disjunktion genau genommen doch nicht ganz schlüssig ist. Es bleibt nämlich bei ihr die Möglichkeit unberücksichtigt, daß in concreto außer der Tatsache neuer, unter sich harmonierender Parteiwillenserklärungen auch noch besondere Nebenkriterien vorhanden sein können, und daß dann vielleicht diese qualifizierten Fälle geeignetes Beweismaterial für den Spezialsatz der clausula rebus sic stantibus zu liefern fähig sind. Da dies nun tatsächlich der Fall ist, so muß die theoretische Konstruierbarkeit einer gewohnheitsrechtlichen Ausbildung der Klausel vor wie nach zugestanden werden. Gleichzeitig läßt sich allerdings — und rein praktisch wird das so ziemlich zu demselben Resultat wie eine allgemein logische Unmöglichkeit des Beweises führen — mit Bestimmtheit voraussehen, daß es meist überaus schwierig sein wird, das reale Gegebensein der erforderlichen Detailmomente vollüberzeugend darzutun.

Suchen wir jetzt am Schlusse unseres ganzen Gedankenganges noch die nähere Beschaffenheit der letzteren kurz zu präzisieren, so wäre da an erster Stelle naturgemäß zu verlangen, daß der von den konkreten Parteien an den Tag gelegte Wille, den betr. Vertrag nicht mehr als gültig zu behandeln, nicht so abstrakt und schlechthin, sondern mit der ausdrücklichen Spezialmotivierung erklärt wurde, solches geschehe lediglich und im Hinblick auf die große mittlerweile eingetretene Veränderung der Verhältnisse; zum mindesten muß in anderer Weise, aus der Gesamtheit der Begleitumstände, geschlossen werden können, daß ein derartiger Zusammenhang zwischen beiden Erscheinungen besteht. Das will besagen, daß es nicht genügt, bloß getrennt für sich hier das Vorhandensein der res mutatae, dort jener staatlichen Willensstimmung zu konstatieren; vielmehr hat man auch die gegenseitige Verknüpfung, die Tatsache, daß das zweite aus dem ersten gefolgt ist, gewissermaßen den psychologischen Kausalnexus darzulegen, wenn ich mich dieses bezeichnenden, wiewohl sachlich anfechtbaren Ausdrucks bedienen darf.

Aber auch das würde für sich allein noch keineswegs ausreichen; es liegt ja auf der Hand, daß überall, wo aus rein politischen Erwägungen auf einen Vertrag verzichtet wird, wo man einen Anspruch freiwillig und bloß deshalb fallen läßt, weil seine Geltendmachung infolge der Umgestaltung aller Verhältnisse nicht länger opportun und dem eigenen Vorteil entsprechend scheint, die ersten und unerläßlichsten Voraussetzungen für die Statuierung eines spezifischen Rechtssatzes fehlen. Welcher Art wieder die letzteren sind, was für faktische und sozialpsychologische Merkmale positiv gegeben sein müssen, wenn aus den betr. Fällen schließlich eine generelle, für die einzelnen Staaten event. auch wider ihren Willen maßgebende Rechtsnorm soll gefolgert werden können, das zu untersuchen würde hier zu weit führen, denn es liefe nach Lage der Dinge einfach darauf hinaus, an einem Einzelproblem die ganz allgemeine Frage zu erörtern, unter welchen Bedingungen überhaupt internationales Gewohnheitsrecht zur Entstehung gelangen kann. Demgemäß will ich mich an dieser Stelle bloß mit einer kurzen Erinnerung an das Moment der spezifischen Rechtsübung, des Handelns opinione juris, begnügen, ohne den Begriff des letzteren selbst näher zu analysieren.

Wir sehen, es sind recht mannigfache und zum Teil äußerst schwer zu vermeidende Klippen, an denen der Versuch, mit Hilfe praktisch-historischer Fälle den Nachweis einer positiv-rechtlichen Einführung der Klausel zu führen, Schiffbruch leiden kann; man wird es daher jetzt auch als ein nichts weniger wie leichtes Unternehmen bezeichnen dürfen, wahrhaft einwandsfreie Beispiele überhaupt ausfindig zu machen. Mir selbst ist jedenfalls nicht ein einziges bekannt, das den oben aufgestellten Erfordernissen nach allen Richtungen hin entspräche. Deshalb kann und soll aber natürlich nicht die Möglichkeit in Abrede gestellt werden, daß hier und da vielleicht doch vollbefriedigendes Material sich aufzeigen ließe; es ist bloß darauf aufmerksam zu machen, daß derartig vereinzelte und gelegentliche Vorkommnisse für allgemeine Schlußfolgerungen unbrauchbar wären. Wir haben in § 5 immerhin eine gewisse Anzahl Fälle kennen gelernt, die direkt wider die gewohnheitsrechtliche Einsetzung der clausula zeugen, und um diese zu entkräften, würde es sicherlich schon einer ziemlich regelmäßigen und umfangreichen Gegenübung bedürfen. Daß aber eine solche dargetan werden könnte, halte ich nach Lage der Sache geradezu für ausgeschlossen. —

Mit alledem erscheint jetzt die in Abschnitt II zu lösende Aufgabe als beendet. Wir haben zuerst (§ 4) gezeigt, daß die Art, wie die communis opinio die völkerrechtliche Geltung der clausula zu demonstrieren sucht, von vornherein und begrifflich verfehlt ist; wir haben weiterhin (§ 5) festgestellt, daß in der internationalen Praxis gewichtige Zeugnisse zu Ungunsten der positiv-juristischen Existenz jener zu finden sind; wir haben endlich (§ 6) dargetan, daß und warum es so gut wie gar keine Erfolgsaussicht bietet, in letzterer Beziehung den entsprechenden Gegenbeweis anzutreten. Das Gesamtergebnis dieser Untersuchungen ist, daß die in unendlich vielen Lehrbüchern und Abhandlungen vorgetragene Klauseltheorie als jeder festen Unterlage entbehrend gelten muß, d. h. es ist wieder einmal nach einer Spezialrichtung hin der Nachweis erbracht, wie begründet Jellineks[1] Klage ist, daß „in den Systemen des Völkerrechts noch immer das alte Naturrecht seine wohlbekannten Orgien feiert".

In der Tat ist das der schwerwiegendste Fehler, der

---

[1] Vgl. System der subjektiven öffentlichen Rechte (1892), S. 297.

der Wissenschaft des Völkerrechts im großen und ganzen heute noch anhaftet, und der es vor allen Dingen verschuldet hat, daß sich diese Disziplin bisher so wenig der ihr gebührenden Wertschätzung erfreut. Hierin ist eine allmähliche Besserung nur dann zu erwarten, wenn jene in weiser Selbstzucht allgemein dazu übergehen wird, sich von Haus aus strikt auf Darstellung bloß der objektiv gültigen Internationalnormen zu beschränken, dagegen auf alle subjektiven Raisonnements grundsätzlich zu verzichten. Zu diesem Zweck ist aber unbedingt erforderlich, daß die Wissenschaft bei jeder einzelnen Norm [1], bevor sie dieselbe als wahrhaft gegeben statuiert, in eingehender und mühevoller Untersuchung des von den Staaten praktisch-gewohnheitsmäßig beobachteten Verhaltens zeigt, daß sie aus dem Willen der letzteren und nur dieser als spezifische Rechtsnorm hergeleitet werden kann. Verfährt man streng nach diesem, selbstverständlich ausgebreitetste Geschichtskenntnisse voraussetzenden Prinzip, scheidet man rücksichtslos alle Sätze aus, bei denen weder direkt noch auch nur mittelbar, durch zwingenden Analogieschluß usw., eine derartige Intention der zur positiven Rechtssetzung allein befugten Potenzen wirklich sich dartun läßt, so wird gewiß rein äußerlich das System des Völkerrechts überaus zusammenschrumpfen. Aber was es hier verliert, das gewinnt es überreichlich in anderer Beziehung, denn mit einer Methode, die „sich bemüht, den Wegen nachzugehen, auf denen das Reale lebend sich bewegt“ [2], wird schließlich zu einem gewissen Bestande objektiv nachgewiesener und allgemein anerkannter Normen zu gelangen sein, wogegen die subjektiv-naturrechtliche Methode immer nur im Kreise herumführt. Gerade die letztere aber wird eben leider noch immer, bewußt oder unbewußt, überwiegend zur Anwendung gebracht: statt durch sorgfältige Erforschung des historisch

[1] Abgesehen natürlich von den, selbst heute noch verhältnismäßig seltenen Fällen, in denen eine ausdrücklich erfolgte Regelsatzung vorliegt.

[2] Stoerk, Zur Methodik des öffentlichen Rechts (1885), S. 8.

gegebenen Erfahrungsmaterials klarzulegen, was die völkerrechtlichen Subjekte selber als von ihnen juristisch gewollte Verkehrsnormen dargetan haben und was nicht, hat man das System derselben nur zu oft, bestenfalls unter nachträglicher Hinzufügung einer leichten „geschichtlichen Retouche[1]“, bloß nach subjektiv vernünftig scheinenden Gesichtspunkten zu gewinnen und auszubauen gesucht, uneingedenk des Lessingschen Wortes, „wieviel andächtig Schwärmen leichter als gut Handeln ist“.

[1] Stoerk, a. a. O., S. 34.

Dritter Abschnitt.

Die eminente Gefährlichkeit der spezifisch-juristisch verstandenen Klausel.

§ 7.

Durch die Ausführungen der §§ 4—6 ist gezeigt worden, daß die clausula rebus sic stantibus für den derzeitigen status jedenfalls noch keinen Bestandteil der positiv-gültigen Völkerrechtsordnung darstellt. Indes das auch zugegeben, so wäre damit natürlich über die zukünftige Gestaltung noch gar nichts ausgesagt: es wäre möglich, daß dieser Sachverhalt materiell einen empfindlichen Mangel des internationalen Normenkomplexes bedeutete und demgemäß de lege ferenda, wie man für innerstaatliche Verhältnisse sich ausdrücken würde, seine baldige Änderung zu wünschen und auch praktisch zu erwarten bliebe.

Wie es nun hiermit in Wirklichkeit steht, ob tatsächlich die Klausel Aussicht hat, die ihr vorläufig bestimmt fehlende formale Sanktionierung durch die Staaten späterhin noch beigelegt zu erhalten, das ist natürlich eine Frage, die nicht mit voller Sicherheit beantwortet werden kann; immerhin ist ein recht wertvolles Indizium vorhanden, welches, zum mindesten für die nächste Zukunft, ihre Aussichten so ziemlich gleich Null erscheinen läßt.

Hinsichtlich der meisten, erst neuerdings entstandenen Völkerrechtsnormen vermag man nämlich übereinstimmend die Beobachtung zu machen, daß dieselben lange Zeit, bevor sie generell als solche formuliert und ausgesprochen wurden, zunächst von konkreten Parteien ad hoc vereinbart zu werden pflegten. Um das durch ein einzelnes Beispiel zu illustrieren, so hat jetzt bekanntlich infolge der auf der Haager Friedenskonferenz beschlossenen (5.) Konvention „pour le règlement pacifique des conflits internationaux" die Idee der schiedsgerichtlichen Streitschlichtung zwischen Staaten eine gewisse allgemeine, wiewohl sachlich höchst verklausulierte Anerkennung gefunden. Aber schon ehe dies formell vollzogen war, durfte man mit Bestimmtheit darauf rechnen, daß es über kurz oder lang zu einer derartigen Einigung kommen würde. War doch ganz abgesehen von den vielen erst hinterher, nach bereits ausgebrochenem Konflikt, der schiedsgerichtlichen Regulierung überwiesenen Fällen, die sogen. kompromissarische Klausel, d. h. die Verpflichtung, alle aus dem betreffenden Traktate sich etwa ergebenden Streitigkeiten arbiträr entscheiden zu lassen, schon in den Text zahlreicher Handels- und Freundschaftsverträge [1], des Weltpostvereins, der Brüsseler Antisklavereiakte usw. usw. eingerückt worden. Wäre nun Entsprechendes auch für die clausula rebus sic stantibus nachweisbar, mit anderen Worten ließe sich zeigen, daß häufig in Einzeltraktaten von den Kontrahenten expressis verbis verabredet wurde, jene sollten durch wesentliche Veränderung der Umstände ihre Gültigkeit verlieren, so würde zweifellos auch ihr ein günstiges Prognostikon hinsichtlich einer späteren Allgemeineinführung ins positive Völkerrecht zu stellen sein. Denn indem die betreffenden Parteien sich ausdrücklich für die Aufnahme entschieden, trat darin offenbar jedesmal eine entschiedene Überzeugung des Inhalts zutage, die Klausel sei als sachlich angemessen und empfehlenswert anzusehen; wenn aber eine solche Auffassung erst einmal in concreto

[1] Bez. dieser vgl. die Angaben v. Melles in Holtzendorffs Handbuch des Völkerrechts, III, S. 253 ff.

mit einer gewissen Regelmäßigkeit zu konstatieren ist, dann wird aller Voraussicht nach auch die grundsätzliche und generelle Anerkennung nicht mehr allzulange auf sich warten lassen.

In der Tat sind derartige Stipulationen praktisch wiederholt vorgekommen. Zum Beleg soll hier auf ein historisches Vorkommnis aus dem 18. Jahrhundert etwas näher eingegangen werden, welches in verschiedenartiger Hinsicht recht lehrreich ist.

Als Ende des Jahres 1740 Friedrich der Große in Schlesien einfiel, suchte die Hauptstadt Breslau von Anfang an zwischen den kriegführenden Parteien eine mittlere Stellung einzunehmen [1]. Demgemäß verweigerte sie, gestützt auf ein altes ihr zustehendes Privileg, das sogen. jus praesidii, zunächst die Aufnahme einer österreichischen Besatzung und wünschte dann auch von Preußen die Anerkennung ihres Standpunkts der Nichtbeteiligung zu erlangen. Das glückte ihr auch tatsächlich durch den am 3. Januar 1741 zustande gekommenen „Neutralitätsvertrag" [2] mit König Friedrich, kraft dessen der letztere ihr überaus günstige Bedingungen wie Freiheit von Kontributionen und Leistungen aller Art, Nichtbesetzung durch preußische Truppen usw., bewilligte. Der Fülle dieser Zugeständnisse gegenüber, die den Breslauer Ratsherrn das glücklich zustande gebrachte Werk geradezu als „Meisterwerk der Diplomatie" erscheinen ließ, hatte Friedrich der Große zu seinen eigenen Gunsten nur eine einzige Bestimmung ge-

---

[1] Näheres hierüber s. bei Grünhagen, „Friedrich der Große und die Breslauer in den Jahren 1740/41", S. 59 ff.

[2] Daß unter den gegebenen Verhältnissen genau genommen diese völkerrechtliche Bezeichnung keine Anwendung hätte finden dürfen, ist klar, und auch bei den preußischen Unterhändlern stieß sie ursprünglich auf schwere Bedenken: erst der König selbst, der hier wie überall nur auf das Sachliche Gewicht legte, hat die gemachte Proposition endgültig akzeptiert (cf. Grünhagen, a. a. O., S. 77). In Wirklichkeit konnte auf den ganzen Formalskrupel wenig mehr ankommen, nachdem man sich einmal entschlossen hatte, eine einfache Territorialstadt zur Paktierung über militärische politische Dinge, d. h. durchaus anomaler Weise als internationales Vertragssubjekt überhaupt zuzulassen.

troffen, allerdings eine solche, daß er sofort mit vollem Recht seinem Kriegsminister schreiben durfte: „Breslau gehört mir"; er hatte nämlich den ihm vorgelegten Vertrag bloß mit der Klausel unterschrieben: „bei den jetzigen Konjunkturen und so lange dieselben dauern werden". Was das zu bedeuten hatte, wurde den Breslauern erst klar, als nach wenig über einem halben Jahr der König plötzlich erklärte, es müsse jetzt mit der Neutralität ein Ende haben, und sich am 10. August 1741 der Stadt durch raschen Handstreich bemächtigte. Formellrechtlich war gegen dieses Verfahren, man mochte im übrigen über dasselbe denken wie man wollte, nichts einzuwenden, denn daß die früheren „Konjunkturen" nicht mehr bestanden, nachdem mittlerweile die Mollwitzer Schlacht von den Preußen gewonnen und auch sonst noch vieles anders geworden war, konnte von niemandem in Abrede gestellt werden.

Eine derartige ausdrückliche Stipulierung der clausula, wie sie in dem eben geschilderten Vorkommnis aus dem ersten schlesischen Kriege zutage tritt, würde nun auch sonst mehrfach noch nachzuweisen sein. Dabei ist es jedoch sehr charakteristisch, daß diese Fälle eigentlich durchweg Perioden angehören, die schon verhältnismäßig weit zurückliegen; je mehr wir uns der Gegenwart nähern, desto seltener werden sie [1], und was den heutigen Stand der Sache betrifft, so können sie wohl kaum noch, wenigstens soweit meine Kenntnis des einschlagenden Materials reicht, auf nennenswertes praktisches Vorkommen Anspruch erheben. Hieraus ist offenbar der Schluß zu ziehen, daß die Staaten zurzeit kein wesentliches Bedürfnis, die Klausel in formeller Rechtskraft zu sehen, empfinden, und es wird demgemäß auch die Aussicht auf baldige Einführung derselben als äußerst geringfügig zu bezeichnen sein.

[1] Übrigens sind sie auch in älterer Zeit nie gerade allzu häufig gewesen, weshalb es auch eine entschiedene Übertreibung ist, wenn Wharton am oben S. 11 angef. Orte die Behauptung aufstellt: In most of the old treaties were inserted the „clausula rebus sic stantibus".

Ja, man könnte sogar noch einen Schritt weiter gehen und auf Grund des historisch gegebenen Sachverhalts jede juristische Sanktionierung der clausula überhaupt für endgültig und alle Zeit ausgeschlossen erachten: man könnte den Umstand, daß in früheren Epochen tatsächlich eine gewisse Neigung zur konkreten Statuierung derselben vorhanden war, daß aber gegen die Neuzeit hin diese Tendenz unverkennbar immer mehr abgenommen hat, recht gut dahin ausdeuten, daß die Staaten bei näherem Einblick in die Verhältnisse die Klausel als materiell schädlich und gefährlich erkannt haben und folglich präsumtiv niemals mehr Lust spüren werden, ihre generell-rechtliche Satzung vorzunehmen.

Von dieser Argumentation wäre zum wenigsten so viel ganz richtig, daß wirklich schwerwiegendste Gründe vorhanden sind, die den Staaten auf die Dauer und unter allen Umständen einen solchen Schritt widerraten müssen; nur unter vollständiger Verkennung der wahren und eigentlichen Bedürfnisse des internationalen Verkehrs wären sie imstande, der von der Theorie solange schon gegebenen Anregung Folge zu leisten und die clausula rebus sic stantibus praktisch unter sich einzuführen.

Machen wir uns klar, von was für Erwägungen die Völkerrechtswissenschaft bei ihrer Befürwortung dieser Norm geleitet wurde, welche Vorteile sie mit Hilfe derselben zu erreichen suchte. Ihren Ausgangspunkt nahm sie von der Feststellung, daß die Staaten als eines der wichtigsten Prinzipien ihres wechselseitigen Verkehrs die Regel Pacta sunt servanda positiv-juristisch statuiert haben[1]. Man machte jedoch bald die Wahrnehmung, daß die strenge und

[1] Daß und warum die Doktrin mit dieser Annahme ganz das Richtige traf, inwiefern man keineswegs mit Gareis (Institutionen des Völkerrechts, 2. Aufl., S. 34, auch S. 176) zur Konstruktion jenes Satzes bloß auf den bedenklichen Weg des jus necessarium, des „notwendigen" Völkerrechts angewiesen ist, sondern ihn direkt auf den Willen der zur internationalen Normschaffung befugten Subjekte zu stützen vermag, dies im einzelnen zu zeigen, muß freilich einer anderen Gelegenheit vorbehalten bleiben.

ausnahmslose Durchführung der letzteren hin und wieder zu zweifellosen Härten führte, daß die Norm manchmal auf Tatbestände stieß, für die sie sachlich offenbar nicht mehr recht paßte und geeignet war, und bei denen folglich dem natürlichen Gefühl gerade die Nichterfüllung des Vertrags viel angemessener vorkam als die normalerweise zu fordernde strikte Erfüllung[1]. Diesem Übelstande sollte nun dadurch abgeholfen werden, daß man der ersten abstrakten Regel eine zweite beschränkende hinzufügte, ausführlicher gesagt: man wollte den Satz Pacta sunt servanda prinzipiell in lebendig-juristischer Geltung erhalten, gleichzeitig aber auch durch eine feinere und speziellere Ausbildung des objektiven Rechtssystems den Vorteil gewinnen, daß er sich fortan nur noch innerhalb der Grenzen seiner materiellen Rechtfertigung betätigen, dagegen auf außergewöhnliche Fälle — wie die vorhin angedeuteten — überhaupt nicht mehr erstrecken könne. Dieses letztere Ziel — das muß rückhaltlos zugestanden werden — würde allerdings mit Hilfe der clausula aufs wirksamste erreicht sein; es wäre mit ihr wahrlich ausreichend dafür gesorgt, daß dem Verpflichteten gegen jede Überspannung des Grundsatzes der Vertragstreue ein juristisches Verteidigungsmittel zu Gebote stünde. Leider aber auch nicht nur und ausschließlich gegen Überspannung, sondern praktisch gegen jede Anwendung der obersten und Prinzipalnorm Pacta sunt servanda überhaupt; mit anderen Worten, man hätte über der Erreichung des zweiten Ziels das viel wichtigere erste allzusehr außer Acht gelassen, dergestalt, daß die vermeintliche bloße Exemtion in Wirklichkeit direkt zur „Inanisierung"[2] sämtlicher Verträge ausschlagen könnte.

[1] Zur Erläuterung sei an das bekannte und vielgebrauchte Schulbeispiel erinnert, daß der Staat A dem Staat B für jeden Kriegsfall ein bestimmtes Hilfskontingent versprochen hat, daß aber der casus foederis gerade zu einer Zeit eintritt, wo er seinerseits mit dem Staat C sich in Kampf befindet und also sämtliche militärischen Kräfte weit notwendiger für sich selber braucht.

[2] Vgl. v. Bulmerincq, Völkerrecht (im Handbuch des öffentlichen

Um das des Näheren klarzulegen, bedarf es eines kurzen Hinweises auf die völlig eigenartige Struktur und Beschaffenheit des Völkerrechts sowie der hieraus sich ergebenden, von seinem Wesen unzertrennlichen Mängel[1]. Der internationale Verkehr wird anerkanntermaßen von keiner selbständigen Oberpotenz, von keiner die Vielheit der Einzelstaaten zur höheren Einheit verbindenden Sozialgewalt beherrscht. Daraus folgt neben anderen, hier weniger in Betracht kommenden Punkten, dem Fehlen einer internationalen Legislative, einer durch spezifische Gemeinschaftsorgane gehandhabten Zwangsverwirklichung des Rechts, insbesondere auch dies, daß für die Anwendung der abstraktjuristischen Normen auf den konkreten Einzelfall keine autoritäre, unabhängig von der Anerkennung durch die jedesmaligen Parteien fungierende Richterinstanz zur Verfügung steht[2]. Der Schluß, der aus der vollständigen Abwesenheit der letzteren für eine gesunde internationale Rechtssetzungspolitik zu ziehen ist, kann natürlich nur der sein, daß von vornherein gleich die abstrakten Regeln so gehalten werden müssen, daß sie das Eingreifen einer in concreto erst entscheidenden Stelle möglichst wenig verlangen und erforderlich machen: deutlicher ausgedrückt, für jede praktische Brauchbarkeit internationaler Normen bleibt die unerläßlichste Voraussetzung stets die, daß sie so einfach, so präzis, so unmißverständlich wie nur irgend angängig formuliert sind und folglich den beteiligten Parteien bei voller bona fides derselben ganz selten, am liebsten nie

---

Rechts I, 2; 1884), S. 302. Eine ähnliche Wendung auch bei Gareis, der, trotzdem er prinzipiell ein Anhänger der Klausel ist, es offen ausspricht, daß „bei einer laxen Interpretation die große Gefahr vorliegt, das Vertragsrecht überhaupt zu unterminieren und nach der anderen Richtung hin unhaltbare Verhältnisse zu schaffen" (a. a. O., S. 213).

[1] Vgl. zu der ganzen Sache die Ausführungen von Brie, Theorie der Staatenverbindungen, S. 42 ff.

[2] Daß hieran selbst die ausgedehnteste Akzeptierung der Schiedsgerichtsidee grundsätzlich nichts ändern konnte, liegt auf der Hand, eben weil es sich dabei immer um bloße Schiedsgerichte handeln würde.

Anlaß zu Zweifeln über ihr Zutreffen oder Nichtzutreffen geben können[1].

Dieser ersten und notwendigsten Bedingung tut aber gerade die clausula rebus sic stantibus nicht im Entferntesten Genüge; sie gehört zu einer Gruppe von Normen, die wohl im innerstaatlichen Recht, nie und nimmer aber für den internationalen Verkehr wahrhaft ersprießliche Dienste zu leisten fähig ist. In ersterem lassen sich Regeln genug aufzeigen, die jener nach Anlage und Gesamtcharakter ganz ähnlich sind, aber anders wie sie sich auf ihrem Gebiet praktisch durchaus bewähren. Greifen wir z. B. § 626 des Bürgerlichen Gesetzbuches für das Deutsche Reich heraus[2], in dem es folgendermaßen heißt: „Das Dienstverhältnis kann von jedem Teil ohne Einhaltung einer Kündigungsfrist gekündigt werden, wenn ein wichtiger Grund vorliegt." Die äußerlich-formelle Analogie, die diese Ordnung eines innerstaatlichen Verhältnisses zu dem von uns behandelten internationalen Problem aufweist, ist offenkundig und bis ins einzelnste gehend. Beidemal wird ausgegangen von der Anerkennung einer allgemein und unbeschränkt lautenden Norm, hier des Satzes Pacta sunt servanda, dort der Regel, daß kein Dienstverhältnis anders als nach genau fixierter, im Detail wieder verschieden normierter[3] Kündigungsfrist aufgelöst werden kann; darauf sucht man noch, gleichfalls völlig übereinstimmend, etwaigen außergewöhnlichen, unter die Schablone nicht passenden Fällen juristisch gerecht zu werden und bestimmt daher, daß eine wesentliche Veränderung der Verhältnisse den internationalen Traktat, ein wichtiger Kündigungsgrund

---

[1] Schon der Versuch, feiner ausgebildete Internationalnormen aufzustellen, stößt auf Schwierigkeit und führt zur gleichzeitigen Verklausulierung, die die praktische Bedeutung der neuen Rechtssätze alsbald wieder in Frage stellt. Man beachte die vieldeutigen Bedingungen („wenn die Umstände es gestatten werden"!) im Haager Abkommen vom 29. Juli 1899 (Deutsches R.G.Bl. 1901, S. 393). S. auch Gareis S. 302.

[2] Andere Beispiele bei Stammler, Vom richtigen Rechte, S. 562 ff.

[3] Cf. B.G.B. § 620 ff.

das private Dienstverhältnis sofort aufheben soll. Hierbei ist ganz gewiß das zweite Mal die einschränkende Norm an sich nicht präziser ausgefallen als das erste Mal; vielmehr setzt die eine wie die andere noch schärfere, erst in concreto vorzunehmende Detailfeststellungen voraus. Bloß daß das eben im innerstaatlichen Recht nach Lage der Dinge nicht schadet, weil ja dieses die vorläufig noch mangelnde nähere Erläuterung jeden Augenblick nachzubringen imstande ist: sobald die Parteien in einem einzelnen Falle verschiedener Ansicht über die Wichtigkeit eines Kündigungsgrundes sind, wird die unbedingt maßgebende Entscheidung durch den zuständigen Richter und in ihm durch den realen Gemeinschaftswillen selber getroffen. So ist es einzig die stets vorhandene letztere Möglichkeit, wegen deren die staatliche Gesetzgebung sich gestatten darf, prinzipiell aufgestellte Normen durch unbestimmt gehaltene Ausnahmssätze zu durchbrechen, ohne befürchten zu müssen, daß jene durch diese praktisch ganz aufgehoben und illusorisch gemacht werden.

Wie anders im Völkerrecht. Da hier ausschließlich die Parteien selbst Richter darüber sind, ob die einzelnen Normen auf den gegebenen Fall zutreffen, so ist eo ipso jede Formulierung derselben zu verwerfen, die durch Verwendung gänzlich vager Unterschiede wie „Wesentlichkeit" und „Unwesentlichkeit" der Veränderungen zu auseinandergehenden Auffassungen geradezu herausfordert[1]. Selbst

[1] Der gesamte hier verfolgte Gedankengang berührt sich in gewissem Sinne mit interessanten Ausführungen, die nach einer anderen Richtung hin Bierling gegeben hat. Dieser (Juristische Prinzipienlehre, Bd. II (1898), S. 37 ff.) warnt mit allem Recht davor, „völlig nichtssagende Ausdrücke" zu gebrauchen, „die nur dem verständlich sind, der bei ihrer Verwendung eine besondere Erklärung zur Seite hat". Nun beziehen sich ja allerdings Bierlings Bemerkungen auf theoretisch-wissenschaftliche Arbeiten, während wir es mit einer Frage der praktischen Rechtsausgestaltung zu tun haben; trotzdem lassen sich aber beide Fälle insofern unter einen gemeinsamen Gesichtspunkt bringen, weil der tiefste Grund, warum sowohl die allgemeine Rechtswissenschaft wie das positiv gesetzte Völkerrecht auf derartig vieldeutige Wendungen verzichten müssen, in dem hier wie dort vorhandenen Mangel einer die leeren Hülsen nach

wenn wir, entsprechend den S. 20 ff. gemachten Feststellungen, die rein formale Begriffsbestimmung durch einen Versuch der materiellen ersetzen, wenn wir anstatt der vielfach bloß verlangten essentiellen, wesentlichen, fundamentalen Umgestaltungen solche fordern, vermöge deren jetzt eine Erfüllung des Vertrages nur noch unter Gefährdung der höchsten Staatsinteressen möglich bleibt, selbst dann ist an Präzision kaum viel gewonnen, denn was kann nicht alles auch unter diese Fassung noch eingereiht werden! Daraus erhellt, daß die praktische Einführung der Klausel sofort zu einer ununterbrochenen Kette von Meinungsverschiedenheiten zwischen den Staaten führen müßte: auch ohne jede böse Absicht, ganz von selbst und unwillkürlich, wird der Berechtigte stets zu einer möglichst restriktiven, der Verpflichtete umgekehrt zu einer möglichst extensiven Auslegung der clausula neigen und Niemand ist da, der den Streit für beide Teile bindend zu schlichten vermöchte. Daß gerade in letztgenanntem Punkte und nur in ihm der eigentliche Sitz der Schwierigkeit getroffen wird, darauf gibt es auch noch eine überzeugende praktische Probe. Sobald nämlich eine Anzahl völkerrechtlicher Verkehrssubjekte ausnahmsweise doch durch eine dauernde Sozialorganisation zur korporativen Einheit verbunden ist, sobald über ihnen ein direkt für sie maßgebender Oberwille existiert, verliert die clausula sofort wieder ihre prinzipielle Bedenklichkeit. Denn bei solcher Lage der Dinge, die übrigens meines Erachtens nicht bloß für den, freilich in erster Linie zu nennenden Bundesstaat[1], sondern auch schon für den einfachen Staatenbund angenommen werden muß, eröffnet sich jetzt, genau wie im innerstaatlichen Recht, die Möglichkeit, eventuelle Streitigkeiten der Mitglieder durch ein besonderes Gemeinschaftsorgan entscheiden zu lassen;

Bedarf mit konkretem Inhalt ausfüllenden Erklärungs- und Hilfsinstanz beruht.

[1] Bez. dieses vgl. die Darlegungen von Triepel, Völkerrecht und Landesrecht, S. 198 ff.

dieses vermag dann von sich aus, unabhängig von den Parteien, die Bedeutung aller inzwischen eingetretener Veränderungen objektiv prüfend zu würdigen und so der Gefährdung der Vertragssicherheit wirksam vorzubeugen[1].

Wenn schon die im Vorstehenden niedergelegten Erwägungen die positive Einfügung der Klausel in die internationale Rechtsordnung unrätlich erscheinen lassen, so gilt dies in noch ungleich höherem Maße unter einem anderen Gesichtspunkt. Wir haben das Problem bisher stets nur nach der Seite erörtert, daß die Staaten, die praktische Gültigkeit jener einmal angenommen, selbst bei voller bona fides, beim besten Willen, immer nur streng rechtsgemäß zu verfahren, fortwährend in unlösbare Meinungsverschiedenheiten über die Tragweite der clausula geraten werden, dergestalt, daß man wahrscheinlich bald bei den allerwenigsten Verträgen noch ihres gänzlich unangezweifelten Fortbestands gewiß sein könnte. Hierzu tritt nun aber noch der viel bedenklichere Umstand, daß die Klausel ein überaus bequemes Mittel bietet, hinter dem jederzeit auch der böse Wille, der dolus malus, Deckung zu finden vermag.

---

[1] Recht instruktiv ist in dieser Hinsicht ein Vorkommnis zwischen zwei eidgenössischen Kantonen, über welches in Blumer-Morels Handbuch des Schweizer Bundesstaatsrechts (Bd. I, 3. Aufl. 1891, S. 237 ff.; Bd. III, 2. Aufl. 1887, S. 356, 359 ff.) ausführlich berichtet wird. Es handelte sich dabei um einen im Jahre 1830 zwischen Luzern und Aargau abgeschlossenen Vertrag, kraft dessen ersterer Kanton dem letzteren die Vornahme gewisser steuerhoheitlicher Akte auf seinem Territorium zugestand. Dieser Verpflichtung, die man theoretisch als Servitut, als Staatsdienstbarkeit konstruierte, suchte sich Luzern später zu entledigen und griff deshalb, nachdem frühere andersartige Versuche fehlgeschlagen waren, 1888 einfach zur Kündigung des Traktats, worauf Aargau die Sache vor das Bundesgericht brachte. Letzteres (cf. Bundesgerichtliche Entscheidungen VIII, S. 55 ff.) erkannte auch in der Tat an, daß vielleicht unter bestimmten Voraussetzungen eine einseitige Kündigung kantonaler Verträge prinzipiell zulässig sei, nämlich dort, wo „ihr Fortbestand mit den Lebensbedingungen des verpflichteten Staats als selbständigen Gemeinwesens oder dessen wesentlichen Zwecken unvereinbar sei, oder wo eine Veränderung solcher Umstände eingetreten ist, welche nach der erkennbaren Absicht der Parteien zur Zeit ihrer Begründung die stillschweigende Bedingung ihres Bestands bildeten“; gleichzeitig entschied es jedoch, daß im gegebenen Einzelfalle nichts dergleichen vorliege, und verwarf deshalb die Luzerner Kündigung als unbegründet.

Um zu zeigen, daß mit ihrer Hilfe zur Not selbst der bekannteste und schlimmste Wortbruch formell sich rechtfertigen läßt, dafür gewährt uns ein recht schlagendes Beispiel die alte Geschichte. Durch das Versprechen einer großen Geldsumme hatte der letzte König von Macedonien, Perseus, den illyrischen Fürsten Genthios dazu bewogen, sich mit ihm zu verbinden, die gerade an seinem Hofe befindlichen römischen Gesandten einzukerkern und so definitiv mit Rom zu brechen; nachdem das aber wirklich geschehen war, „fand der sparsame König es überflüssig, die zugesicherten Gelder zu zahlen, da Genthios nun allerdings ohnehin gezwungen war, eine entschieden feindliche Stellung gegen Rom einzunehmen“[1]. Hätte Perseus schon von der modernen Errungenschaft der clausula rebus sic stantibus Kenntnis gehabt, so wäre es ihm gar nicht so schwer gefallen, diesem schmählichen Vertrauensmißbrauch ein juristisches Entschuldigungsmäntelchen umzuhängen. Denn daß das Verhalten des Genthios eine fundamentale Veränderung der ganzen Sachlage herbeigeführt hatte, war ja über allen Zweifel erhaben, und auch an dem erforderlichen Konflikt mit den obersten Staatsinteressen fehlte es insofern keineswegs, weil doch zu diesen der Besitz möglichst großer Geldmittel unbedingt gleichfalls zählt!

Ganz ähnliche Konsequenzen, wie sie hier an der Hand eines geschichtlichen Einzelbeispiels entwickelt worden sind, würde aber die Klausel so ziemlich überall und bei der Gesamtheit der internationalen Vertragsbeziehungen hervorrufen; immer und immer wieder könnte sie dazu ausgenützt werden, bei dolos-willkürlichen Traktataufhebungen eine Art

---

[1] Mommsen, Römische Geschichte (7. Aufl. 1881) I, S. 767. Der antike Bericht über die Sache steht bei Livius (XLIV, 27) und lautet: „Gentius, exigua parte pecuniae accepta, quum adsidue a Pantancho ad lacessendos hostili facto Romanos stimularetur, M. Perpernam et L. Petillium legatos, qui tum forte ad eum venerant, in custodiam conjecit. Hoc audito, Perseus, contraxisse eum necessitates ratus ad bellum utique cum Romanis, ad revocandum, qui pecuniam portabat, misit.“

rechtlicher Begründung vorzutäuschen. Das ist aber um deswillen unendlich gefährlich, weil auf diese Weise eine der festesten Stützen des Völkerrechts untergraben wird. Einer oft gemachten Beobachtung zufolge sind heutzutage im Allgemeinen die Staaten selber sorgfältig bemüht, nicht in offenen Widerspruch zu anerkannten Normen der internationalen Ordnung zu treten, resp. wie Bismarck[1] es ausdrückt, die Bereitwilligkeit zum zweifellosen Rechtsbruch pflegt auch bei gewalttätigen Regierungen nicht vorhanden zu sein." Nun liegt es aber auf der Hand, daß diese halb instinktive Scheu vor der nackten, unverhüllten Rechtswidrigkeit wesentlich abgeschwächt werden muß, sobald man durch sachlich schwer präzisierbare Exzeptionalbestimmungen den Parteien Gelegenheit gibt, mit gewandten Deduktionen das konkrete Zutreffen der einzelnen Normen fort und fort anzuzweifeln und so den formalen Rechtsboden, den äußeren Schein des Rechts immer festzuhalten; speziell auf unsern Fall angewandt, es macht einen gewaltigen Unterschied aus, ob der einen Vertragsbruch planende Staat sich genötigt sieht, mit brutaler Offenheit wider die oberste Regel Pacta sunt servanda zu verstoßen, oder ob er in der Lage ist, sie prinzipiell vor wie nach anzuerkennen und sein Vorgehen durch die Berufung auf einen hier angeblich Platz greifenden Ausnahmesatz zu begründen.

Wie überaus günstig, ja beinahe unangreifbar die Situation sich für ihn im letzteren Falle gestaltet, das wird praktisch in hellstes Licht gerückt durch einen geschichtlichen Vorgang, den wir bereits in § 5 herangezogen haben (oben S. 49 f.). Als der russische Kaiser während des deutsch-französischen Kriegs sich von der ihm 1856 aufgezwungenen Neutralisierung des Schwarzen Meers lossagte, ging das Bestreben Englands zunächst natürlich dahin, das als eine flagrante Verletzung des Grundgesetzes von der

[1] Gedanken und Erinnerungen II, S. 247.

Vertragstreue zu charakterisieren. Rußland wich dem jedoch einfach dadurch aus, daß es von vornherein jede gegen diesen gerichtete Intention in Abrede stellte; es erklärte wiederholt und aufs Feierlichste (Mitunterzeichnung des Londoner Protokolls vom 17. Januar 1871!), daß es auch seinerseits von der Heiligkeit des einmal gegebenen Worts durchdrungen sei, nur erleide nach völkerrechtlichen Theoremen (die es in diesem Falle zu acceptieren für gut fand) das Prinzip unter gewissen Umständen eine Durchbrechung, die selbst wieder juristisch sanktioniert sei. Indem es nun in concreto das wirkliche Gegebensein eines derartigen Falles behauptete, war die Sache äußerlich, wiewohl es sich dabei notorisch um den „schlimmsten Rechtsbruch“ [1] handelte, in nicht zu widerlegender Weise auf eine bloße Divergenz in der beiderseitigen Auffassung und Auslegung des objektiv gegebenen Rechtszustandes hinausgespielt, eine Divergenz, die selbstverständlich wegen des völligen Mangels eines internationalen Richters der formell-autoritären Schlichtung genau so unzugänglich war wie jede andere, ganz bona fide entstandene auch. —

Wir stehen am Schlusse der über den rechtspolitischen Wert oder Unwert der clausula rebus sic stantibus entscheidenden Betrachtungen. Werfen wir einen zusammenfassenden Rückblick auf das gesamte in § 7 enthaltene Material, so wird schwerlich noch ein Zweifel darüber möglich sein, daß das Urteil über sie schlechthin verwerfend ausfallen muß; man kann nur durchaus der Ansicht beipflichten, die, eben während der letzterwähnten Pontusangelegenheit, ein prak-

[1] Heffter-Geffcken, Europäisches Völkerrecht, S. 216, N. 5. Daß für Rußland lediglich „die Gunst der politischen Situation bestimmend war“, gab es während der Londoner Konferenzen implicite selbst einmal insofern zu, als es unter den seit 1856 eingetretenen „Veränderungen“ auch den Sturz des französischen Kaiserreichs mit anführte (cf. Martens, N.R.G. XVIII, S. 279). Das hieß doch wirklich dem leidtragenden Großbritannien gegenüber zum Schaden noch den Spott hinzufügen; denn dieses konnte ja hierin nur eine absichtliche Erinnerung an die Tatsache erblicken, daß es früher einen mächtigen Bundesgenossen an der Seite gehabt, jetzt aber ihn verloren habe.

tischer Staatsmann[1] dahin formuliert hat, daß jede allgemeinere Anwendung der Klausel geradezu zerstörend und zersetzend auf die Vertragssicherheit überhaupt einwirken würde. Und zwar hat das nicht etwa blos für jetzt und die nächste Zukunft, sondern ganz unbeschränkt zu gelten: wir haben ja gesehen, daß die Sache in tiefster und letzter Wurzel mit der grundsätzlich nie ablegbaren Eigenart des Völkerrechts als solchen zusammenhängt. Wie die Dinge einmal liegen, muß letzteres es sich unbedingt versagen, nach dem Muster des innerstaatlichen Rechts auf möglichste Vollständigkeit und feine Detailausarbeitung des juristischen Systems auszugehen; es bedeutet für dasselbe einen gefährlichen Luxus, die obersten und unentbehrlichsten Prinzipien des wechselseitigen Staatenverkehrs mit mannigfach verzweigten Ausnahmsfestsetzungen zu überspinnen[2]. Denn in demselben Maße wie hierdurch die theoretisch befriedigende Geschlossenheit der völkerrechtlichen Ordnung steigt, schwindet anderseits die praktische Brauchbarkeit: die Staaten erhalten auf diese Weise blos einen Freibrief, mit den Normen und Mitteln des Rechts selbst das Recht beliebig zu verhöhnen.

§ 8.

Man kann der Wissenschaft des Völkerrechts das Zeugnis nicht verweigern, daß sie die große Bedenklichkeit der von ihr aufgestellten Klausellehre sehr wohl gefühlt und oftmals, freilich durchweg ohne viel Erfolg, versucht hat, Abhilfe hiergegen zu gewinnen. Die Verbesserungs-

---

[1] Lord Granville in seiner Note vom 10. November 1870 (vgl. Bluntschli, Modernes Völkerrecht, 3. Aufl., S. 257): „Nach jener Lehre würde dem individuellen Sonderermessen einer jeden Vertragspartei anheimgegeben sein, den ganzen Inhalt des Vertrags wieder ihrer Kontrole zu unterwerfen und nur so lange gebunden zu sein, als es ihm beliebt.“

[2] Ähnlich, wiewohl ohne jede nähere Ausführung und Begründung, Holtzendorff im Handbuch des Völkerrechts II (1887), S. 53: „Es wäre im höchsten Grade gefährlich, die Grundsätze oder die internationalen Fundamente durch theoretische Konstruktionen von Ausnahmen zu durchlöchern.“

vorschläge, die zu diesem Zweck gemacht wurden, haben sich auf mannigfache Teile der Gesamttheorie erstreckt.

Als nächstliegendes Mittel bot sich offenbar dies dar, die Art und Beschaffenheit der res mutatae, die durch ihr Eintreten völkerrechtliche Verträge juristisch aufheben sollten, noch schärfer zu präzisieren, d. h. weiter auf dem Wege fortzugehen, welchen schon die regelmäßige Lehre einschlug, als sie von der Forderung wesentlicher Veränderungen zu solchen überging, welche den betreffenden Staat in einen Konflikt zwischen seinen eigenen höchsten Interessen und der Pflicht der Vertragstreue hineindrängen. Als Beispiel für diese Richtung kann u. a. auf die Ausführungen Bezug genommen werden, die v. Liszt in der ersten Auflage[1] seines Völkerrechts gegeben hat.

Zunächst und prima facie scheint derselbe zwar zu den prinzipiellen Gegnern der clausula zu zählen, da er[2] ganz allgemein sagt: „Die Behauptung, daß alle völkerrechtlichen Verträge mit der stillschweigenden Klausel rebus sic stantibus geschlossen werden, ist zweifellos unrichtig"; man hat indes zu beachten, daß letzterer sachlich doch eine partielle in integrum restitutio widerfährt vermöge des gleich darauf folgenden[3] Satzes: „Bei Verträgen, die auf unbestimmte Zeit, vielleicht sogar auf ewige Zeiten geschlossen sind, ist keiner der vertragsschließenden Teile mangels besonderer Vereinbarung zur einseitigen Kündigung berechtigt, soweit nicht etwa ein Notstand im technischen Sinne des Wortes vorliegt." Indem dann der letztere Begriff an einer noch späteren Stelle inhaltlich mit der Rücksicht auf die staatliche Selbsterhaltung gleichgesetzt wird[4], gelangen wir kombinierend schließlich

---

[1] Erschienen 1898.

[2] A. a. O., S. 117. Wörtlich übereinstimmend auch in Birkmeyers Rechtsenzyklopädie (1901), S. 1291.

[3] Völkerrecht, S. 118; auch Rechtsenzyklopädie, S. 1291.

[4] S. 129: „Auch diejenigen Schriftsteller, welche die Anwendbarkeit des Notstandsbegriffes im Völkerrecht leugnen, gewähren dem bedrohten

zu dem Resultat, daß wenigstens bei Gefährdung dieser Selbsterhaltung einseitige Vertragsaufhebung rechtlich doch nicht unstatthaft sein soll [1].

Es ist nicht zu bezweifeln, daß auf diese Weise theoretisch eine wesentliche Verengerung der bedenklich vagen Fassung erzielt wird, welche der üblichen und herrschenden Klausellehre, sehr zu ihrem Schaden, eigentümlich ist:

Staat das Recht auf Selbsterhaltung. Damit ist derselbe Begriff durch einen anderen Ausdruck bezeichnet."

[1] In der zweiten, aus dem Jahre 1902 stammenden Auflage (mit der die dritte wörtlich übereinstimmt) hat v. Liszt die betreffenden Partien einer Umarbeitung unterzogen, dergestalt, daß jetzt die Klauseldoktrin bei ihm folgende Form aufweist. Ausdrücklich anerkannt erscheint sie nunmehr in dem Maße, daß „Verträge, die im Hinblick auf einen bestimmten rechtlichen Zustand und unter Voraussetzung seiner Fortdauer geschlossen sind, einseitig gekündigt werden können, wenn dieser Zustand sich wesentlich geändert hat" (S. 166), resp. daß (S. 167) „eine Ausnahme von der Norm Pacta sunt servanda insoweit zugegeben werden muß, als der geschlossene Vertrag eine bestimmte Rechtslage, sei es ausdrücklich, sei es stillschweigend, zur Voraussetzung nimmt und diese Rechtslage sich wesentlich verändert". Mit anderen Worten, v. Liszt schließt sich jetzt grundsätzlich derjenigen Richtung an, die Art und Umfang der eine Traktatsannullation gestattenden Umgestaltungen nicht nach objektiv generellen Merkmalen, sondern rein subjektiv, im Sinne der in concreto vertragschließenden Parteien, bestimmt wissen will (vgl. hierzu oben S. 20, 36). Nicht völlig klargelegt wird dabei, in welcher Weise das des Näheren zu verstehen ist. Sollte vielleicht nur an direkte, ausdrücklich oder stillschweigend erklärte Resolutivbedingungen gedacht werden, so wäre natürlich gegen die diesen zugeschriebene juristische Tangierung der Vertragswirksamkeit nicht das Mindeste einzuwenden (cf. oben S. 37). Dagegen gestaltet sich die Sache praktisch wieder recht bedenklich, falls etwa — und Ausdrucksform wie Art der gewählten Beispiele machen das zu dem weitaus Wahrscheinlicheren — nicht bloß solche, rechtswirksam gleich bei Abgabe der Vertragserklärung hinzugefügte Willensbeschränkungen gemeint sind, sondern auch schon den (nach außen nicht mit hinlänglicher Schärfe markierten, vielleicht sogar den betreffenden Mächten selbst erst hinterher zu klarem Bewußtsein gekommenen) „wahren und eigentlichen Willen" der Kontrahenten spezifisch-rechtliche Berücksichtigung, und zwar die Einräumung juristischer Befugnis zur Kündigung (s. unten S. 89 ff.) zugedacht wird (hierüber zu vgl. § 15, S. 183 ff., bes. S. 186, Anm. 2).

Eine fernere, durch die zweite Auflage an der ersten vorgenommene Modifikation macht sich bez. der Verwendung des subsidiär auch jetzt noch herangezogenen (cf. S. 167/168 in Verbindung mit 182/183) internationalen Notstandsbegriffes bemerklich; doch ist in diesem Punkte, anders als bei dem vorhin besprochenen, richtiger keine materielle Veränderung des früher Gesagten, sondern lediglich eine formale Berichtigung (cf. unten § 12, S. 140, Anm. 3) zu erblicken.

während für diese die politische Selbsterhaltung blos den wichtigsten, aber keineswegs einzigen Fall der in Betracht kommenden „obersten Staatsinteressen und -zwecke" bedeutet[1], soll jetzt eine juristisch erlaubte Bezugnahme auf die clausula eben ausschließlich dort eintreten dürfen, wo die Erfüllung des betreffenden Vertrags unmittelbar die staatliche Existenz des Verpflichteten bedrohen würde. Indes wenn damit natürlich auch dem unwillkürlich-frivolen Mißbrauch der Klausel gewisse Schwierigkeiten in den Weg gelegt werden, so sind doch praktisch die letzteren nach Lage der Dinge keineswegs sehr hoch zu veranschlagen; denn offenbar vermag mala fides den Gesichtspunkt der notwendigen Selbsterhaltung formell gerade so (und streng juristisch nicht weniger unwiderleglich!) stets vorzuschützen, wie das bei der allgemeiner lautenden Abstellung auf Wahrung der höchsten Interessen schlechthin der Fall ist. Diese Aussicht ist um so bedenklicher, weil die wahrhaft vitalen Existenzbedingungen bei den einzelnen Staaten je nach ihrer Eigenart und Besonderheit als Agrar- oder Industrie-, Kontinental- oder Seemacht etc. etc. auch ganz verschieden sind und sein müssen. Wie nahe gerückt erscheint da die Möglichkeit, daß, nachdem der Staat A — und zwar von seinem Standpunkt aus mit gutem Grunde — die Einhaltung eines Traktats verweigert hat, der Staat B in einer analogen Lage unter Berufung auf den gegebenen Präzedenzfall das Gleiche tun wird, wiewohl es sich bei ihm tatsächlich gar nicht um eine Gefährdung seines politischen Fortbestandes handelt.

Nach alledem würde die clausula rebus sic stantibus auch in der abgeänderten Fassung noch immer höchst gefährlich bleiben; man dürfte sich, wenn in wirklich durchschlagender Weise beliebigen Umgehungen des Satzes Pacta sunt servanda vorgebeugt werden soll, keineswegs mit der

---

[1] Ich verweise z. B. auf die S. 9/10 wiedergegebene Formulierung Jellineks.

Aufstellung eines allgemeinen, vielfältigster Mißdeutung ausgesetzten Schlagworts begnügen, sondern müßte im voraus konkreter die Umstände zu bestimmen suchen, unter denen in Wahrheit von einer Bedrohung der staatlichen Existenzfähigkeit gesprochen werden kann. Indes sobald man sich auf diesen Weg drängen läßt, wird man mit Notwendigkeit wieder in anderer Beziehung zu völlig unbefriedigenden Ergebnissen kommen. Angenommen nämlich, es gelänge tatsächlich eine Formulierung zu finden, die infolge ihrer Präzision und casuistisch-detaillierten Ausarbeitung jede Mißbrauchsmöglichkeit so gut wie ausschlösse, so wäre das ganz sicher nur um den Preis erkauft, daß die früher zu weite Fassung jetzt wieder zu eng geworden ist. Kann doch jede speziellere Bestimmung der zulässigen Anwendungsfälle stets nur auf Grund und mit Hilfe des bis dahin schon vorhandenen Erfahrungsmaterials vor sich gehen, dergestalt, daß sie von Anfang an auch nur auf dieses in der Hauptsache paßt und zugeschnitten ist. Nun bringt aber anerkannt das praktische Leben wie überall so auch hier fortwährend ganz neuartige Konstellationen hervor, an die man früher absolut nicht denken konnte und die deshalb jetzt auch von der positiven Formulierung der Klausel nicht im mindesten berücksichtigt erscheinen. Demgemäß wird gerade die vorsichtigste und detaillierteste Fassung am allerhäufigsten auf Vorkommnisse stoßen müssen, denen sie nach der Grundabsicht der clausula gerecht werden sollte und doch nicht gerecht wird, das will sagen auf Vorkommnisse, bei denen tatsächlich und bona fide die Rücksicht auf politische Selbsterhaltung die Erfüllung eines Vertrags unmöglich macht, die aber trotzdem nicht von dem strikten Wortlaut der Regel umspannt und erfaßt werden.

Mit den letztgegebenen Erörterungen haben wir überhaupt ganz allgemein die Schwierigkeit berührt, an der ausnahmslos jeder Versuch, die clausula durch schärfere Präzisierung ihrer materiellen Voraussetzungen zu verbessern, mit begrifflicher Notwendigkeit scheitert, gleichviel ob man nun dabei an den Gesichtspunkt der Selbsterhaltung oder an irgendwelchen anderen anzuknüpfen bestrebt ist. Es ist nämlich bei der ganzen Lehre praktisch nie über eine peinliche Alternative hinauszugelangen. Entweder man will der ursprünglichen Idee treu bleiben, d. h. die Obernorm Pacta sunt servanda grundsätzlich von der Erstreckung auf alle Fälle ausschliessen, für die sie sachlich nicht angemessen ist. In diesem Falle muß man die den Ausnahmesatz statuierende clausula unbedingt mit einer gewissen Vieldeutigkeit der Ausdrucksform ausstatten, weil sonst der Mannigfaltigkeit des Lebens erschöpfend eben nicht beizukommen ist, öffnet aber damit freilich in der früher geschilderten Weise auch dem dolosen Mißbrauch Tür und Tor. Oder man bemüht sich in erster Linie, letzteren nach Möglichkeit zu verhüten. Dann wird wieder die Klausel allmählich immer enger und spezialisierter gehalten; es tritt alsbald an ihr die Erscheinung hervor, daß, wie in der Logik Inhalt und Umfang der abstrakten Begriffe stets im umgekehrten Verhältnis zu einander stehen, so Entsprechendes auch von abstrakten Rechtsnormen gilt: je mehr eine solche Einzelheiten als Voraussetzungen in sich aufnimmt, desto geringer wird die Zahl der ihr praktisch zu unterstellenden Fälle, womit sie nach der entgegengesetzten Richtung zusehends an Wert verliert. So muß die völkerrechtliche Klauseldoktrin stets zwischen zwei konträren Zielen hin und her schwanken, ohne bei dem Mangel eines internationalen Richters jemals beide gleichzeitig erreichen zu können. —

Auf einem prinzipiell anderen Wege als dem bisher behandelten sucht Rivier[1] eine sachlich beschränktere und damit weniger gefährliche Fassung der clausula rebus sic stantibus zu erhalten: er will nicht die Art und Beschaffenheit der zu fordernden Veränderungen schärfer bestimmen,

---

[1] Über ihn s. § 2, S. 12 bei Anm. 2.

sondern von vornherein, wie bereits gelegentlich[1] bemerkt wurde, blos einen Teil der Staatsverträge, lediglich gewisse Klassen und Gruppen von solchen der rechtlichen Aufhebung infolge späterer Umgestaltung der Verhältnisse unterwerfen. Und zwar läuft seine Ansicht, näher betrachtet, darauf hinaus, daß lediglich bei einem Vertrage „der fortdauernde soziale und politische Verhältnisse regelt, also bei Handelsverträgen, Schiffahrtsverträgen, Niederlassungsverträgen, Post-, Telegraphen-, Münzverträgen, auch Bündnissen und dergl.“ einseitige Lossagung juristisch gestattet sein soll; dagegen hält er die letztere „für nie zulässig bei Verträgen, die ein für alle Mal bestimmt sind, einen definitiven Zustand zu schaffen“, eine Klasse, zu der er „vorzüglich Dispositivverträge wie Friedens- und Grenztraktate“ rechnet.

Es darf mit Bestimmtheit behauptet werden, daß das Ganze eine verfehlte Idee ist. An erster Stelle wäre zu bemerken, daß gerade hier die von uns bereits früher[2] konstatierte Tendenz der Völkerrechtswissenschaft zu rein naturrechtlicher Fortbildung der internationalen Ordnung wieder einmal so recht deutlich zu Tage tritt; wenn wir fragen, wie Rivier zu seiner prinzipiellen Unterscheidung zwischen den Verträgen kommt, so ist von irgendwelchem positiven Nachweis, von praktisch-historischen Belegen dafür, daß die Staaten in dem einen Falle die juristische Aufhebbarkeit der Traktate wollen und in dem anderen nicht, nicht die Rede, sondern lediglich weil der einzelne Autor subjektiv diese Gestaltung für vernünftig und angemessen hält[3], „muß man den Satz aufstellen“, wird die betr. Lehre als gültiges Recht proklamiert. Fernerhin liegt es auf der Hand, daß die versuchte Grenzziehung selbst sehr unsicher und schwankend ausgefallen ist; namentlich

---

[1] S. 13, Anm. 1.

[2] Cf. oben S. 65 ff.

[3] Nebenbei gesagt sind auch noch die von ihm beigebrachten Gründe als äußerst anfechtbar zu bezeichnen.

der Begriff der Dispositivverträge ist ein recht unpräziser, um so mehr, als bei einigen derselben ausdrücklich doch wieder Kündigung zugelassen wird[1]. Und wenn wir schließlich blos diejenigen Verträge ins Auge fassen, bez. deren die einseitige Lösbarkeit mit voller Bestimmtheit von Rivier ausgeschlossen wird, so ist nicht im mindesten einzusehen, warum beispielsweise allen Grenz- und Territorialabmachungen dieses Privilegium odiosum zukommen soll; im Gegenteil kann auch bei ihnen sehr wohl eine materielle Notwendigkeit der Nichterfüllung alter vertragsmäßiger Zusagen sich einstellen, wie u. a. bei dem konkreten Falle, der dem Verfasser zu der ganzen hier vorliegenden Arbeit den ersten Anlaß gegeben hat, aufs Klarste zu beobachten ist[2].

Eine dritte Methode[3], die clausula rebus sic stantibus praktisch annehmbarer und erträglich zu machen, operiert nicht mehr wie die beiden anderen mit möglichster Einschränkung der materiellen Elemente derselben, sondern ist bemüht, das gewünschte Resultat durch Hinzufügung eines formalen Moments zu erreichen. In der völkerrechtlichen Literatur herrscht vielfach eine große Unklarheit darüber[4], wodurch eigentlich das juristische Hinfälligwerden internationaler Verträge eintreten soll: ob unmittelbar schon durch die Veränderung der Umstände als solche oder erst durch die auf sie gestützte Kündigung[5]. Dieser theoretischen Unsicherheit, die manche Spuren auch in dem konkreten Verhalten der Staaten[6] hinterlassen hat, machen

---

1 Vgl. S. 352, Anm. 2.

2 Cf. B. Schmidt, Der schwedisch-mecklenburgische Pfandvertrag über Stadt und Herrschaft Wismar (Leipzig 1901), S. 67 ff.

3 Die übrigens mit den zwei ersten auch kombiniert auftreten kann. Gerade bei den zuletzt genannten Schriftstellern, sowohl Rivier wie v. Liszt, ist das tatsächlich der Fall.

4 Nach den Ausführungen, die Pfaff in seinem schon S. 5, Anm. 2 angezogenen Werke gibt, war ganz die nämliche Erscheinung in der ehemaligen zivilistischen Klausellehre gleichfalls zu beobachten. Cf. a. a. O., S. 20, Anm. 1, S. 72, S. 103, Anm. 1 und öfter.

5 Vgl. oben S. 19 bei Anm. 2.

6 Es versteht sich von selbst, daß methodologisch richtiger hier

nun diejenigen Schriftsteller ein Ende, die mit Entschiedenheit eine ausdrückliche Lossagung von den Traktaten verlangen und hierin ein ausreichendes Korrektiv wider allzugroße Unbestimmtheit der Klausel gefunden zu haben meinen [1].

In der Tat sind dieser Formulierung einzelne Vorzüge gar nicht abzusprechen. Vor allem nach der Richtung hin, daß mit ihr wenigstens ein festes äußeres Kriterium für die fortdauernde Rechtsgültigkeit internationaler Verträge gewonnen ist: wenn man bei der Annahme der Ipso-jure-Wirkung wegen der außerordentlichen Dehnbarkeit der clausula rebus sic stantibus eigentlich von keinem einzigen Uebereinkommen mit voller Bestimmtheit behaupten kann, ob es noch in Kraft steht oder nicht, erscheint nunmehr unbedingt jedes gültig, das nicht expressis verbis gekündigt wurde. Ebenso darf man der modifizierten Fassung eine gewisse Erschwerung des ungerechtfertigten und dolosen

abermals nur von einer Untersuchung des Willens dieser hätte ausgegangen werden sollen. Da dies jedoch nicht der Fall war, vielmehr die Klausellehre, wie überhaupt, so auch in dieser Beziehung rein subjektiv doktrinär entwickelt wurde, so mußten von ihr natürlich umgekehrt diejenigen Staaten sachlich beeinflußt werden, die erst hinterher (cf. oben S. 58) die bequeme, ihnen dargebotene Theorie zu fruktifizieren und in die Praxis umzusetzen suchten. Demgemäß findet sich eben das im Text erwähnte Schwanken der Wissenschaft u. a. auch getreulich wieder in dem russischen Rundschreiben vom 19./31. Oktober 1870 über die Aufhebung der Neutralisierung des Schwarzen Meeres, denn dort heißt es das eine Mal: „Sa Majesté Impériale ne saurait se considérer plus longtemps comme liée aux obligations du traité de 18/30 mars 1856" (hier wird offenbar die Annahme einer Ipso-jure-Wirkung angedeutet), gleich darauf aber auch: „Sa Majesté Impériale se croit en droit de dénoncer la convention" (in diesen Worten ist nur von einem spezifischen Recht auf Kündigung die Rede).

[1] Vgl. z. B. Nippold, Der völkerrechtliche Vertrag, seine Stellung im Rechtssystem und seine Bedeutung für das internationale Recht, S. 240: „Der Vertrag erlischt nicht ipso jure, sondern er muß unter Berufung auf die Klausel gekündigt werden. Die Gefahr des Mißbrauchs derselben ist sonst zu groß." Völlig übereinstimmend Ullmann, Völkerrecht, S. 177: „Es liegt in den Bedingungen eines rechtlich geordneten Staatsverkehrs die Forderung, daß in einem selbständigen Akte der Wille, das bestehende Vertragsverhältnis aufzuheben, der Gegenpartei zum Ausdruck gebracht werde, nämlich durch Kündigung des Vertrags. Die Kündigung fungiert hier zugleich als Mittel zur Verhütung des Mißbrauchs."

Vertragsbruchs insofern wirklich nachrühmen, als die Notwendigkeit, den Traktat formell aufsagen und dies im einzelnen auch begründen zu müssen, vielleicht manchen Staat von der einseitigen Aufhebung zurückhalten wird.

Freilich ist gleichzeitig davor zu warnen, von dem letzteren Moment gerade allzuviel zu erwarten; ist doch das hauptsächlichste und schlimmste Übel der ganzen Klausellehre, die eigentliche radix malorum, noch immer unausrottbar vorhanden. Wie wir aus § 7 (oben S. 78) wissen, besteht dasselbe darin, daß die Staaten durch die clausula in den Stand gesetzt werden, heuchlerisch den wahren Sachverhalt zu maskieren, den schamlosesten Vertragsbruch zu begehen, ohne ihn doch offen als solchen eingestehen zu müssen. Das ist aber unter den neuen Verhältnissen kaum weniger der Fall als unter den alten. Im Grunde bedeutet es doch bloß eine kleine Verschiebung, wenn man nicht mehr sagt „das objektive Völkerrecht erklärt Verträge, seit deren Abschluß wesentliche Veränderungen vor sich gegangen sind, direkt für aufgehoben", sondern die Sache so formuliert „Es gewährt unter diesen Umständen dem Verpflichteten ein Recht der Traktatskündigung"; das Eine wie das Andere kann offenbar dem bösen Willen gleichmäßig als juristischer Deckmantel dienen, weshalb es, sobald ein Staat einmal fest entschlossen ist, unter nichtigen Vorwänden sich über früher übernommene Verbindlichkeiten hinwegzusetzen, für ihn schwerlich noch viel ausmachen wird, auch die ausdrückliche Lossagung zu vollziehen.

So wären wir denn immer wieder zu der Erkenntnis zurückgedrängt, daß die Klausellehre unter allen Umständen, auch in ihren Um- und Fortbildungen, ein recht bedenkliches Geschenk darstellt, welches die Theorie der Praxis gemacht hat, daß sie, sie mag des Näheren formuliert sein wie sie will, stets nur unendlich mehr zu schaden als zu nützen vermag. Das Ganze ist ein recht charakteristisches

Beispiel dafür, wie leicht auch die beste Absicht in der Wahl der Mittel sich vergreifen und dann geradezu das Gegenteil des gewollten Erfolges herbeiführen kann. Denn blos der materiellen Gerechtigkeit gedachte die Doktrin durch sachgemäße und feinere Ausgestaltung des internationalen Normensystems zu dienen, und sie hat doch lediglich der Ungerechtigkeit formal-juristische Waffen geliefert.

Vierter Abschnitt.

Der berechtigte Kern der ganzen Lehre.

§ 9.

Die clausula rebus sic stantibus bildet weder zur Zeit eine positiv-gültige Norm des durch die Staaten für ihren wechselseitigen Verkehr geschaffenen Völkerrechts, noch hat sie wegen ihrer eminenten Gefährlichkeit in Zukunft Aussicht, von jenen zu einer solchen erhoben zu werden — das ist das Ergebnis, zu welchem unsere bisherigen Untersuchungen notwendig geführt haben. Damit ist festgestellt, daß streng juristisch an der Geltung des Satzes Pacta sunt servanda schlechthin und prinzipiell festgehalten werden muß: er ist in der heutigen Internationalordnung durch keine rechtlich wirksamere Ausnahmsregel durchbrochen und wird es aller Voraussicht nach auch niemals werden. Seine starre und unbeschränkte Statuierung scheint nun freilich mit gewissen praktischen Erwägungen nicht zusammenstimmen zu wollen, die bei tieferem Eingehen auf die Sache jedem von selbst sich aufdrängen, und die auch in der völkerrechtlichen Literatur schon oftmals nachdrückliche Formulierung gefunden haben, in besonderer Schärfe z. B. durch den portugiesischen Staatsmann und Publizisten Pinheiro-Ferreira, dessen Ausführungen hier in extenso zitiert werden mögen. Derselbe sagt in einem seiner Werke [1] wörtlich folgendes.

[1] Noten zu G. F. von Martens, Précis du droit des gens moderne de l'Europe, Ausgabe von 1864, T. I, S. 176/178.

Ce n'est pas parce que deux gouverments ont conclu ensemble telle ou telle convention que leurs nations sont tenues d'en accomplir les obligations, mais parce que les rapports d'où ces obligations dérivent, continuent d'avoir lieu entre les deux peuples, que ceux-ci (aussi bien que si c'étaient deux individus dans la société) sont tenus d'observer les stipulations du contrat. — Du moment que ces rapports existent, la réciprocité des devoirs qui en est la suite nécessaire, commencera d'avoir lieu et continuera aussi longtemps que ces rapports subsistent. Aussi du moment où les rapports d'où ces devoirs tiraient leur origine auront cessé, l'une des parties aura beau alléguer les conventions contractées avec elle et signées par l'autre, celle-ci est autorisée à lui répondre qu'on ne saurait concevoir l'existence d'un effet après que la cause a cessé d'exister; et cette réponse qui serait catégorique entre deux individus qui auraient contracté en vue des circonstances qui ont cessé d'exister pour tous les deux et sans la faute ni de l'un ni de l'autre, acquiert une force irrésistible lorsqu'il est question de deux nations; car, dans le premier cas, il y a identité des personnes contractantes, tandis que dans l'autre, ceux qui ont contracté ne sont plus ceux qui devaient accomplir. Or, ce que les trépassés ont contracté entre eux, ne saurait obliger les vivants qu'autant que cela peut être compatible avec les intérêts et des uns et des autres; et il serait de la dernière absurdité de prétendre que la géneration actuelle d'un pays doit faire le sacrifice de ses intérêts à la génération actuelle de l'autre, parce que les gouvernements de jadis, non contents de commander à leurs contemporains, se sont follement imaginés que, même après leur trépas, ils continueront de commander à toutes générations dans l'avenir.

Suchen wir den in diesen Sätzen enthaltenen Grundgedanken aus dem nebensächlichen Beiwerk herauszuschälen und scharf zu bestimmen, so ergibt sich offenbar als Pinheiro-Ferreiras Meinung dies: Wie alles Recht überhaupt, so stellt auch jeder konkrete Internationalvertrag stets den formellen Ausdruck materieller Verhältnisse und Interessenzustände dar: die Parteien haben ihn geschlossen, weil sein Inhalt damals beiden gleichmäßig angenehm und vorteilhaft erscheinen mußte[1]. Dieser Sachverhalt, daß der eine wie der andere Staat bei dem Traktat seine Rechnung findet und an ihm interessiert ist, kann unter Umständen ein dauernder sein; dann bleibt notwendig auch der Vertrag die richtige und zutreffende Formel realgegebener Zustände und deshalb in permanent unangefochtener Wirksamkeit. Die ehemaligen Verhältnisse können sich aber auch später von Grund aus ändern, dergestalt, daß, während früher das dringendste Staatsinteresse den Abschluß des Traktats gebot, es jetzt gerade umgekehrt seine Nichteinhaltung verlangt; in diesem Falle hat der Vertrag seine materielle Grundlage durchaus verloren. Bei der ausnahmslosen Proklamierung der Regel Pacta sunt servanda wird aber das Letztere außer Acht gelassen: sobald jeder einmal abgeschlossene Vertrag auf die Dauer rechtliche Gültigkeit bewahren soll, erhebt die Vergangenheit die durch nichts begründete Prätension, auch Gegenwart und Zukunft unwandelbar zu binden[2]; man sucht, indem der nur aus der früheren Interessenlage hervorgegangene und zu begreifende Traktat jetzt auch ohne sie aufrechterhalten wird, längst entschwundene Zustände künstlich zu petrifizieren, und tritt dadurch zu der lebendigen Wirklichkeit in allerschärfsten Wider-

[1] Selbst bei einem Übereinkommen, das äußerlich betrachtet für den einen Partner nichts wie schwerste Opfer mit sich bringt, kann das sehr wohl der Fall sein. Wenn beispielsweise die eine Macht der anderen durch Friedenstraktat wertvolle Provinzen zediert, so tut sie dies aus der Erwägung heraus, daß sie sonst, bei hartnäckigem Widerstande, von ihrem Gegner im Wege der debellatio vielleicht gänzlich niedergeworfen und ihrer politischen Selbständigkeit überhaupt beraubt werden würde, eine Aussicht, mit der verglichen der Verlust eines Teils des Staatsgebiets immer noch das kleinere Übel darstellt. Vgl. Held, in Rotteck-Welckers Staatslexikon, Bd. 14 (3. Aufl. 1866), S. 594: „Ein Völkervertrag kann, obgleich höchst beschwerend, ja lähmend, doch im ersten Augenblick und auf einige Zeit ein Selbsterhaltungsvertrag sein —."

[2] Vgl. den ähnlichen Gedankengang Jellineks, oben S. 10.

spruch. Da das aber für ein wahrhaft gutes und brauchbares Recht sicherlich unzulässig ist, so bedarf eben die obengenannte Völkerrechtsnorm unbedingt einer entsprechenden Korrektur.

Daß eine solche wirklich nötig ist, wird so leicht kein Verständiger in Abrede stellen; niemand, der die Dinge tiefer zu durchdenken bemüht ist, wird in der Regel Pacta sunt servanda unter allen Umständen der Weisheit letzten Schluß erblicken wollen. Daß jedoch die erforderliche Korrektur gerade in Form eines neuen juristischen Satzes vorgenommen werden müßte, diese von so vielen und offenbar auch von Pinheiro-Ferreira ganz selbstverständlich gefundene Folgerung ist damit noch nicht begründet, vielmehr auf's Entschiedenste zu bekämpfen. Nur derjenige, der das Recht als prinzipiell selbständige Welt, als „abseits gelagertes eigenes Reich"[1] anzuschauen gewohnt ist, wird zu derartigen Konsequenzen mit Notwendigkeit gedrängt werden, weil er sich nunmehr naturgemäß auch alles Heil und alle Abhilfe stets blos in spezifisch juristischen Formen vorzustellen vermag; wer es dagegen in der allein zulässigen Weise nicht isoliert und abgeschlossen, sondern als integrierenden Bestandteil des sozialen Gesamtlebens, dem Einflusse des letzteren stets unterworfen und ausgesetzt, zu erfassen strebt, der wird für manche Schwierigkeit, welcher der andere wohl oder übel[2] immer wieder nur durch das Recht selbst beizukommen sucht, ohne und gegen dieses eine befriedigende Lösung finden[3]. Die Sache gestaltet sich alsdann einfach so, daß auf der einen Seite der betr. formal-juristische Satz konstatiert wird und ohne jede, ihm selbst wesensgleiche Einschränkung bestehen bleibt, daß aber anderseits auch die Macht der Tatsachen als allgemeines, faktisch wirksames Gesetz sich betätigt, daß sie

[1] Stammler, die Lehre von dem richtigen Recht (1902), S. 6.

[2] Fast regelmäßig gerät man dabei an irgendeiner Stelle rettungslos in den Flugsand des Naturrechts hinein. Vgl. hierzu oben S. 27.

[3] Auf das ganze, hier angedeutete Problem wird später, in § 16, nochmals zurückzugreifen sein (s. S. 197 ff., bes. S. 201 f.).

fortlaufend in concreto der widerstrebenden Rechtsnorm die nötigen Ausnahmen abringt und damit schließlich doch eine regelmäßige Einzelkorrektur derselben herbeiführt[1].

Freilich ist hier der Einwand zu erwarten, die Sache werde dadurch auf ein Gebiet hinüber gespielt, welches für die theoretische Betrachtung überhaupt nicht mehr geeignet und zugänglich sei; daß die generellen Rechtsvorschriften sich praktisch oftmals nicht durchzusetzen vermöchten, sei ja ganz zweifellos und anerkannt; es lasse sich aber mit solchen rein faktischen Vorkommnissen für die Wissenschaft des Rechts weiter nichts anfangen, weshalb sie auch in dieser irgendwelche Berücksichtigung nicht beanspruchen dürften.

Der Einwurf hat seine volle Berechtigung insoweit, als die überwiegende Masse des Zuwiderhandelns gegen juristische Normen in Frage kommt. Denn da dasselbe aus rein individuell bedingten, konkret eigenartigen Verhältnissen und Zuständen hervorzugehen pflegt, so kann wirklich die ihre Aufgabe unter generellen Gesichtspunkten erfassende Rechtswissenschaft regelmäßig zu ihm keine andere Stellung einnehmen, als daß sie die weiterer Allgemeinbearbeitung weder fähige noch bedürftige Tatsache konstatiert, jede Regel vermöge unter Umständen übertreten zu werden. Das ändert sich jedoch vollständig, sobald unter gewissen genau bestimmbaren Voraussetzungen mit konstanter Regelmäßigkeit die Nichteinhaltung eines Rechtssatzes zu beobachten ist: hier handelt es sich sicherlich nicht mehr um eine bloße Summe unter sich zusammenhangs-

[1] An den anscheinenden Selbstwiderspruch („allgemein wirksames Gesetz" und „in concreto", „regelmäßige Einzelkorrektur") wolle man sich nicht stoßen, um mich nicht mißzuverstehen. Ich verweise schon hier darauf, daß er im folgenden, an passender Stelle (vgl. bes. S. 111 f., 123, 149, 215 f. [auch S. 222, Anm. 4]) seine genügende Aufklärung finden wird. Ich bin in dieser Beziehung etwas vorsichtig geworden, seitdem mir Rehm in einer Besprechung meiner Studie über den Staat eine Reihe von „Widersprüchen" vorgeworfen hat (cf. Kritische Vierteljahrsschrift, Bd. 39, S. 262 f.), die nach Sinn und Zusammenhang sämtlich gar keine sind (vgl. oben S. 2, Anm. 2).

loser Einzelfakta, sondern es kommt darin geradezu eine allgemeine, dem abstrakten Recht durch das reale Leben unübersteigbar gesetzte Schranke zu empirischem Ausdruck. Eine solche darf aber auch die spezifische Rechtswissenschaft nicht prinzipiell ignorieren, denn wie man überhaupt ein Ding nur dann ganz zutreffend zu erfassen und begrifflich zu bestimmen vermag, wenn man seine natürliche, ihm wesentlich eignende Begrenzung genau kennt, so ist ganz entsprechendes insbesondere vom Rechte gleichfalls zu behaupten.

Es ist nun sehr interessant, zu sehen, daß auch schon bei dem innerstaatlichen Rechtssystem zahlreiche Erscheinungen zu finden sind, die meines Erachtens nur unter Zuhilfenahme des eben angedeuteten Gesichtspunkts vollbefriedigend sich begreifen lassen. Zwar kommen dabei wegen der essentiellen Verschiedenheit, die zwischen der völkerrechtlichen Ordnung und jenem obwaltet, Gebilde in Betracht, welche von der nachher zu gebenden Konstruktion der internationalen clausula rebus sic stantibus noch sehr bedeutend differieren; bei alledem besitzen aber beide doch auch wieder soviel Verwandtes, daß es für die prinzipielle Erfassung der letzteren nur vorteilhaft sein kann, wenn wir jetzt, in einem kleinen Exkurse, zunächst einige von den ersteren besprechen.

Vor allen Dingen ist da der theoretisch wie praktisch verhältnismäßig spät entwickelte Begriff des kriminalen Notstandes zu nennen. Von den drei verschiedenen Auffassungsmöglichkeiten, die bei der näheren Konstruktion desselben in der Wissenschaft vertreten sind, d. h. von der Zuerkennung eines spezifischen Notrechts[1] an die in einer „gegenwärtigen Gefahr für Leib und Leben“[2] befindlichen

---

[1] Vgl. u. a. Lasson, System der Rechtsphilosophie (1882), S. 460/461.

[2] Oder wie sonst die Detailpräzisierung der materiellen Voraussetzungen des Notstands in der einzelstaatlichen Legislative ausgefallen sein mag. Das Obige ist bekanntlich die Fassung, die von dem deutschen Reichstrafgesetzbuch in § 54 gegeben wird.

Personen, von der Annahme ferner, daß hier „die Rechtsordnung weder erlaubt noch verbietet, sondern, ihrer Ohnmacht bewußt, gewähren läßt“[1], endlich von der Statuierung eines einfachen Strafausschließungsgrunds[2], ist meines Erachtens die letztgenannte als diejenige zu bezeichnen, die für die ganze Sache die zutreffendste, rechtssetzungspolitisch empfehlenswerteste[3] Formulierung findet. Und zwar hauptsächlich aus folgenden Erwägungen.

Alle drei Richtungen sind darin einig, daß das gesamte Institut als eine notgedrungene Konzession an faktisch vorhandene Zustände anzusehen ist. Immer von neuem mußte man die Wahrnehmung machen, daß im Falle der Kollision zwischen rechtlich anerkannten Interessen verschiedener Individuen der Mensch wegen des natürlichen, ihm eingepflanzten Egoismus sich regelmäßig für Verletzung der fremden Rechtsgüter entscheidet, unbekümmert um die zum Schutze derselben erlassenen staatlichen Strafandrohungen, und so kam man schließlich zu der resignierten Einsicht, daß eine wahrhaft verständige Kriminalpolitik hierauf von vornherein praktische Rücksicht zu nehmen, den realgegebenen Machtfaktoren auch ihrerseits gewisse Zugeständnisse zu machen habe[4]. Diesen Zweck suchen nun die

---

[1] v. Liszt, Lehrbuch des deutschen Strafrechts, 8. Aufl. 1897, S. 144.

[2] Vgl. z. B. die Ausführungen Birkmeyers in der 1901 von ihm herausgegebenen „Enzyklopädie der Rechtswissenschaft“, S. 1085 f.

[3] Darin ist enthalten, daß ich durchaus nicht de lege lata ein Urteil darüber abgeben will, wie die Frage in den geltenden Strafgesetzbüchern positiv entschieden worden ist; mit anderen Worten, ich erkenne vollständig an, daß in diesen sowohl das Prinzip des Notrechts wie das der bloßen juristischen Indifferenz vielfach ausgesprochen sein mag, und behaupte nur, daß diese Art der Regelung den wirklichen Bedürfnissen nicht völlig gerecht wird. Für das uns nächstliegende Beispiel übrigens, also für das deutsche Strafrecht, bin ich allerdings der Meinung, daß hier von Anfang an lediglich ein Strafausschließungsgrund im Sinne Birkmeyers statuiert werden sollte, und daß auch nach dem Inkrafttreten der einschlagenden Bestimmungen des B.G.B. (§§ 228 u. 904) daran nichts geändert worden ist (zu letzterem Punkte vgl. u. a. Auer, Der strafrechtliche Notstand und das Bürgerliche Gesetzbuch, 1903, S. 28/29).

[4] Vgl. hierzu die allgemeinen, von Wach, Die kriminalistischen Schulen und die Strafrechtsreform (1902), S. 25, formulierten Prinzipien.

zwei ersten Lehrmeinungen in der Weise zu erreichen, daß sie das normale, direkt an alle Untertanen sich wendende Regelsystem selber einer entsprechenden Korrektur unterwerfen, die eine positiv, durch Einfügung einer ausdrücklichen Ermächtigung zu Gunsten der in Notstand geratenen Subjekte, die andere wenigstens negativ, in der Form, daß sie die generellen Gebote „Du sollst nicht töten" etc, insoweit als außer Gültigkeit stehend erachtet wissen will. Indes das führt, unter allgemein rechtsphilosophischen Gesichtspunkten betrachtet, beide mal zu einem doch recht wenig befriedigenden Ergebnis. Denn soviel wird sich schwerlich bestreiten lassen: der sozialethisch am meisten wünschenswerte Zustand, das wahrhaft anzustrebende Ziel wäre erst dann verwirklicht, wenn die Menschen in der Tat den „sittlichen Heroismus" besäßen, daß sie lieber ihre eigenen Interessen verloren geben, als fremde im geringsten schädigen möchten. Warum soll nun das Recht auf jede erziehliche Einwirkung nach dieser Richtung hin ganz verzichten, warum soll es seinen eigenen Imperativ, der doch wenigstens bei dem einen oder anderen jenes moralisch höchststehende Verhalten mit erzeugen helfen mag, selbst der Gültigkeit berauben und so von sich aus ein immerhin nicht zu unterschätzendes Motiv zu demselben außer Kraft setzen? Viel besser und teleologisch weit vorzuziehen wäre es sicherlich, falls sich ein Weg entdecken ließe, der diesen unerwünschten Nebeneffekt vermeidet und gleichzeitig doch erlaubt, sich mit den faktisch nun einmal bestehenden Verhältnissen in ausreichender Weise abzufinden. Einen solchen Weg bietet aber jene dritte Auffassung der Notstandslehre wirklich dar. Indem dieselbe nämlich die Notstandshandlung auf der einen Seite für straffrei erklärt, trägt sie vollwirksam der Macht der Tatsachen den nicht zu verweigernden Tribut ab; sie nimmt den deutschrechtlich formulierten Erfahrungssatz „Not kennt kein Gebot" als etwas hin, was sie wohl anders wünschen möchte, was aber doch so, wie es in Wahrheit ist, gebührende Berücksichtigung erheischt. Und andrerseits, indem sie die Notstandshandlung trotzdem als verboten und rechtswidrig behandelt, lediglich die strafrichterlichen Organe des Staats ausnahmsweise zum Nichteinschreiten verpflichtet sein läßt, vermeidet sie den sozialpädagogischen Fehler, der in der kanonistischen Lehre „necessitas non habet legem" enthalten ist: dadurch daß das Recht die an die Untertanen adressierte Befehlsnorm als solche durchaus aufrecht erhält, geht es nicht bis zu dem Punkte, sich seinerseits mit einem sittlich jedenfalls recht anfechtbaren Verhalten derselben irgendwie einverstanden zu erklären, sondern sucht dieses vor wie nach zu bekämpfen, soweit es bei verständiger Rücksichtnahme auf die real vorhandenen Zustände eben möglich und ratsam ist.

Im Gegensatz zu dem bisher erörterten Notstandsbegriff, der seine eigentliche und ursprüngliche Ausbildung nur durch das Strafrecht gefunden hat und für dieses auch in Zukunft wenigstens überwiegende Bedeutung behalten wird, entnehme ich das zweite Beispiel einem anderen Teil des innerstaatlichen Normensystems, dem Privatrecht, nämlich die zivilistische Verjährung, speziell die extinktive Art derselben. So gut wie überall, selbst auf verhältnismäßig noch recht unvollkommenen Stufen der juristischen Entwicklung, stoßen wir in irgend einer Form auf den Grundsatz, daß rechtlichen Ansprüchen der einen Person wider die andere dann fernere Wirksamkeit zu versagen sei, wenn seit ihrer Begründung schon ein beträchtlicher (nur praktisch-positiv sehr verschieden bemessener) Zeitraum verstrichen ist. Was für Gründe zur Statuierung dieses Prinzips mit zwingender Notwendigkeit geführt haben, davon braucht hier nicht ausführlich gesprochen zu werden; sind doch die einschlagenden Momente (insbesondere der mächtige Einfluß, den schon der einfache Zeitablauf als solcher auf das menschliche Gemüt ausübt, dann die immense, durch ihn eintretende Erschwerung der Feststellung der wahren juristischen Sachlage, die sozial-politische Verfehltheit eines Zustands, bei dem jeden Augenblick jedes vorhandene Verhältnis in Frage gezogen und damit die Streitmöglichkeit und Ungewißheit in Permanenz erklärt werden könnte, usw. usw.) bereits von so vielen und so überzeugend dargetan worden [1], daß die grundsätzliche Rechtfertigung, ja Unentbehrlichkeit des Verjährungsinstituts heute so leicht von niemandem mehr angezweifelt werden wird.

Indes trotz dieser rückhaltlosen Anerkennung des Prinzips darf und muß die Kritik doch jedenfalls insoweit einsetzen, als die Art, wie dieselbe zur praktischen Durchführung gelangt, in Betracht kommt. Als gegenwärtig herrschende Meinung kann in dieser Beziehung wohl dies gelten, daß durch den Ablauf der Verjährungszeit das betreffende Recht selber gänzlich erlöschen und juristisch aufgehoben werden soll. Damit vermag man sich jedoch, abermals aus universal-teleogischen Erwägungen heraus, keineswegs einverstanden zu erklären. Denn „es ist nicht zu leugnen, daß das natürliche Rechtsgefühl die verjährte Schuld nicht weniger als Schuld anerkennt; der rechtliche Mann erfüllt sie, obgleich sie verjährt ist“ [2]. Mit dieser allein zu billigenden Beurteilung des Sachverhalts tritt aber das Recht in offenkundigen Widerspruch, sobald es nach dem oben angegebenen Rezept verfährt; es macht sich gewissermaßen zum Komplizen des böswilligen Schuldners, setzt direkt eine Prämie auf moralisch verwerfliches Verhalten, wenn es erklärt: „In Ansehung, daß du es verstanden hast, dich 30 Jahre lang der Erfüllung einer zweifellosen Verbindlichkeit, etwa auf Rückgabe eines empfangenen Darlehns, zu entziehen, erkläre ich dich jetzt zur Anerkennung deiner Gewandtheit überhaupt jeder Pflicht für los und ledig.“ Will man das Recht diese, es schon durch den bloßen An-

---

[1] Vgl. aus neuerer Zeit Stammler, vom richtigen Rechte, S. 263.

[2] Windscheid, Pandekten, § 112, N. 5. Ähnlich auch Stammler, a. a. O., S. 264: Zitierung des volkstümlichen Sprichworts „Hundert Jahre Unrecht ist keine Stunde Recht“, S. 457: „Auch das Bezahlen von verjährter Schuld ist eine Pflicht des richtigen Rechts.“

schein schwer herabwürdigende Rolle nicht spielen lassen, ebensowenig aber auch auf sachgemäße Berücksichtigung der gewaltigen, dem Zeitablauf unleugbar innewohnenden Macht völlig Verzicht leisten, so wird man ganz von selbst auf das nämliche Auskunftsmittel zurückgelangen müssen, welches wir vorhin bereits beim Notstand kennen gelernt haben; d. h. genau wie es dort der Fall ist, empfiehlt sich wiederum, die Rechtspflicht als solche unverändert fortbestehen zu lassen, dagegen den realgegebenen Verhältnissen in der Weise Rechnung zu tragen, daß den jurisdiktionellen Organen des Staats die Weisung erteilt wird, sie möchten unter gewissen Voraussetzungen die sonst von ihnen vorzunehmende Tätigkeit unterlassen, denjenigen zivilistischen Ansprüchen nicht mehr zur Verwirklichung verhelfen, bei welchen ihnen eine bestimmte längere Frist als seit der Begründung verflossen dargetan wird[1].

Das dritte und letzte Beispiel mag in der Weise gewählt werden, daß jetzt, nach Straf- und Privatrecht, auch

[1] Kaum der Hervorhebung bedarf es wohl, daß auf die obigen Darlegungen die Note 3 der Seite 99 ebenfalls sinngemäße Anwendung leidet, will sagen, daß ich auch bez. des Verjährungsproblems lediglich de lege ferenda meine Ausführungen gemacht habe. Was die wirkliche Ordnung des Verhältnisses in einzelnen positiven Rechtssystemen betrifft, so glaube ich, z. B. im römischen Recht die von mir vertretene Auffassung tatsächlich wiederfinden zu können. Für dasselbe sehe ich nämlich die Ansicht von Savigny, Puchta und anderen als die richtigere an, daß auch nach Ablauf der Verjährungszeit von persönlichen Ansprüchen noch eine „obligatio naturalis“ übrig bleibt. Da nun das Wesen dieser, im großen und ganzen übereinstimmend, dahin definiert wird, daß hier eine juristisch existente, aber des Klagerechts ermangelnde Verbindlichkeit gegeben ist und weiterhin die letztere Befugnis an und für sich gar keinen integrierenden Bestandteil des eigentlichen und ursprünglichen Anspruchs bedeutet, sondern einen ganz „neuen, an bestimmte staatliche Organe erlassenen Imperativ“ (Thon, Rechtsnorm und subjektives Recht, S. 226) darstellt, so würde demgemäß jener eben als noch immer vorhanden, der einfache Normenschutz als durch Verjährung nicht entzogen zu gelten haben. — Für das heutige deutsche Privatrecht wage ich, angesichts des Wortlauts des § 222 B.G.B. sowie mancher anderer wichtiger Momente, Entsprechendes nicht zu behaupten; immerhin ist zu beachten, daß auch bei diesen teilweise, z. B. von Bernhöft, die Meinung geäußert wird, eine Vollendung der Verjährungsfrist bewirke bloß Verlust des Klagrechts, lasse dagegen den Tatbestand einer „natürlichen Verbindlichkeit“ ganz unberührt.

noch das spezifische Staatsrecht zu Worte kommt. Wenn u. a. § 5 der Badischen Verfassung sagt „Die Person des Großherzogs ist heilig und unverletzlich“, so schließt dieser in konstitutionellen Gemeinwesen ja überaus häufig wiederkehrende Satz neben manchem sonstigen Material auch dies nach allgemeiner Übereinstimmung mit ein, daß das monarchische Staatsoberhaupt für Handlungen, die, von einem anderen begangen, den Tatbestand eines strafrechtlichen Delikts verwirklichen würden, nicht zur kriminalen Verantwortung gezogen werden darf. Mit dieser Privilegierung bezweckten jedoch die Verfassungen ganz sicher nicht, dem Fürsten eine juristische Befugnis zu gewähren, nach Belieben zu verleumden, zu morden, Körperverletzungen zu begehen etc.; vielmehr sucht sich der Staat nur in geeigneter Weise damit abzufinden, daß hier wegen der tatsächlich vorliegenden Verhältnisse eine praktische Durchsetzung seiner allgemein erlassenen Rechtsgebote entweder gar nicht oder bestenfalls bloß unter den allergrößten Erschwernissen und Unzuträglichkeiten zu erreichen wäre[1]. „Der Verfolgung des Staatsoberhaupts wegen eines Verbrechens steht teils der Umstand im Wege, daß die Gerichte dem König unter-, nicht übergeordnet sind, teils die Ehre der Krone und das Staatsinteresse, welche den Skandal eines Kriminalprozesses gegen den Monarchen und die damit verbundene Gefahr für die öffentliche Ruhe nicht ertragen. Es erscheint als ein geringeres Übel, wenn ein einzelnes Verbrechen des Souveräns ungeahndet bleibt, als wenn durch das Strafverfahren die Rechtsordnung und der Friede des gesamten Staats erschüttert würde“.[2] Zur ausreichenden Vermeidung aller dieser Übelstände ist aber eine Revision der normaljuristischen Ordnung als solcher,

[1] Darüber, daß das Prinzip der monarchischen Unverantwortlichkeit aus rein politischen Erwägungen und nur solchen zu erklären ist, siehe auch v. Frisch, Die Verantwortlichkeit der Monarchen und höchsten Magistrate (1904), S. 104, 128 ff.

[2] Bluntschli, Lehre vom modernen Staat, 6. Aufl., besorgt von E. Loening, II, S. 207/208.

eine personale Außerkraftsetzung der Imperative „Du sollst nicht töten“ usw. absolut kein unumgängliches Erfordernis; vielmehr genügt es zu dem Zwecke schon vollständig, wenn den kriminalen Behörden die Pflicht strikter Passivität sämtlichen etwaigen Verbrechen des Monarchen gegenüber auferlegt wird, und tatsächlich ist dies denn auch diejenige Ordnung des Verhältnisses, die der Staat in und durch den vorhin genannten publizistischen Grundsatz in Wahrheit hat treffen wollen[1].

Zu den bisher von uns namhaft gemachten Fällen, zu dem kriminalen Notstandsinstitut, der zivilistischen Verjährung, der staatsrechtlichen Unverantwortlichkeit des Monarchen, ließen sich noch zahlreiche andere aus den verschiedensten Gebieten des innerstaatlichen Normensystems hinzufügen; doch wird an dieser Stelle nach Lage der Dinge auf die Anführung noch weiterer Belege wohl besser verzichtet[2]. Suchen wir statt dessen jetzt übersichtlich hervorzuheben, was, speziell für die Zwecke der vorliegenden Arbeit, schon aus den drei erörterten Beispielen mit Sicherheit gewonnen ist, so zeigt sich folgendes. An sehr mannigfachen Stellen, bei inhaltlich äußerst heterogenen Verhältnissen kann sich im innerstaatlichen Recht die Konstellation ergeben, daß übergewaltig sich betätigenden faktischen Zuständen und Momenten eine gewisse Einflußnahme auf

---

[1] Ganz mit dem Obigen übereinstimmend ist z. B. die Art, wie Rosin, Souveränetät, Staat, Gemeinde, Selbstverwaltung (1883), S. 14, Anm. 3. „das Wesen der strafrechtlichen Unverletzlichkeit des Königs“ charakterisiert: „Die Norm ‚du sollst nicht morden‘ gilt auch für den König nicht bloß als Satz der Moral oder Religion, sondern auch als Satz des Rechts; nur der im Falle der Verletzung dieser Norm an den Strafrichter gerichtete Befehl, in Gemäßheit des Gesetzes zu strafen, zessiert dem Monarchen gegenüber.“ — Aus dem Gesagten folgt übrigens, daß man in unserem Falle richtiger gar nicht von einem, dem Souverän subjektiv zustehenden „Recht der Unverantwortlichkeit“ sprechen sollte, sondern daß für ihn höchstens eine Art der sogen. Reflexrechte anzunehmen ist. Vgl. hiermit das, was Jellinek, System der subjektiven öffentlichen Rechte, S. 143 (verbunden mit S. 74 ff.), über den Gegenstand bemerkt.

[2] Weitere Beispiele werden in anderem Zusammenhange noch erörtert werden. Vgl. unten S. 203 ff. [auch S. 212, Anm. 1].

die vorausschauende Regulierung des gesamten Soziallebens unbedingt zugestanden werden muß, daß aber gleichzeitig bestimmte Gründe es dringendst widerraten, dies in Form einer Modifikation des prinzipiell gültigen Rechtssystems selber zu tun. Aus dieser Verlegenheit vermag sich der Staat am bequemsten dadurch zu helfen, daß er einfach seine mit der konkreten Realisierung des abstrakten Rechts betrauten Organe dahin instruiert, sie sollten unter den und den Umständen ausnahmsweise von jeder Betätigung ihrerseits absehen: auf diese Weise ergibt sich ganz von selbst das nach allen Seiten befriedigende Resultat, daß das Recht einen praktisch eo ipso aussichtslosen Kampf mit übermächtigen Tatsachen von vornherein klug vermeidet, daß es sich damit die Unannehmlichkeit einer fortgesetzten Reihe eklatanter Niederlagen erspart, und dies doch nicht um den Preis einer Verleugnung anderer wichtiger Rücksichten zu erkaufen braucht. Überall nun, wo der Staat von diesem Mittel wirklichen Gebrauch gemacht hat, stellt sich für die Untertanen der normalen und gewöhnlichen Rechtsordnung ein ganz eigenartiges Verhältnis heraus. Der Staat hat ihnen gegenüber beispielsweise die generelle Vorschrift, „du sollst das empfangene Darlehen zurückzahlen", erlassen, und nimmt sie auch für den Fall abgelaufener Verjährungszeit formell keineswegs zurück; darin ist enthalten, daß dieselbe eine ihr selbst wesensgleiche Einschränkung nicht erfahren hat. Andrerseits ist aber auch stets von neuem die Erscheinung zu beobachten, daß diese Norm unter gewissen Voraussetzungen nie zur praktischen Realisierung und Durchführung gelangt; d. h., eine sehr weitgehende und wichtige Einengung derselben muß denn doch als zweifellos vorhanden anerkannt werden, bloß daß diese nach Lage der Sache — immer von den Untertanen und dem für sie gültigen Recht aus gesehen[1] —

[1] Einzig diese Seite des Verhältnisses kommt hier überhaupt in Frage. Nach anderer Richtung hin von Wichtigkeit und deshalb für eine erschöpfende Beurteilung der Sache notwendig heranzuziehen ist

nicht als technisch-juristische, sondern lediglich faktisch-existente, qualifiziert werden darf.

Vielleicht mag nun etwas Ähnliches auch bei der völkerrechtlichen Lehre von der clausula rebus sic stantibus zu konstatieren sein.

§ 10.

Wenn wir jetzt daran gehen, den in dem vorigen Paragraphen besprochenen innerstaatlichen Phänomenen ein internationales Analogon zur Seite zu stellen, so ist dabei von Haus aus jedenfalls das eine völlig klar, daß zum mindesten die Form, in welcher das zugrunde liegende Prinzip praktische Verwirklichung finden kann, hier eine von jenen wesentlich abweichende sein muß. Dort verlief die Sache stets so, daß die herrschende Staatsgewalt selbst in den Verlauf der Dinge entscheidend eingriff, daß sie als der oberste Regulator des sozialen Gesamtlebens die richterlichen Behörden anwies, in bestimmten Fällen von sich aus überhaupt nicht einzuschreiten, und so dem offenen Konflikt zwischen den Anforderungen des praktischen Lebens und des abstrakten Rechts aus dem Wege zu gehen. An etwas derartiges ist aber im Völkerrecht von vornherein nicht zu denken, denn nicht bloß mangelt es hier, wie wir wiederholt schon zu konstatieren Gelegenheit hatten[1], an jeder, unabhängig von den Parteien, autoritär durch sich selbst fungierenden Jurisdiktionsgewalt, sondern es gibt vor allen Dingen auch gar keine feste, allgemeine Verkehrsnormen vorschreibende Legislativpotenz. Deshalb bleibt aber der Einfluß faktisch gegebener Verhältnisse gerade so gut fühlbar und wirksam, nur daß er hier nicht von einer maßgebenden Zentralstelle ausgesprochen und sachgemäß formuliert werden kann, vielmehr sich ohne solche ausdrückliche Anerkennung

der Umstand, daß der an die jurisdiktionellen Organe gerichtete Befehl zum eventuellen Nichteinschreiten jedenfalls auch für unsere Auffassung ein spezifisch-rechtliches Element in den gegebenen Gesamttatbestand hereinbringt. Vgl. noch S. 203 bei Anm. 3.

[1] Vgl. bes. S. 74.

zur Geltung bringen muß[1]. Die Macht des Lebens wird sich stets und überall real betätigen, „wenn nicht geregelt, so ungeregelt“, um eine sehr richtige, von Windscheid[2] bloß für den Spezialfall der Verjährung gemachte Bemerkung hier ganz allgemein aufzunehmen.

Betrachten wir rein empirisch das Nebeneinanderbestehen und den gegenseitigen Verkehr zwischen der Vielheit koexistenter Staaten, wie es jetzt schon seit Jahrtausenden in der Geschichte sich abspielt, so ist in der Tat eine gewisse, regelmäßig wiederkehrende Nichteinhaltung internationaler Verträge gar nicht wegzuleugnen, ungefähr in dem Umfange, wie dies die herrschende Lehre der clausula rebus sic stantibus zu bestimmen sucht: sobald die Erfüllung des Traktats die verpflichtete Macht in Konflikt mit ihren eigenen höchsten Interessen, mit den vitalsten Bedingungen ihres gesicherten Fortbestands bringen müßte, wird sie immer und immer wieder strikt verweigert, ungeachtet der entgegenstehenden Norm Pacta sunt servanda und im Widerstand gegen sie. Es ist das eine Tatsache von so allgemeiner Anerkennung, daß auf die Anführung noch weiterer historischer Belege, abgesehen von denjenigen, die in dieser Arbeit ohnehin schon an den verschiedensten Orten zu finden sind, wohl unbedenklich verzichtet werden darf; ich will mich daher an Stelle derselben auch bloß auf das bestätigende Zeugnis eines Mannes beziehen, dem weitgehendste Sachkunde und Urteilskompetenz sicher nicht abzusprechen ist, nämlich auf die Worte Bismarcks: „Die Haltbarkeit aller Verträge ist eine bedingte, sobald sie ‚in dem Kampf ums Dasein‘ auf die Probe gestellt wird. Keine Nation wird je zu bewegen sein, ihr Bestehen auf dem Altar der Vertragstreue zu opfern, wenn sie gezwungen ist, zwischen beiden zu wählen. Das ultra posse nemo obligatur kann durch keine Vertragsklausel

---

[1] Wir werden auf diesen Gegensatz später, in § 12, noch genauer einzugehen haben.

[2] Pandekten, § 105, N. 6.

außer Kraft gesetzt werden; — Selbstaufopferung für die Vertragstreue ist nie zu erwarten".[1]

Auf Grund dieses konstanten, in der Vergangenheit stets von neuem beobachteten Sachverhalts erscheint nun aber die Wissenschaft von den Regeln und Formen des internationalen Wechselverkehrs zwischen Staaten vollauf dazu befugt, von sich aus zur Aufstellung eines entsprechenden allgemeingültigen, auch für die Zukunft Wirksamkeit beanspruchenden Satzes zu schreiten. Sie darf ihn allerdings in keiner Weise für eine technisch-juristische Norm ausgeben, wie zur Vermeidung etwaiger Mißverständnisse hier nochmals nachdrücklich betont werden mag[2]. Aber wenn auch die Annahme einer solchen von

[1] Gedanken und Erinnerungen II, S. 249/250. Der ganze Gedankengang kehrt übrigens bei Bismarck auch sonst mehrfach wieder, wird insbesondere in seiner weltgeschichtlichen Reichstagsrede vom 6. Februar 1888 verschiedene Male klar und deutlich zum Ausdruck gebracht.

[2] Die Gründe, warum derartiges unmöglich ist, sind bereits in den ausführlichen Erörterungen des zweiten Abschnitts zur Genüge dargelegt; ich will indes auf das Wichtigste davon hier wiederholend kurz Bezug nehmen, und zwar deshalb, weil der jetzt festgestellte Tatbestand in gewisser Hinsicht für die von uns perhorreszierte Folgerung gar nicht so ungeeignet zu sein scheint. Man könnte nämlich an sich, bei oberflächlicher Betrachtung der Dinge, wohl leicht zu dem Schlusse geneigt sein: „Wenn denn praktisch die Nichteinhaltung der Verträge in dem vorhin genannten Umfange mit ununterbrochener Regelmäßigkeit eingetreten ist, wenn zugestandenermaßen die Staaten selber einem Teil der Traktate die Erfüllung konsequent und stetig versagt haben, nun so muß das eben schließlich dahin ausgelegt werden, daß von ihnen im Wege der gewohnheitsmäßigen Übung ein entsprechender Rechtssatz, eine juristisch wirkende Beschränkung der Norm Pacta sunt servanda geschaffen wurde." Das wäre jedoch ein schlimmer Paralogismus, herbeigeführt und ermöglicht durch das Operieren mit dem doppeldeutig zu verstehenden Begriff „die Staaten". Die Verwendung dieses allgemeinlautenden Ausdrucks hat ihre volle Berechtigung in dem Sinne, daß sicherlich jeder Staat, wenn er als Verpflichteter in die Lage kommt, auf Erfüllung eines seine eigene Existenz jetzt gefährdenden Vertrags in Anspruch genommen zu werden, die Leistung strikt verweigert; sie wird aber durchaus irreführend und unzulässig, sobald man ihm, das bis dahin immer noch vorhandene Moment der Differenzierung unvermerkt fallenlassend, die wesentlich weitere Bedeutung unterstellt, als sei von einem praktischen Verhalten „der Staaten" völlig unterschiedslos und schlechthin die Rede. Gerade das letztere tut nun offenbar derjenige wirklich, der hier eine juristische Regel statuieren zu können meint: er muß, da ja positives Völkerrecht stets bloß aus koinzidenter Willensübereinstimmung mehrerer Staaten zu entspringen vermag, notwendig

vornherein auf unüberwindliche Hindernisse stößt, so gilt nicht das gleiche von der Postulierung einer rein tatsächlichen, bloß faktisch erfahrungsmäßig sich betätigenden Regel. Die Lehre von dem gesamten Verkehrsleben der Völker, überhaupt allgemein gesprochen die ganze Soziologie, von der die spezifische Rechtsdisziplin lediglich einen, zwar deutlich sich abhebenden, aber doch integrierenden Bestandteil bildet, ist eine streng empirische Wissenschaft, so gut wie nur irgend ein Zweig der mit den Vorgängen in der realen Außenwelt sich beschäftigenden Naturwissenschaft, und vermag daher prinzipiell auch ganz mit den Mitteln und in der Art dieser zu arbeiten. Wenn z. B. von der letzteren die Schwerkraft als objektiv und ausnahmslos geltend proklamiert wird, so verfährt sie dabei in der Weise, daß sie aus immer gleichbleibenden, exakt erfahrungsmäßigen Einzelbeobachtungen der Vergangenheit das Bestehen eines überall und immerdar wirksamen Gesetzes folgert[1]; ganz das nämliche wird also auch jener gestattet werden müssen. Freilich, wie die Dinge praktisch einmal liegen, wird die Soziologie im allgemeinen bloß unter äußersten Schwierigkeiten zu solchen hinlänglich gesicherten Generalschlüssen gelangen können, schwerer als ein beliebiger Teil der Naturlehre, schwerer selbst als die an sich so heikle Physiologie, von der u. a.

---

subintelligieren, daß die internationalen Verkehrssubjekte sowohl in der Rolle des Berechtigten, wie in der des Verpflichteten eine entsprechende Absicht konstant bekundet haben. Wie wenig aber diese, nur durch Wechsel des Wortsinns erschlichene Vorstellung mit den tatsächlich gegebenen Verhältnissen harmoniert, das wissen wir hinlänglich aus den, in § 5 teils eingehend analysierten, teils kurz erwähnten (hierzu vgl. die Anmerkung 1 der Seite 53) historischen Einzelbeispielen; wir haben damals gesehen, daß die jeweils berechtigten Mächte, weit entfernt, von sich aus der Traktatskündigung seitens des Verpflichteten regelmäßig zuzustimmen, umgekehrt wider sie, bald mehr bald minder scharf akzentuiert, grundsätzliche Verwahrung einzulegen pflegen.

[1] Eine nähere Klarlegung des hier stattfindenden psychologischen Prozesses bieten die trefflichen Ausführungen Zitelmanns, Gewohnheitsrecht und Irrtum (1883), S. 450 ff., bes. S. 460/461. Zu vgl. auch das von mir schon bei anderer Gelegenheit (in der Studie über den Staat, S. 15 a. E. und im Gewohnheitsrecht S. 44/45) bemerkte.

Mill[1] nur mit Unrecht behauptet, daß sie „größeren natürlichen Schwierigkeiten begegne und wahrscheinlich eines geringern Grades von letzter Vervollkommnung fähig sei wie die soziale Wissenschaft". Immerhin, daß auch die auf Findung allgemein-empirischer Gesetze gerichtete Arbeit der letzteren nicht als grundsätzlich verfehlt und hoffnungslos bezeichnet werden darf, das vermag gerade der uns hier beschäftigende Spezialfall recht gut zu illustrieren; denn wann soll man überhaupt zur Formulierung eines ausreichend festgestellten Erfahrungssatzes gelangen können, wenn nicht hier, wo der entsprechende Tatsachenverlauf im internationalen Sozialleben immer und immer auf die gleiche Art sich abgespielt hat, wo es notorisch „noch gar nicht dagewesen ist, daß sich ein Volk aus Liebe für das andere geopfert" hätte, bloß weil „der Buchstabe eines unter anderen Umständen unterschriebenen Vertrags"[2] dies so verlangte?

Auf diese Weise sind wir nun wirklich bezüglich der internationalen Klausellehre zu Resultaten gelangt, die den in der zweiten Hälfte des § 9 erörterten innerstaatlichen Erscheinungen dem Grundgedanken nach durchaus analog sind. Wir haben zunächst die positiv geschaffene und gültige Völkerrechtsnorm Pacta sunt servanda vor uns und müssen konstatieren, daß dieselbe formal-technisch ganz umfassend und ausnahmslos gehalten ist, daß sie auch für die Eventualität der total geänderten Umstände keine Einengung, die selbst wieder juristischer Art wäre, erleidet, vielmehr prinzipiell rebus mutatis genau dieselbe Befolgung wie rebus sic stantibus beansprucht. Auf der anderen Seite wieder läßt sich aber auch die erfahrungsmäßig feststehende Tatsache nicht von der Hand weisen, daß diese Prätension

---

[1] A system of logic ratiocinative and inductive, 9. Aufl., Bd. I S. 532.

[2] Worte Bismarcks aus der vorhin bereits erwähnten Februarrede des Jahres 1888; cf. Stenographische Berichte über die Reichstagsverhandlungen, Session 1887/1888, S. 730.

der Allgemeingültigkeit unter gewissen Voraussetzungen, dann nämlich, wenn wegen eines vollständigen Umschwungs der Verhältnisse die Erfüllung des betr. Vertrags jetzt den verpflichteten Staat zu einer Gefährdung seiner eigenen höchsten Existenzbedingungen nötigen würde, in Wahrheit doch nie beachtet zu werden pflegt. Beide Momente zusammengefaßt führen zu der Schlußformulierung: Trotz alles scheinbar dawider Sprechenden liegt auch hier das so vielfach zu beobachtende Phänomen vor, daß die eine Regel von einer zweiten durchbrochen und in ihrem Geltungsgebiet wesentlich beeinträchtigt wird; dabei verhält sich nur die Sache des näheren so, daß diese mit jener nach Beschaffenheit und Charakter nicht übereinstimmt, sondern anders geartet ist, daß ein spezifisch-juristischer Satz von einem bloß faktisch sich betätigenden Gesetz partiell seiner Kraft und Wirksamkeit beraubt wird[1].

[1] Nur ganz beiläufig möchte ich darauf hinweisen, daß dieser Tatbestand für das gegenseitige Verkehrsleben der Staaten auch sonst eine große Rolle spielt: noch zahlreiche andere Sätze, die man heutzutage als direkt völkerrechtliche zu verstehen pflegt, sind meines Erachtens lediglich in der obigen Weise aufrecht zu erhalten. Auf einiges davon werden wir später noch zu sprechen kommen; vgl. namentlich § 12, S. 139 ff. (internationaler Notstand!), daneben auch die in § 14, S. 162 ff. gestreifte Frage nach dem Einflusse des Vertragsbruchs von einer Seite auf den Bestand des Vertragsverhältnisses. Von weiterem hier in Betracht kommenden Material sei wegen seiner hervorragenden Wichtigkeit bloß dies noch erwähnt, daß man lediglich mit Hilfe jener Formel dem internationalen Verjährungsproblem allseitig erschöpfend beizukommen vermag. Für eine wahrhaft befriedigende Erfassung desselben genügt es nämlich keineswegs, bloß die Frage, ob von einer technisch-juristischen Wirkung die Rede sein könne oder nicht, zu untersuchen und sich mit der heutzutage weit überwiegenden Meinung im verneinenden Sinne zu entscheiden; vielmehr bedarf es, so zutreffend letzteres an und für sich zweifellos ist, daneben, zur Herstellung eines richtigen Gesamtbildes, auch noch der nachdrücklichen Betonung dessen, daß wenigstens als tatsächlich gegebene und sich bewährende Macht der Zeitablauf für den Verkehr der Völker und Staaten gleichfalls, trotz der hier mangelnden Formalsanktionierung, anerkannt werden muß. Daß dem wirklich so ist, ist auch in der internationalen Praxis oft genug zur unverkennbaren Andeutung gelangt (sehr interessant ist z. B. die Weise, wie die beiden grundsätzlich verschiedenen Standpunkte, der formal-rechtliche und der materiell-faktische, bei Gelegenheit der ersten Teilung Polens einander direkt gegenübergestellt worden sind; vgl. das preußische Patent vom 13. September 1772 [Ghillanny, Diplomatisches Handbuch, I, S. 205 ff.],

Einzig und allein eine solche Auffassung des Problems bietet die Möglichkeit dar, dem richtigen Kern, der in der einen wie der anderen hinsichtlich der clausula bisher vertretenen Grundmeinung, d. h. sowohl in der herrschenden Befürwortung als in der ausnahmsweise vorkommenden Bekämpfung derselben, enthalten ist, gleichzeitig gerecht zu werden und beide sachgemäß miteinander zu versöhnen. Wie aus unserem ganzen Abschnitt IV hervorgeht, ist der ersten Richtung materiell insofern nur durchaus beizustimmen, als sie mit vollem Recht praktisch gegebene und gar nicht wegzuleugnende Verhältnisse auch theoretisch berücksichtigen, ihnen zu entsprechendem wissenschaftlichen Ausdruck verhelfen will; sie vergreift sich aber deshalb völlig in der Form, weil sie ohne alle ausreichende Begründung positiv-juristische Kraft für die Klausel in Anspruch nimmt. Hieraus folgt mit Notwendigkeit, daß die relativ wenigen Autoren, welche die Rechtsgültigkeit der letzteren — regelmäßig freilich mit unzulänglicher Beweisführung — in Abrede stellen, rein negativ-kritisch genommen das richtige treffen; es ist aber wieder an ihrer Lehre das zu tadeln, daß sie lediglich bei dieser Seite des Problems stehen bleiben, daß sie sich damit begnügen, einfach zu zerstören und so bloß eine klaffende Lücke aufzureißen, ohne daß der Versuch gemacht würde, etwas neues an die Stelle des vernichteten Alten zu setzen. Während demgemäß der bisherigen Behandlung der Streitfrage wohl hier wie dort immer entschiedene Vorzüge

in welchem Friedrich der Große zur Befürwortung seiner, bis auf das Jahr 1295 zurückgreifenden Territorialansprüche bemerkt, daß „La Couronne de Pologne, possédant ces pays injustement, ne saurait faire valoir de préscription pour s'y maintenir" und die Antwort des Polenkönigs [vom 17. September; Ghillanny, a. a. O., S. 210 ff.], die sich auf die unbestreitbare Tatsache einer „jouissance de plusieurs siècles" beruft, scharf hervorhebt, daß solche antiquierte „titres ne peuvent être admis sans infirmer la sûreté des possessions de toutes les souverainetés, sans ébranler la base de tous les trônes", überhaupt mit lauter Argumenten arbeitet, die man sonst zur sachlichen Rechtfertigung des innerstaatlichen Verjährungsinstituts vorzubringen pflegt).

eigen, aber stets auch mit wesentlichen Mängeln gepaart waren, erscheinen nach unserer Konstruktion die ersteren vollständig festgehalten und nur aus der Verbindung mit letzteren losgelöst. —

Es gilt nun hier noch einen Punkt zu erörtern. Wir haben uns in dem Vorhergehenden immer bloß mit der Feststellung des Faktums zufrieden gegeben, daß die Internationalnorm Pacta sunt servanda in bestimmtem Umfang praktisch nie eingehalten und befolgt wird, sind aber einstweilen auf die Gründe, warum dasselbe regelmäßig eintreten muß, noch gar nicht eingegangen. Das soll nun, jetzt am Schlusse des ganzen Abschnitt IV, noch geschehen; wir wollen versuchen, das zunächst rein empirisch gefundene Spezialgesetz auf eine innere Notwendigkeit zurückzuführen und ihm so eine tieferfundierte Erklärung zu verschaffen. Dies wird uns gelingen in Form einer Spezialanwendung der allgemeingültigen Wahrheit, daß überhaupt jedem Recht vermöge des begrifflich von ihm gar nicht loszutrennenden Zweckgedankens eine gewisse, der technisch-juristischen Sphäre transzendente Beschränkung anhaftet.

Dabei zeigt sich in unserem Falle sofort, daß eben dasjenige Moment, welches die positive rechtliche Erfassung der gesamten eigenartigen Völkerverkehrsordnung notorisch am meisten erschwert[1], d. h. die rein vereinbarungsmäßige Form ihrer Entstehung, für die klare und durchsichtige Führung des hier zu erbringenden Beweises überaus günstig wirkt. Wie wiederholt schon erwähnt worden ist, wird das Völkerrecht den Staaten nicht von oben her, durch einen superordinierten Sozialwillen, auferlegt, sondern sie selbst ziehen, im Wege der ausdrücklich oder stillschweigend erklärten Willenseinigung, ihrer an sich unbeschränkten Handlungsfreiheit gewisse Grenzen. Fragen wir jetzt nach dem Motiv, welches sie zur Einführung der letzteren, speziell zur Sanktionierung der Regel

[1] Vgl. oben S. 3, Anm. 1.

Pacta sunt servanda bewogen hat, so ist darauf nur zu antworten, daß es zweifellos die Rücksicht auf ihr eigenes wohlverstandenes Interesse war. Es wurde ihnen klar, daß der für sie alle so vorteilhafte und nützliche ständige Verkehr zwischen ihnen ohne gegenseitige Vertragstreue überhaupt nicht aufrechtzuerhalten ist; sie erkannten, daß das Opfer, welches jedes Übereinkommen dem verpflichteten Partner auferlegt, an Bedeutung weit überwogen wird von dem Gewinn, den die nur um diesen Preis mögliche Fortsetzung jenes Verkehrs gewährt, und so, „in kluger Voraussicht künftiger dauernder Bedürfnisse nach dem Rufe der Vertrauenswürdigkeit und Zuverlässigkeit strebend“ [1], gelangten sie dazu, den Satz von der unbedingten Verbindlichkeit der Verträge als für ihren wechselseitigen Verkehr allgemeingültiges Rechtsprinzip zu statuieren.

Aus diesem, bloß kurz angedeuteten Grundsachverhalt geht hervor, wie berechtigt es ist, wenn Jellinek [2] für internationale Traktate die These aufstellt: „Es ist das Interesse, welches die Treue, und die Treue, welche das Interesse schützt“, oder wenn Bismarck [3] mit einem anschaulich-realistischen Bild aus der Schneiderwerkstatt denselben Gedanken dahin formuliert: „Ich glaube, daß das wandelbare Element des politischen Interesses ein unentbehrliches Unterfutter für geschriebene Verträge ist, wenn sie haltbar sein sollen.“ Indem nämlich der Satz Pacta sunt servanda durch die Staaten von vornherein offenbar nicht um seiner selbst willen, sondern bloß als Mittel zum Zweck geschaffen wurde, indem man vermöge desselben grundsätzlich stets eine Interessenförderung zu erzielen gedachte, erscheint das wirkliche Vorhandensein der letzteren teleologisch gedacht als beschränkende Voraussetzung für die gesamte Anwendbarkeit jenes Satzes; anders ausgedrückt, die Aussicht, durch einen einseitigen Vertragsbruch das Vertrauen, den

---

[1] Lasson, Rechtsphilosophie, S. 404.
[2] Rechtliche Natur der Staatenverträge, S. 57.
[3] Gedanken und Erinnerungen, II, S. 250.

ganzen völkerrechtlichen Kredit bei den übrigen Mächten zu erschüttern und so im letzten Einsatz die Möglichkeit eines geordneten wechselseitigen Verkehrs überhaupt in Frage zu stellen, muß für den betr. Staat bedenklicher und gefährlicher sein wie die Hingabe oder Schmälerung desjenigen Einzelrechtsguts, auf das er im Sinne des konkreten Traktats zu Gunsten des anderen Kontrahenten zu verzichten hat.

Das trifft ja nun sicherlich auf die unendlich überwiegende Mehrheit der Fälle im vollsten Maße wirklich zu, nicht aber auch auf die ganz besondere Eventualität, die eben hier für uns in Betracht kommt. Denn sobald ein Staat von der praktischen Durchführung eines antiquierten Übereinkommens direkt seinen eigenen Untergang zu befürchten hat, sobald er voraussieht, daß er nach treulicher Erfüllung seiner Vertragspflicht aller Voraussicht nach seine fernere politische Existenz nicht mehr aufrechtzuerhalten fähig sein wird, muß die Sorge um die ununterbrochene Fortführung des internationalen Staatenverkehrs (der sich doch naturgemäß immer nur unter lebendig bestehenden Subjekten abzuspielen vermag) notwendig zur cura posterior werden; d.h. das wohlverstandene und wahre Eigeninteresse gebietet hier ausnahmsweise einmal doch nicht die Einhaltung, sondern die einseitige Durchbrechung des früher abgeschlossenen Traktats.

Unter diesen Umständen ergibt sich schließlich folgender Gesamttatbestand. Die Stellungnahme der Staaten zu dem Grundsatz Pacta sunt servanda ist verschieden zu bestimmen, je nachdem man lediglich auf ihren in spezifischrechtlicher Form dokumentierten Willen Bezug nimmt oder aber über denselben hinausgeht. Geschieht das erstere, so haben sie die Regel ohne jedwede Beschränkung aufgestellt und mußten das auch notwendig tun, wenn sie überhaupt zu einer wahrhaft brauchbaren, praktisch nicht mehr schädlichen als nützlichen (vergl. die Ausführungen des Abschnitt III) Verkehrsnorm gelangen wollten. Indes diese Art der Auffassung, die zur unbedingten Konsequenz hat, daß auch unter den vorhin charakterisierten Verhältnissen jede einen Vertrag einseitig lösende Macht eine zweifellose Rechtswidrigkeit begeht, ist um deswillen nicht die höchste und einzig mögliche, weil der „ausgedrückte und erklärte Wille" sich durchaus nicht überall mit dem nach Lage der Sache zu vermutenden „wahren und eigentlichen Willen" zu decken braucht[1]. Gerade für das uns beschäftigende Spezialproblem ist aber eine solche Inkongruenz beider mit voller Sicherheit anzunehmen, denn unmöglich können die Staaten eine nur zur Interessenförderung bestimmte Norm auch für die exzeptionellen Fälle totaler Interessenvernichtung bewußt gewollt haben. So schwebt in der Tat, nicht formal-juristisch, aber präjuristisch-zwecklich, über jedem internationalen Einzeltraktat eine essentielle und notwendige Beschränkung; es ist, in diesem Sinne verstanden, nur allzu richtig, daß „die clausula rebus sic stantibus bei Staatsverträgen, die Leistungen bedingen, stillschweigend angenommen wird"[2].

Mit alledem wäre jetzt der Inbegriff desjenigen erschöpft, was meines Erachtens den berechtigten Kern der vielumstrittenen, oft bitter geschmähten und doch nie ganz zu entbehrenden, immer von neuem sich aufdrängenden clausula rebus sic stantibus ausmacht. Es wird nicht zu bestreiten sein, daß dieselbe in der Form, wie sie von uns verstanden und aufrechterhalten wird, sehr wohl ohne ge-

---

[1] Es ist das eine Formel für den Gegensatz, deren sich bekanntlich neben anderen besonders Windscheid mehrfach und zu verschiedenen Zwecken (vgl. z. B. Pandekten §§ 22, 97) bedient hat.

[2] Bismarck, Gedanken und Erinnerungen, II, S. 259. Es ist begreiflich, daß die Anhänger der herrschenden Klausellehre sich auf diesen Ausspruch gern zur Begründung ihrer Auffassung zu berufen pflegen; es ist jedoch dagegen zu bemerken, daß der einfache Satz als solcher nicht das Mindeste darüber aussagt, ob die Wirkung der clausula als spezifisch-rechtliche oder nichtrechtliche gedacht sein soll, ja daß er, mit allem Vorausgegangenen und Folgenden zusammengehalten (vgl. z. B. den bereits oben S. 108 zitierten Ausspruch, in welchem lediglich die tatsächliche Haltbarkeit der Verträge, also nicht etwa ihre juristische Gültigkeit, als eine bedingte bezeichnet wird), eigentlich nur die letztere Deutung zuläßt.

fährliche Aushöhlung des prinzipiell geltenden Satzes von der Vertragstreue bestehen bleiben kann. Wir haben (S. 78 ff.) gesehen, daß dasjenige Moment, welches die herrschende Lehre praktisch so überaus bedenklich erscheinen läßt, darin besteht, daß sie, einschließlich der Richtung, die eine spezifische Befugnis zur Kündigung (cf. S. 89/90) annimmt, dem bösen Willen die Möglichkeit bietet, die Auseinandersetzung mit seinem Partner formal stets auf juristischen Boden zu verlegen, den frivolsten Rechtsbruch zu begehen, ohne ihn doch brutal als solchen zugeben zu müssen. Derartiges ist bei uns von Haus aus ausgeschlossen und zwar deshalb, weil wir ja eine ohne formelle Rechtswidrigkeit stattfindende einseitige Vertragslösung gar nicht kennen. Ist es nun wirklich richtig, was wir S. 80 festgestellt haben, daß nämlich die Staaten heutzutage eine weitgehende Scheu vor dem offenen und zweifellosen Rechtsbruch an den Tag legen, so wird unsere Auffassung der Klausel notwendig als starkes Gegenmotiv wider leichtfertige und materiell ungerechtfertigte Traktatsaufhebungen wirken müssen; es wird darauf zu rechnen sein, daß man sich zu einseitigen Lossagungen überhaupt nur sehr schwer und selten, bloß in wirklichen Notfällen dringendster Art entschließen wird.

Fünfter Abschnitt.

Das umfassende Geltungsgebiet des (richtiggestellten) Grundprinzips der Klausel.

---

§ 11.

Durch die in den Abschnitten II—IV enthaltenen Darlegungen erscheint jetzt der weitaus wichtigste Teil unserer kritischen Prüfung der üblichen Klausellehre bereits als erledigt: wir haben gesehen, daß im vollen Gegensatz zu dieser, die einen spezifischen Rechtssatz als gegeben annimmt, kein solcher, sondern bloß eine ganz andersgeartete Einschränkung der Internationalnorm Pacta sunt servanda in Betracht kommen darf. Für alle nunmehr noch folgenden Punkte erweist sich eine derartig ausführliche Behandlung, wie sie dem ersterörterten nach Lage der Dinge zuteil werden mußte, keineswegs als erforderlich, sodaß wir sie viel kürzer, sämtlich in je einem Abschnitt, erledigen können.

An erster Stelle haben wir da die Frage aufzuwerfen, ob es wirklich in den Umständen begründet ist, daß man gerade den vorhin genannten Völkerrechtssatz und nur ihn vermöge der clausula in seinem Gültigkeitsbereiche wesentlich einzuengen versucht. Das ist auf das bestimmteste zu verneinen; denn dem von uns richtiggestellten Grundprinzipe nach, d. h. nicht als technisch-rechtliche, sondern rein faktisch-empirische Beschränkung, ist genau das nämliche

Phänomen wie bei jenem auch bei allen übrigen juristischen Regeln des Staatenverkehrs zu konstatieren: nicht lediglich in Anwendung auf das internationale Vertragsrecht, vielmehr „überall bricht sich die volle Durchführung der völkerrechtlichen Sätze an der Sorge des Staats für sein eigenes Wohl"[1]). Damit entfällt aber jedwede Berechtigung, ausschließlich die eine Norm durch solches privilegium odiosum auszuzeichnen.

Zur näheren Begründung der von uns aufgestellten These bedarf es bloß einer entsprechend erweiterten Fassung der früher speziell hinsichtlich der clausula gegebenen Beweisführung. Demgemäß läuft das jetzt Folgende in der Hauptsache auf eine einfache Wiederholung bestimmter schon aus § 10 bekannter Ideengänge hinaus; das eine unterscheidet sich bloß äußerlich insofern von dem anderen, als an der ganzen Gedankenfolge eine kleine Umgestaltung vorgenommen wird. Während wir nämlich dort zuvörderst (cf. S. 107 ff.) bloß historisch-erfahrungsmäßig eine gewisse, tatsächlich vorhandene Einengung der Norm Pacta sunt servanda statuierten und dann erst (S. 114 ff.) dem empirisch gefundenen Spezialgesetz noch eine tiefere, auf die Eigenart der hier obwaltenden Gesamtszustände gestützte Erklärung zu geben suchten, soll diesmal der umgekehrte Weg eingeschlagen werden.

Es liegt auf der Hand, daß die am letztgenannten Orte angestellten Erwägungen ganz von selbst und ohne alle Veränderung der Übertragung auf weitere Verhältnisse fähig sind. Denn offenbar haben die Staaten nicht bloß die eine Regel von der unbedingten Verbindlichkeit der Verträge, sondern allgemein und schlechthin das gesamte Völkerrecht bloß in der Absicht einer für sie zu erzielenden Interessen**förderung** geschaffen. Sobald sie überhaupt erkannt hatten, daß ständige Wechselbeziehungen zwischen ihnen für jeden einzelnen vorteilhafter und nützlicher wie

---

[1] Zitelmann, Internationales Privatrecht, I (1897), S. 80.

das Verharren in Isolierung seien, und sobald sie daraufhin die ungestörte Unterhaltung solcher als wünschens- und erstrebenswerten Zustand betrachten lernten, mußten sie auch zu der Einsicht kommen, daß sie zu diesem Zwecke ihre an sich unbegrenzte Willensfreiheit einem ganzen Komplex beschränkender Bestimmungen zu unterwerfen hätten. Bloß eine von den letzteren, allerdings gerade zu den allerwichtigsten zählend, ist der Grundsatz, daß einmal abgeschlossene Traktate nicht ganz nach Belieben erfüllt oder nicht erfüllt werden dürfen, sondern unbedingt und jederzeit einzuhalten sind; es gehört aber ebensogut hierher die Norm von der Unverletzlichkeit der Gesandten, von der gegenseitigen Achtung der exklusiven Territorialhoheit, überhaupt der Inbegriff aller derjenigen Regeln, die im Laufe der Geschichte allmählich zu anerkannten Sätzen des internationalen Verkehrsrechts geworden sind.

Diese grundsätzliche Übereinstimmung in der präsumtiven Zweckanlage hat nun zur notwendigen Konsequenz, daß bei den letzteren auch durchweg und unterschiedslos genau die nämliche, eigentümlich-teleologische Beschränkung unterstellt werden darf, die wir seinerzeit zunächst bloß im Hinblick auf die Regel Pacta sunt servanda entwickelt haben. Das will besagen: nicht bloß bei jener, sondern schlechterdings überall, wo die Staaten irgend einen Satz als generell verbindlich proklamiert haben, nahmen sie sicherlich zur stillschweigenden Voraussetzung stets dies, daß die allgemeine Durchführung derselben sich für die Interessen jedes einzelnen nur förderlich und vorteilhaft erweisen würde; sie haben an die ausnahmsweise vorkommenden Fälle, bei denen das nicht zutrifft, bei denen vielmehr die gewissenhafte Einhaltung einer internationalen Rechtspflicht der betreffenden Macht direkt zur eigenen Selbstvernichtung ausschlagen muß, klarbewußt kaum gedacht und sie deshalb aller Wahrscheinlichkeit nach auch gar nicht mittreffen wollen. Daraus würde zu folgern sein, daß sämtlichen internationalen Verkehrsregeln unter Umständen die tiefste und letzte Rechtfertigung ihrer Anwendbarkeit durchaus abgehen kann.

Freilich wäre diese Zuhilfenahme eines supponierten wahren und eigentlichen Staatswillens für sich allein noch keineswegs imstande, als ausreichendes Fundament für eine feste und präzise Einschränkungsformel zu dienen. Haben wir denselben doch im Grunde bisher immer nur verstandesmäßig-subjektiv, aus Reflexionen über die mutmaßliche Zweckbestimmung des ganzen Völkerrechts deduziert; dagegen mangelt unserer Argumentation noch jede Basierung auf objektiv gegebene, in dem Verhalten der Staaten selbst hervortretende Betätigungsmomente, die den Rückschluß auf das wirkliche Vorhandensein jenes Willens überhaupt erst zu einem hinlänglich gesicherten zu machen vermag.

Soll nun unsere Beweisführung nach der angedeuteten Richtung hin noch vervollständigt werden, so stehen dafür von Anfang an wieder bloß die beiden Möglichkeiten zu Gebote, die wir in ihrer essentiellen Wesen- und Verschiedenheit schon mehrfach charakterisiert und einander gegenübergestellt haben. Man könnte zunächst versuchen, einen das gesamte Völkerrecht sachlich einengenden Willen der Staaten in der Form als realexistent darzutun, daß man direkt eine neue, von ihnen durch gegenseitige Einigung geschaffene Regel entsprechenden Inhalts nachweist. Im Fall des Gelingens würde das natürlich eine spezifisch-juristische Korrektur und Fortbildung des internationalen Verkehrssystems bedeuten: man würde zu konstatieren haben, daß alle seine Normen durch einen, ihnen selbst adäquaten Ausnahmssatz durchbrochen, in ihrem Gültigkeitsbereiche beschränkt werden. Dieser Weg ist derjenige, welchen die Völkerrechtswissenschaft bisher mit Vorliebe eingeschlagen hat; er erscheint jedoch, wie wir unten[1] noch ausführlicher sehen werden, bei schärferer Betrachtung

[1] Cf. S. 134 ff., 140 ff.

schlechterdings ungangbar und darf daher auf keine Weise in Frage kommen.

Unter solchen Umständen bleibt von vornherein lediglich die zweite Methode übrig, die damit recht eigentlich zum entscheidenden Prüfstein für die objektive Richtigkeit oder Unrichtigkeit des vorhin rein subjektiv Gefundenen wird. Angenommen nämlich, jener präsumierte wahre Wille der Staaten ist bei ihnen tatsächlich vorhanden und hat sich bloß aus bestimmten Gründen nicht zu einem allgemeinen Rechtssatz verdichten können, so steht ihm, nachdem die generelle Art der Existenzbetätigung ganz ausgeschieden ist, überhaupt nur noch diejenige in concreto offen; d. h. wir sind jetzt unbedingt auf den Nachweis angewiesen, daß die Mächte im Einzelfalle den völkerrechtlichen Imperativen stets faktisch den Gehorsam zu verweigern pflegen.

In der Tat kann nun das letztere aus der erfahrungsmäßigen Beobachtung des ganzen staatlichen Verkehrs jeden Augenblick und mit Leichtigkeit demonstriert werden: wohin wir nur blicken mögen, stets von neuem sehen wir den Tatbestand realisiert, daß bei den Staaten sofort jede Rücksicht auf völkerrechtliche Sätze schwindet, sobald sie von deren Befolgung — mit Recht oder mit Unrecht[1] — schwerste Gefahren für ihre eigene gesicherte Fortexistenz glauben fürchten zu müssen. Wie konstant und gleichmäßig diese Erscheinung überall wiederkehrt, dafür ist nunmehr notwendig eine Anzahl historischer Einzelbelege beizubringen; wir haben an der Analysierung praktischer, den verschiedensten Gebieten der völkerrechtlichen Beziehungen zu entnehmender Fälle jetzt den Nachweis zu führen, daß international die Sorge für Selbsterhaltung in Wirklichkeit

---

[1] Gelegentlich läuft dabei wohl einmal eine subjektive Selbsttäuschung, eine objektiv unrichtige Wertung der politischen Gesamtlage mit unter, in der Weise, daß das einseitige Hinwegsetzen über das Völkerrecht in Wirklichkeit gar nicht die Befreiung aus bedrohlicher Situation schafft, sondern erst recht eine solche herbeiführt (vgl. unten S. 127/128). Für die prinzipielle Beurteilung der Sache ist dies natürlich belanglos.

jene Rolle der letztentscheidenden, die Motivationskraft des spezifischen Völkerrechts regelmäßig ganz ausschaltenden Willensbestimmung spielt, die wir früher aus allgemeinen Erwägungen heraus für sie in Anspruch genommen haben. Erst wenn dies geschehen, wenn in eingehender Spezialuntersuchung gezeigt ist, daß hier die empirisch-induktive Forschung die zuvor abstrakt-deduktiv gewonnenen Ergebnisse nun vollinhaltlich bestätigt, darf unsere Gesamtargumentation als wahrhaft abgeschlossen gelten. —

Als erstes Beispiel diene uns die Aufhebung der politischen Existenz der Republik Krakau, die 1846 von den drei Ostmächten Preußen, Rußland und Österreich einseitig, ohne jeden vorausgegangenen Kriegszustand, vollzogen worden ist[1]. Als objektiv feststehend darf dabei gelten, daß dies auch im Verhältnis zu ersterer selbst[2] einen schweren Bruch internationaler Rechtspflichten in sich schloß; denn unmöglich kann doch Personen, die unter sich eine feste, viel geringwertigere Lebensgüter juristisch schützende Verkehrsordnung eingeführt haben, gestattet sein, sich gegenseitig aus der Welt zu schaffen![3]

---

[1] Sämtliche diesen Vorgang betreffende Aktenstücke sind abgedruckt bei Martens, N.R.G., tome X, S. 1 ff.

[2] Von vornherein aus dem Spiele bleiben muß hier natürlich diejenige Rechtswidrigkeit, die gegen die Mitunterzeichner eines völkerrechtlichen Vertrags, das ist die in ihrem Art. 6 die staatliche Selbständigkeit Krakaus verfügende Wiener Kongreßakte vom 9. Juni 1815, begangen wurde. Unter anderen Gesichtspunkten (cf. § 13, S. 153) werden wir jedoch auch dieser Seite der Angelegenheit noch einige Worte zu widmen haben.

[3] Über die richtige Formulierung, die man diesem Gedanken zu geben hat, wird sich allerdings streiten lassen. Ganz zweifellos ungenügend erscheint er namentlich in der Gestalt, die er bei der communis opinio, durch die einfache Berufung auf die so unendlich problematischen internationalen „Grundrechte", speziell das der Selbsterhaltung, annimmt. Indes mag man die Idee so oder anders fassen, etwa sie mit Jellinek (System der subjektiven öffentlichen Rechte, S. 304) ganz allgemein dahin wenden, daß „kein Staat von dem anderen etwas fordern oder ihn rechtmäßig zu etwas zwingen darf, als auf Grund eines Rechtssatzes": Die Sache selber wird so leicht von Niemandem bestritten werden, und es kann an diesem Orte, wo ja schon die Anführung von materiell anerkannten Völkerrechtswidrigkeiten durchaus genügt, nicht unsere Aufgabe sein, näher zu untersuchen, ob die letzteren von der herrschenden Meinung falsch oder richtig formuliert werden. (Vgl. S. 130, Anm. 2).

Auf der anderen Seite aber wird man, soll eine wahrhaft gerechte und allumfassende Beurteilung des Falles eintreten, auch wieder nicht verkennen dürfen, daß vom präjuristischen Standpunkte aus, im Hinblick auf ihre eigenen höchsten Staatsinteressen, die Ostmächte sehr viel zugunsten ihrer Handlungsweise anzuführen vermochten. Als das einzige, mit politischer Unabhängigkeit ausgestattete Überbleibsel des ehemaligen Königreichs Polen war naturgemäß Krakau Mittelpunkt und Sammelstätte aller nationalen Aspirationen geworden, dergestalt, daß es nach einem österreichischerseits gebrauchten Ausdruck [1] „von 1830—1846 geradezu im Zustand fortwährender Verschwörung gegen die drei Mächte sich befand". Politische Emissäre und Flüchtlinge hielten sich ständig und in großer Menge, manchmal nach Tausenden zählend, dort auf, fanden für ihre Zwecke die offene Unterstützung der Bevölkerung und die stillschweigende Duldung der Regierung, durften ungehindert geheime Gesellschaften bilden, aufreizende Druckschriften in den Nachbarstaaten verbreiten usw. Wie gefährlich das alles war, wie überaus leicht der in Krakau latent stets vorhandene Zustand der Feindseligkeit zu offenen gewaltsamen Ausbrüchen übergehen konnte, das zeigte sich im Anfang des Jahres 1846. Ohne jede Schwierigkeit bemächtigte sich die revolutionäre Partei Krakaus, bildete hier eine Nationalregierung und suchte dann mit deren Hilfe die Stadt als natürlich gegebenen Stützpunkt auszunutzen, von dem aus das innerlich doch so zerrissene und zerspaltene Polentum wieder zu einer einheitlich-politischen Existenz gelangen könnte. Und diesen brodelnden Hexenkessel, in dem republikanische und monarchische, altfeudalistische und modernkommunistische Tendenzen wüst gemengt waren, in dem die Bestrebungen des hohen und niederen Klerus, des Adels und der Bauernschaft und noch viele andere verwirrend sich kreuzten, dieses ordnungslose Durcheinander, in dem alles sich gegenseitig

---

[1] Martens, a. a. O., S. 87.

befehdete, das sollten die Ostmächte an und in ihren Grenzen ruhig fortbestehen lassen? Es liegt auf der Hand, daß da energische Abhilfeversuche dringend geboten, ja geradezu unentbehrlich waren. Wenn irgendeinmal, so war damals ein Fall gegeben, bei dem die Sorge für die eigene gesicherte Existenz [1] die Ergreifung der erforderlichen Gegenmaßregeln trotz aller formell ihnen anhaftenden Völkerrechtswidrigkeit sachlich entschuldigte und begründete, und der beste und zuverlässigste Weg zu diesem Zwecke blieb eben unter allen Umständen die vollständige Aufhebung des gesamten, den Frieden permanent bedrohenden Staatswesens.

Daß 1846 zu diesem radikalsten Abhilfsmittel gegriffen wurde, war um so weniger zu beanstanden, als früher gemachte Erfahrungen schon hinlänglich bewiesen hatten, daß mit gelinderen Maßregeln kein dauernder Erfolg zu erzielen sei. Zu wiederholten Malen [2] hatten sich die Ostmächte bereits genötigt gesehen, zur Wiederherstellung der völlig zerrütteten Ordnung, den polnischen Kleinstaat militärisch vorübergehend zu besetzen; immer wieder hatte, sofort nach dem Abzug der fremden Truppen, das alte Treiben von neuem begonnen. Selbstverständlich waren auch schon diese temporären Okkupationen, angesichts des anerkannt im Völkerrecht ausgebildeten Grundsatzes, daß kein Staat im Gebiet des anderen eigenmächtig Hoheitsbetätigungen vornehmen darf [3], zweifellose Rechtswidrigkeiten gewesen; doch

---

[1] Die Rücksicht auf diese, meist freilich mit der grundsätzlich unrichtigen Wendung verbunden, als ob hierdurch ein spezifisches Recht zum Einschreiten gegeben sei, wird aufs deutlichste betont in Äußerungen wie den folgenden: „Le droit qu'a chaque état de se garantir du danger qui le menace" (Martens, a. a. O., S. 45/46).; la première des lois qui, à la fois, constitue pour les gouvernements le premier des devoirs, celui de la propre conservation" (Martens, S. 67); „les trois Cours ont consulté la première loi de chaque état, le droit de propre conservation" (Depesche Metternichs vom 4. Januar 1847, Martens, a. a. O., S. 125).

[2] In den Jahren 1831 u. 1837.

[3] Dazu kam in unserem Falle noch die ausdrückliche Verfügung der Wiener Kongreßakte (Art. 9): „Aucune force armée ne pourra jamais y être introduite sous quelque prétexte que ce soit."

hatten dieselben Gründe dringendster Zwangslage, die nachmals die völlige Vernichtung Krakaus entschuldbar erscheinen ließen, jene Verletzung des Prinzips der exklusiven Territorialhoheit gleichfalls wahrlich ausreichend genug gerechtfertigt.

Bezüglich der letzteren macht sich übrigens auch sonst recht häufig, mehr fast wie bei jeder anderen Internationalnorm, die Tatsache bemerklich, daß sie von den Staaten in (wirklichen oder vermeintlichen) Notfällen keineswegs strikt respektiert zu werden pflegt. Um dafür wenigstens ein Beispiel noch anzuführen, sei bloß an die Art erinnert, wie der große Kurfürst gegen den Obersten Christian Ludwig v. Kalckstein verfahren ist. Bekanntlich war derselbe in Ostpreußen das Haupt der ständischen Opposition wider die brandenburgische Souveränetät gewesen und hatte den Kampf auch noch fortgesetzt, als der Widerstand der übrigen bereits gebrochen war. Nach verschiedenen Wechselfällen 1670 nach Polen geflüchtet, suchte er hier bei den maßgebenden Personen in jeder Weise gegen seinen Landesherrn zu hetzen und ein bewaffnetes Einschreiten herbeizuführen. Weil nun der große Kurfürst darin eine äußerst bedenkliche, um jeden Preis zu beseitigende Gefahr für Brandenburg-Preußen erblicken mußte, auch die Auslieferung Kalcksteins in Güte nicht erlangen konnte, so griff er zur Selbsthilfe; er ließ jenen auf polnischem Territorium, in der Hauptstadt Warschau selbst, durch seinen Ministerresidenten festnehmen und zu harter Bestrafung über die Grenze schaffen. Auch hier wieder, wie man sieht, grundsätzlich das nämliche Bild, welches wir oben zu konstatieren hatten: in der Fürsorge für das Wohl des eigenen Staats wird eine offenkundige Rechtswidrigkeit gegen einen fremden begangen.

Allerdings läßt sich gerade in dem gegebenen Falle billig bezweifeln, ob, rein politisch genommen, das angewandte Mittel wirklich sehr zweckentsprechend war; mußte doch Friedrich Wilhelm nach Lage der Dinge darauf gefaßt sein, daß es das, was verhindert werden sollte, nämlich die kriegerische Einmischung des Auslands in die preußischen Verhältnisse, von sich aus erst herbeiführte[1]. Ein ganz ähnliches Urteil wird auch über die jetzt zu betrachtende Angelegenheit zu fällen sein.

Es handelt sich um einen Vorgang gegen Ende des Jahres 1861, bald nach dem Ausbruche des großen amerikanischen Sezessionskrieges. Der bisherige Verlauf des Kampfes hatte bereits gezeigt, daß die Auflehnung der Südstaaten, wenn überhaupt, so jedenfalls bloß unter den größten Schwierigkeiten zu bezwingen sein würde, und es bedeutete demgemäß für die Union direkt eine Lebensfrage, den letzteren nicht auch noch den Beistand und die Bundesgenossenschaft einer europäischen Großmacht zuteil werden zu lassen. Und speziell nach dieser Richtung hin wurden in jener Zeit seitens der Richmonder Konföderationsregierung ernstliche Anstrengungen gemacht; zwei Kommissare derselben, Mason und Slidell, waren glücklich durch die von der nordstaatlichen Flotte unterhaltene Küstenblockade hindurch gelangt und schifften sich nun in Havanna auf dem englischen Postdampfer Trent nach Europa ein, um in London und Paris kräftig für ihre Sache zu wirken. Da indes in Washington das Vorhaben derselben bekannt geworden war, so vermochten sie ihre Reise nicht zu vollenden; ein amerikanisches Kriegsschiff, der San Jacinto, hielt am 8. November 1861 den Trent im Bahamakanal an, erzwang trotz allen Protestes die Herausgabe der beiden Agenten und führte sie samt ihren zwei Begleitern gefangen nach Newyork.

Daß dieser, an Bord eines fremden (noch dazu auf der Fahrt von einem neutralen Hafen zum andern begriffenen!) Schiffes erfolgten Festnahme unbewaffneter Zivilpersonen von Anfang an jede völkerrechtliche Rechtfertigung

---

[1] Tatsächlich ist das durch die flagrante Gebietsverletzung schwer gereizte Polen damals nur mühsam bewogen worden, die Sache nicht zum casus belli zu machen.

durchaus abging, darüber herrscht, abgesehen von den Amerikanern selbst, so gut wie allseitiges Einverständnis[1]; es zeigte sich aber bald, daß die ganze, auf staatliche Präventivverteidigung gerichtete Aktion auch im politischen Sinne schlechterdings verfehlt war. Weil nämlich England „the violation of international law“, „the affront to the British flag“ nicht ruhig hinnahm, vielmehr in unverkennbar drohendem Tone die Freilassung der Gefangenen forderte, so sahen die Amerikaner eben die zu verhütende Eventualität plötzlich in gefährlichste Nähe gerückt; sie mußten sich die Frage vorlegen, ob sie durch eigensinniges Verharren auf dem einmal eingeschlagenen Wege den Rebellenstaaten selber die ersehnte Unterstützung durch eine ausländische Großmacht zuführen oder nicht statt dessen lieber einen Schritt zurücktun sollten. Unter den obwaltenden Umständen konnte die Wahl nicht schwer werden: wiewohl im Kongreß manche Abgeordnete tatsächlich dafür eintraten, man möge das Geschehene gutheißen und es auf den offenen Konflikt ankommen lassen, wurde durch den Staatssekretär des Auswärtigen der Kapitän des San Jacinto desavouiert und in einer den prinzipiellen Rückzug nur schlecht maskierenden Note das Verlangen Englands rückhaltslos zugestanden.

Im Unterschied zu den beiden letzterwähnten Fällen, auf die man mutatis mutandis wohl unbedenklich den bekannten, Talleyrand hinsichtlich der Erschießung des duc d'Enghien zugeschriebenen, Ausspruch anwenden darf, daß hier mehr wie ein Verbrechen, nämlich ein Fehler vorlag, bietet beispielsweise das Verhalten, welches Friedrich der Große unmittelbar vor und bei Beginn des siebenjährigen Kriegs beobachtete, vom reinen Zweckmäßigkeitsstandpunkt aus der Kritik nicht die geringste Angriffsfläche dar. Nach der formal-juristischen Seite hin freilich gab es mindestens

[1] Eine nähere Darlegung der Gründe s. u. a. in Holtzendorffs Handbuch des Völkerrechts, Bd. IV, S. 736 ff.

ebensosehr als jene zu den schwerwiegendsten Ausstellungen Anlaß. In erster Linie gilt das natürlich von dem Schluß- und Endpunkt seiner damaligen Politik, d. h. dem gegen Ende des Jahres 1756 plötzlich und unerwartet erfolgten Einbruch in Sachsen; denn dieser Überfall mitten im Frieden war entschieden eine der gröblichsten Verletzungen des Völkerrechts[1], die sich nur ausdenken lassen. Aber auch schon von einzelnen Maßregeln der vorausgehenden Periode ist ähnliches zu behaupten. Wenn insbesondere zu den Mitteln, durch welche König Friedrich der sich allmählich wider ihn bildenden Koalition entgegenzuwirken suchte, u. a. auch dies gehörte, daß er durch seinen Gesandten in Dresden den sächsischen Kanzlisten Menzel bestechen ließ, ihm Abschriften der von dessen Regierung mit Österreich und Rußland geführten geheimen Korrespondenz zu liefern, so kann ein derartiges Unternehmen, fremde Beamte zu korrumpieren und zur Untreue am eigenen Vaterland zu verleiten, nimmermehr zu den völkerrechtlich erlaubten Handlungen gezählt werden[2]. Indes, wie die Dinge damals für Friedrich lagen, konnte er sich unmöglich an Rücksichten formal-juristischer Art kehren. Nachdem er einmal erfahren hatte, daß eine übermächtige Allianz

---

[1] Von dem Umstand, daß die beiden beteiligten Fürsten nominell auch noch unter gemeinsamen staatsrechtlichen Normen, unter der Herrschaft des heiligen römischen Reiches deutscher Nation standen, sehe ich als unwesentlich ganz ab. Die hieraus fließenden Besonderheiten bieten bloß Kuriositätsinteresse.

[2] Sachlich in diesem Punkte mit der herrschenden Lehre durchaus übereinstimmend, möchte ich mich auch hier wieder mit der Art, wie sie den Gedanken technisch meist konstruiert, keineswegs identifizieren, schon deshalb, weil sie abermals bloß mit einem sogen. „Grundrechte", nämlich dem „auf Achtung" zu operieren pflegt (cf. u. a. Rivier, Lehrbuch des Völkerrechts, 2. Aufl., S. 277: Der Gesandte „darf nicht Mittel anwenden, durch die die den Staaten geschuldete Achtung verletzt würde; also namentlich nicht Bestechung von Beamten, Verleitung zu Dienst- und anderen Vergehen u. dergl."; Gareis, Institutionen des Völkerrechts, 2. Aufl., S. 118: „Der Gesandte darf niemals zu Mitteln greifen, deren Gebrauch eine Verletzung des Grundrechts auf Achtung im völkerrechtlichen Verkehr in sich schließen würde: dem Gesandten ist Spionage nicht zur Pflicht gemacht, sondern sogar völkerrechtlich verboten"). Vgl. hierzu das oben S. 124, N. 3 Bemerkte.

wider ihn im Entstehen begriffen war, eine Allianz, der gegenüber es sich für Preußen von vornherein offenbar um Sein oder Nichtsein handelte, war es für ihn von der höchsten Wichtigkeit, stets genau über die Pläne seiner Gegner unterrichtet zu sein, und dieses Ziel vermochte er vollbefriedigend nur durch die Verbindung mit Menzel zu erreichen und hat er so auch wirklich erreicht. Das von letzterem gelieferte Material, im Verein mit der in Dresden selbst 1756 vorgefundenen Korrespondenz, gab später den Stoff ab für Hertzbergs berühmtes „Mémoire raisonné", welches jedem Urteilsfähigen in der Tat eine „gegründete Anzeige des unrechtmäßigen Betragens und der gefährlichen Anschläge und Absichten des wienerischen und sächsischen Hofs" gewährte.

Das fünfte und überhaupt letzte Beispiel, welches hier als konkreter Beleg für die allgemeine, im ersten Teil unseres Paragraphen entwickelte Regel angeführt werden soll, mag wegen der besonderen Wichtigkeit des internationalen Gesandtschaftsrechts diesem entnommen werden. Es bezieht sich auf die noch immer nicht völlig aufgeklärten Vorgänge, die unter dem Namen des „Rastatter Gesandtenmords" eine berüchtigte Rolle in der Geschichte spielen.

Um zunächst den äußeren Tatsachenverlauf kurz zu berichten, so bestand derselbe bekanntlich in folgendem. Gemäß Art. 20 des zwischen Frankreich und Österreich 1797 geschlossenen Vertrags von Campo Formio war in dem badischen Orte Rastatt ein Gesandtenkongreß zusammengetreten, der einen Frieden der französischen Republik auch mit dem Deutschen Reich vermitteln sollte. Die Verhandlungen zogen sich jedoch, ohne endgültige Ergebnisse zu liefern, so sehr in die Länge, daß inzwischen die zweite Koalition gegen Frankreich sich bilden und den Krieg, anfangs mit entschieden günstigem Erfolge, neu aufnehmen konnte. Als die kaiserlich österreichischen Heere Rastatt näher und näher rückten, löste sich der gegenstandslos gewordene Friedenskongreß allmählich auf; insbesondere reisten am Abend des 28. April 1799 auch die drei republikanischen Delegierten nach Frankreich ab. Unmittelbar vor den Toren der Stadt wurden sie überfallen, zwei von ihnen niedergemacht und der dritte in unaufgeklärter Weise gerettet.

Die große, der unbestrittenen Lösung noch immer harrende Frage ist nun, von wem diese Freveltat angestiftet und begangen wurde[1]. Der von Haus aus weit überwiegende Verdacht richtete sich gegen Angehörige der kaiserlichen Armee, speziell gegen Szekler Husaren, wobei die Ansichten des Näheren wieder darüber sehr auseinandergingen, ob der Mord von oben her angeordnet war oder nicht, und eventuell, wieweit hinauf man beim Suchen nach der den Befehl erteilenden Stelle zu greifen habe. Dieser Verdacht ist auch nach dem gegenwärtigen Stande der Forschung noch nicht als gänzlich widerlegt zu erachten; er ist jedoch, wie zugegeben werden muß, durch Publikationen der jüngsten Vergangenheit, namentlich durch das umfängliche Werk von Criste, „Beiträge zur Geschichte des Rastatter Gesandtenmords“[2], mindestens schwer erschüttert worden, sodaß das kaiserliche Heer von der allerschlimmsten Verletzung des internationalen Gesandtschaftsrechts, von der brutalen Tötung der französischen Kongreßbevollmächtigten, möglicher Weise gänzlich wird freigesprochen werden müssen.

Indes auch angenommen, daß das wirklich der Fall ist, so ist damit die Angelegenheit für Österreich noch längst nicht völlig erledigt. Selbst eifrigste Verteidiger desselben wagen nämlich nicht zu leugnen, daß alle Papiere der Ermordeten von österreichischen Truppen beschlagnahmt[3],

---

[1] Es ist in dieser Beziehung eine ganze Anzahl verschiedener Meinungen aufgestellt und vertreten worden; eine gute Übersicht über dieselben findet man u. a. bei v. Helfert, „Zur Lösung der Rastatter Gesandtenmord-Frage“. Gesammelte Aufsätze. Stuttgart 1900.

[2] Wien 1900.

[3] Die spezielle Frage, von wem die ausdrückliche Weisung hierzu

ins Hauptquartier eingeliefert und erst nach gründlicher Durchsicht den zuständigen französischen Behörden ausgefolgt wurden. Es ist auch leicht einzusehen, was für Beweggründe und Motive damals für dieses Vorgehen maßgebend gewesen sind. Die republikanischen Bevollmächtigten hatten notorisch mit zahlreichen deutschen Reichsständen, teils direkt, durch Verhandlungen mit den betreffenden Kongreßdelegierten, teils indirekt, durch Vermittelung der an den einzelnen Höfen sich aufhaltenden französischen Agenten, weitgehende Beziehungen angeknüpft, und es mußte jetzt für den Kaiser militärisch wie politisch von größter Wichtigkeit sein, über Inhalt und Umfang derselben ins Reine zu kommen.

Nun kann es aber doch, streng juristisch beurteilt, gar keinem Zweifel unterliegen, daß aus dieser Sachlage eine formelle Befugnis zur Beschlagnahme der Papiere schlechterdings nicht hergeleitet werden durfte; die gesamte einschlägige Literatur ist sich ja darüber völlig klar, daß die dem Gesandten zugebilligte Unantastbarkeit nicht bloß für seine Person unter allen Umständen geachtet werden muß, sondern sich ebenso auf die ihm gehörenden Gegenstände, in erster Linie sein Archiv, mit bezieht[1]. Hieraus geht hervor, daß Österreich, mag auch die Frage nach dem Urheber und Vollstrecker des eigentlichen Gesandten*mords* zu beantworten sein, wie sie will, sich doch auf jeden Fall

erteilt worden war, kann dabei vollständig auf sich beruhen bleiben; es macht einen geringen Unterschied aus, ob man (so beispielsweise v. Helfert, a. a. O., S. 40 ff., 130 ff.) den Oberkommandierenden, Erzherzog Karl, selbst an dem Anschlag auf das Archiv teilhaben läßt oder (so Criste, a. a. O., S. 43 ff.) bloß seinem Generalstabschef die letzte Verantwortung zuschieben will.

[1] Statt vieler seien hier bloß die Worte von Martens-Bergbohm (Völkerrecht, Bd. II, S. 41) ausdrücklich angeführt: „Die Unverletzbarkeit erstreckt sich, wie auf die Gesandten, so auf alle Objekte, welche mit deren Amt und persönlicher Würde unmittelbar zusammenhängen. Demgemäß werden als unantastbar anerkannt die Wohnung und die bewegliche Habe des Gesandten, namentlich aber die Akten und sonstigen dienstlichen Papiere, „die in keinem Fall konfisziert werden dürfen".

in der Rastatter Angelegenheit eines offenkundigen Bruchs positiver Völkerrechtssatzungen schuldig gemacht hat; der ganze Vorfall vermag uns als praktischer Beleg dafür zu dienen, daß auch die den internationalen Gesandtschaftsverkehr regelnden Normen, genau wie alle übrigen, bloß insoweit auf reale Befolgung rechnen dürfen, als der in concreto beteiligten Macht nicht die Übertretung derselben durch dringendstes Staatsinteresse unvermeidlich geboten erscheint.

§ 12.

In dem vorausgehenden Paragraphen ist gezeigt worden, daß der üblichen und meistvertretenen Lehre über die clausula rebus sic stantibus insofern ein schwerer methodischer Fehler anhaftet, als sie etwas, was in Wahrheit für alle internationalen Verkehrssätze ohne Ausnahme gilt, speziell für die eine Regel Pacta sunt servanda proklamiert: wir haben gesehen, daß keineswegs bloß diese, sondern überhaupt prinzipiell das gesamte Völkerrecht dort nie stand hält, wo für die Staaten die Sorge um die eigene gesicherte Existenz in Frage kommt.

Diese letztere Beobachtung ist nun eine so naheliegende und selbstverständliche, daß es kaum zu begreifen wäre, wenn sie noch niemals wissenschaftlich erfaßt und in irgend eine feste Form gebracht worden sein sollte. Tatsächlich ist das denn auch, ganz unabhängig und losgelöst von der Klausellehre, schon längst geschehen; ja es lassen sich sogar in dieser Beziehung zwei verschiedene Lösungsversuche konstatieren, die aber beide, wie jetzt in aller Kürze gezeigt werden soll, nicht zu sachlich befriedigenden Ergebnissen geführt haben.

Als Beispiel für die erste Richtung können passend die Worte verwandt werden, die der englische Schriftsteller Hall an die Spitze des siebenten Kapitels im zweiten Teil seines International law[1] setzt: „In the last resort almost

---

[1] S. 226.

the whole of the duties of states are subordinated to the right of self-preservation".

Das in den völkerrechtlichen Lehrsystemen überhaupt so viel herumspukende „Recht der Selbsterhaltung" also ist es, dem hier die Rolle eines Helfers aus der Not zugewiesen wird, d. h. eine internationale Doktrin, der wir schon bei einer früheren Gelegenheit (Seite 124 Note 3) einmal flüchtig begegnet sind. Indes ist leicht zu bemerken, daß ihm jetzt eine wesentlich andere Aufgabe zugedacht wird, als es damals der Fall war; während es dort nur in negativem Sinne verstanden wurde, lediglich den wider alle übrigen Mächte gerichteten Anspruch des Staates darauf zu technischem Ausdruck zu bringen hatte, daß diese jede Vernichtung (oder, allgemeiner gesprochen, jede Verletzung) seiner politischen Existenz unterlassen, erscheint es hier, wie aus den unmittelbar folgenden Darlegungen Halls deutlich hervorgeht, in positiver Funktion: es soll eine Befugnis zum Tun, „die Berechtigung zur Ergreifung aller Maßregeln, welche zur eigenen Selbsterhaltung notwendig sind" [1], gewähren.

In der völlig verschiedenartigen Beurteilung nun, die man diesen beiden heterogenen, von der Theorie zu einem Begriff vereinigten Bestandteilen nach der Lage der Dinge widerfahren lassen muß, tritt an einem Einzelpunkte recht instruktiv eine Eigentümlichkeit zutage, die ganz generell für die Kategorie der sogenannten internationalen Grundrechte charakteristisch ist. Dieselben sind nämlich ihrem materiellen Gehalte nach keineswegs vollständig zu verwerfen; vielmehr begreifen sie unleugbar zahlreiche und wesentliche Elemente der positiv-gültigen Internationalordnung in sich. Aber freilich, da die letzteren in durchaus unzulässiger Weise mit fremdartigen Bestandteilen vermischt und durchsetzt sind, die innerhalb des eigentlichen Völkerrechts nicht das

[1] Heilborn, Das System des Völkerrechts, entwickelt aus den völkerrechtlichen Begriffen (1896), S. 281.

mindeste zu suchen haben, so vermag nur vollständige Preisgabe der Grundrechtsformel als solcher wenigstens sachlich etwas von der ganzen Lehre zu retten; es ist in der Tat ganz richtig, daß „der juristische Inhalt dieser Materie unter anderweite Kategorien im System des Völkerrechts zu subsumieren ist, der naturrechtliche und politische Inhalt dagegen ausgeschieden werden muß“ [1]. Speziell auf unseren Fall bezogen, nimmt dies die Gestalt an, daß in jener negativen Funktion des Selbsterhaltungsrechts, ungeachtet der auch hier recht unbefriedigenden Formulierung, ein durchaus berechtigter Kern enthalten ist [2], daß jedoch die positive jedweder Legitimation und Grundlage entbehrt und daher restlos zu eliminieren ist.

Um die prinzipielle Verfehltheit derselben recht augenfällig zu machen, dazu genügt es eigentlich schon vollständig, auf sie den bekannten Spruch anzuwenden „An ihren Früchten sollt ihr sie erkennen“; gelangt doch mit ihrer Hilfe insbesondere Hall dazu, sogar die kaum noch zu überbietende Brutalität, die England 1807 an Dänemark verübte, ganz unbedenklich und gerechtfertigt zu finden. Er deduziert nämlich [3] in aller Harmlosigkeit: weil in diesem Jahre die nahe Möglichkeit bestanden habe, daß sich Frankreich der großen dänischen Flotte bemächtigte, so sei England im Interesse seiner Sicherheit unbedingt genötigt gewesen, diese seinerseits in Besitz zu nehmen; da nun Dänemark das entsprechende Verlangen in Güte nicht habe zugestehn wollen, so habe England zu seinem eigenen großen Bedauern, keinesfalls aber völkerrechtswidrig, dazu verschreiten müssen, die Hauptstadt eines neutralen Staats drei Tage lang zu bombardieren, und so die gewünschten Schiffe schließlich durch sanfte Gewalt zu erhalten! Und doch lag damals die Sache offenkundig so, daß eine bereits vorhandene Gefahr für den Bestand des britischen Staats noch

---

[1] Ullmann, Völkerrecht, S. 80.
[2] Das ist ja auch von uns seinerzeit ausdrücklich anerkannt worden.
[3] A. a. O., S. 229 ff.

gar nicht in Frage kam; vielmehr vermochten die englischen Staatsmänner mit einer bloßen Hypothese, mit dem konditionell höchst verklausulierten Gedankengang zu operieren: „Wenn Kaiser Napoleon sich mit Dänemark verbündet (oder auch es zwangsweise seinem Willen unterwirft), wenn er dadurch die gesamte Flotte desselben in seine Macht bekommt, wenn er sie zum Transport französischer Soldaten an die britische Küste benutzt, wenn diese den langen Weg dorthin trotz der weit überlegenen gegnerischen Seemacht glücklich zurücklegen, und wenn es auch gelingt, eine beträchtliche, sofort gefechtsfähige, mit hinlänglichem Kriegsmaterial und Proviant versehene Streitkraft wirklich zu landen, so kann sich daraus für unser Gemeinwesen eine recht bedrohliche Situation ergeben." Man darf wohl getrost behaupten, daß, sobald einmal eine derartige Argumentation als ausreichend angesehen wird für Fälle, bei denen „the right of self-preservation justifies the commission of acts of violence against a friendly or neutral state", überhaupt kein Völkerrechtssubjekt nur einen Moment lang wider gewalttätige Angriffe aller übrigen juristisch geschützt erschiene; denn die Möglichkeit, daß jeder Staat jedem Staat unter irgendwelchen Zukunftskombinationen einmal gefährlich werden kann, ist offenbar stets vorhanden, und es müßte daher den Mächten konsequenter Weise auch gestattet sein, zur präventiven Selbstverteidigung einander permanent zu überfallen und unschädlich zu machen.

Aber auch bei vorsichtigster, unmittelbar gegenwärtige Gefahr fordernder Restriktivfassung würde die Sache kaum wesentlich besser ausfallen. Wegen der öfters schon[1] konstatierten Tatsache nämlich, daß dem Völkerrecht jede autoritäre selbständige, unabhängig von den Parteien über das konkrete Zutreffen oder Nichtzutreffen der abstrakten Normen befindende Jurisdiktionsgewalt durchaus abgeht, muß der Satz „Jeder Staat darf, unbe-

[1] Vgl. S. 74, 107.

kümmert um Interessen und Ansprüche der übrigen, kraft seines Selbsterhaltungsrechts sämtliche Maßregeln vornehmen, die zu seiner gesicherten Fortexistenz objektiv notwendig sind," praktisch sofort zu dem anderen umschlagen „die er subjektiv für notwendig hält". Damit erscheinen aber alle jene schwersten Unzuträglichkeiten, die wir S. 74 ff. speziell für die clausula rebus sic stantibus entwickelt haben, alsbald wieder auf der Bildfläche, nur mit dem Unterschiede, daß sie hier, wo nicht mehr bloß die eine Regel Pacta sunt servanda, sondern, entsprechend der ungemeinen Dehnbarkeit des angeblichen Selbsterhaltungsrechts, überhaupt der ganze internationale Normenkomplex partiell außer Funktion gesetzt werden soll, geradezu bis ins Ungemessene wachsen. Selbst wenn stets auf vollste bona fides der Parteien zu rechnen wäre, müßte die Verwirrung, die infolge der Mannigfaltigkeit und Verschiedenheit der subjektiven Ansichten unbedingt einreißen wird, die unheilvollsten Wirkungen äußern; noch weit schlimmere Befürchtungen würde aber zweifellos der Umstand rechtfertigen, daß jetzt auch dem bösen Willen überall eine bequeme juristische Maskierung gesichert ist, daß er nunmehr die schwersten Rechtsverletzungen formell immer in das Gewand der eigenen Rechtsbehauptung einzukleiden vermag.

Nach alledem würde die real-geltende Völkerrechtsordnung an sich selber einfach eine Art Harakiri vollstreckt haben, wenn sie wirklich die positive Seite des doktrinär gebildeten Selbsterhaltungsrechts hätte gutheißen und in sich aufnehmen wollen. In Wahrheit ist aber etwas derartiges niemals und in keiner Weise geschehen. Daß diese wichtige, ja alles entscheidende Tatsache von der Theorie so ganz ignoriert werden konnte, ist lediglich darauf zurückzuführen, daß die letztere, fußend auf früher ganz allgemein herrschenden Anschauungen, die sogenannten internationalen Grundrechte überwiegend noch heute als absolute subjektive Rechte, d. h. als solche behandelt, die den Staaten begrifflich und ganz von selbst, ohne besondere Konzession seitens der übrigen, zustehen sollen. Nun paßt aber doch auf diesen ganzen Ideenkreis sicher nicht weniger die Qualifizierung als „Werte von gestern", wie diese Bezeichnung auf veraltete staatsrechtliche Gedankensysteme angewandt worden ist[1]; nach dem jetzigen Stande wissenschaftlicher Erkenntnis dürfte man eigentlich nirgendsmehr subjektive Ansprüche anerkennen, die nicht aus positiv fließender Rechtsquelle, in unserem Fall aus der irgendwie zu erschließenden Willensübereinstimmung der mit einander Verkehr pflegenden Staaten, herstammen. Sobald man es jedoch unternimmt, in dieser allein zulässigen Weise den auf Grund des „Selbsterhaltungsrechts" erfolgenden Aktiveingriffen in fremde Rechtssphären ein objektiv gültiges Fundament zu verschaffen, zeigt sich sofort die prinzipielle Haltlosigkeit der ganzen Lehre; liefert doch schon eine Durchmusterung der wenigen, in § 11 gegebenen Geschichtsfälle Belege genug dafür, daß die jeweils positiv betroffenen Staaten die Sache nicht bloß nicht stillschweigend hinzunehmen pflegen, sondern regelmäßig wider sie scharfen Protest erheben. —

Angesichts der schweren, vorstehend entwickelten Schwächen und Übelstände kann es nicht Wunder nehmen, daß die hier bekämpfte Konstruktion bald als recht mangelhaft empfunden werden mußte, und daß deshalb von manchem Schriftsteller der Versuch gemacht wurde, sie durch eine andere und bessere zu ersetzen. Nach welcher Richtung man die erforderliche Abhilfe zu gewinnen strebte, das ergibt sich beispielsweise aus den Worten Heilborns[2], daß in den uns interessierenden Fällen von den Staaten „nicht ein Selbsterhaltungsrecht ausgeübt, sondern im Notstande gehandelt wird".

Es ist nicht zu bezweifeln, daß diese Formulierung,

---

[1] Von Anschütz in seiner ersten Studie über den „Ersatzanspruch aus Vermögensbeschädigungen durch die rechtmäßige Handhabung der Staatsgewalt".

[2] A. a. O, S. 296.

verglichen mit der früheren. einen wesentlichen Fortschritt bedeutet. Dann schließt sie auch ganz unverkennbar eine gewisse Annäherung an die von uns adoptierte Auffassungsart in sich, wie schon aus dem Umstande sich vermuten läßt, daß wir seinerzeit[1], bei der Vorbereitung zur Entwicklung der letzteren, auf den innerstaatlichen Notstand als eine, in bestimmtem Sinne verwandte Erscheinung bezug nehmen konnten. Freilich, da das damals bloß in Anwendung auf eine der drei an sich hier gegebenen und vertretenen Konstruktionsmöglichkeiten geschah, und da diese alle auch bei der völkerrechtlichen Notstandslehre unverändert wiederkehren, so kann jene Annäherung nicht bei sämtlichen in Betracht kommenden Autoren mit der gleichen Stärke zu konstatieren sein. Sie ist am wenigsten vorhanden bei denjenigen, die den internationalen Notstand als spezifisches Notrecht auffassen[2]; sie beginnt dort schon etwas mehr hervorzutreten, wo man weder die Erlaubtheit noch das Verbotenbleiben, sondern die juristische Indifferenz der in ihm vorgenommenen Handlungen behauptet[3]; sie ist endlich am meisten bemerklich bei der

---

[1] § 9, S. 98 ff.

[2] Konform der im modernen Kriminalrecht zu machenden Beobachtung, wird eine solche Lehrmeinung heute auch für das Völkerrecht entschieden am seltensten ausgesprochen und verteidigt; daß sie aber in diesem keineswegs ganz unvertreten geblieben ist, dafür können als Beleg die Worte Klübers (Europäisches Völkerrecht, 2. Aufl. 1851, § 44, S. 53/54) dienen: „Da die Pflicht der Selbsterhaltung für den Verpflichteten höher ist als jede andere, so kann es nicht als Rechtsverletzung geahndet werden, wenn bei evident dringender Not des Staates, in dem Fall unvermeidlicher Kollision zwischen vollkommenen Pflichten gegen andere Staaten und seiner Selbsterhaltung, eine Staatsregierung — die letztere vorzieht und so von der Notgunst Gebrauch macht, die von einigen sogar Notrecht genannt wird."

[3] Zum Beleg für diese, gegenwärtig wohl von der überwiegenden Mehrheit der Schriftsteller angenommene Konstruktion darf auf die Ausführungen v. Liszts (Völkerrecht, 3. Aufl., S. 191, verb. mit S. 11) verwiesen werden. Wie derselbe nämlich schon im innerstaatlichen Recht für die oben charakterisierte Anschauung eingetreten ist, so hat er das gleiche auch für die Behandlung der Internationalverhältnisse strikt durchgeführt; eine scheinbare Hinneigung zur Theorie des spezifischen Notrechts, die in der ersten Auflage seines Völkerrechts an einer bestimmten, nicht ganz unmißverständlich formulierten Stelle (S. 118) noch vor-

durch Ullmann[1] und andere bekundeten Auffassung, welche der im innerstaatlichen Recht einen bloßen Strafausschließungsgrund statuierenden Lehre entspricht.

Bei alledem ist aber selbst die letztgenannte Richtung noch weit davon entfernt, einen durchaus befriedigenden, der Eigenart des Völkerrechts völlig angemessenen Ausdruck für den zur Erörterung stehenden Sachverhalt zu bieten; im Gegenteil läßt sich auch der völkerrechtlichen Notstandsdoktrin in allen ihren bisherigen Ausprägungen nicht der Vorwurf recht mangelhafter Fundierung ersparen.

Quell und Ursprung alles Übels ist die viel zu geringe Genauigkeit, mit der sie die beiden Bedeutungen auseinanderzuhalten pflegt, in denen das Wort Notstand nach Lage der Dinge gebraucht werden kann.

Dasselbe vermag einmal zur Bezeichnung eines rein tatsächlich vorhandenen Zustands zu dienen[2]. Streng auf solche Weise, ohne jedes weitere Zusatzelement verstanden, will es lediglich der mit dem Bestehen aller Rechtsordnungen, also auch der internationalen, ganz von selbst gegebenen Möglichkeit zum Ausdruck verhelfen, daß manchmal juristisch gleichmäßig geschützte Interessen verschiedener Personen in Kollision geraten können und alsdann eines immer nur auf Kosten des anderen ausreichend zu wahren ist.

---

handen war, ist schon in der zweiten durch schärfere und präzisere Fassung (cf. S. 167/168) vollständig vermieden.

[1] Vgl. Völkerrecht, S. 81: „Befindet sich ein Staat in einer Lage, in der die Erhaltung seiner Existenz derart in Frage gestellt ist, daß er die Gefahr nur durch Übertretung von Normen des Völkerrechts — beseitigen kann, so liegt ein Fall des Notstands vor —; ein Recht zur Vornahme betreffender Handlungen wird nicht anerkannt, die Handlungen sind rechtswidrig, es zessieren nur die mit solchen Handlungen sonst verknüpften rechtlichen Folgen."

[2] In diesem Sinne wird es, mehr oder weniger deutlich, bei allen Begriffsbestimmungen angewandt, die die strafrechtlichen Systeme und Lehrbücher allgemein-apriorisch, noch ohne Rücksicht auf die jeweils vorhandene positiv-juristische Ausprägung des Gedankens, von Notstand zu geben pflegen. Besonders klar tritt dies bei Janke zutage, da dieser (Der strafrechtliche Notstand, 1878, S. 28/29) unseren Fall als „das Verhältnis" definiert, „in welchem mehrere selbständig nebeneinander stehende, durch das Recht gesicherte Güterinteressen tatsächlich nebeneinander nicht bestehen können".

Sorgfältig hiervon zu unterscheiden ist die zweite Bedeutung, bei welcher Notstand das technisch ausgebildete, positiv sanktionierte Institut je eines einzelnen Rechtssystems bezeichnen soll. Es liegt nun auf der Hand, daß, in diesem Sinne gefaßt, mit dem Begriff keineswegs so voraussetzungs- und ausnahmslos hantiert werden darf, wie es beim Gebrauch in der ersten Bedeutung allerdings und ohne weiteres zulässig erscheint. Um ein praktisches Einzelbeispiel anzuführen, so stand auch für die germanischen Stammesrechte die Sache von Anfang an so, daß hier oft genug Lagen vorkamen, „worin man nur durch eine verbotene Handlung ein gefährdetes Rechtsgut erretten konnte“ [1]; spezifische juristische Berücksichtigung jedoch haben dieselben lange Zeit, teilweise bis ins 15. Jahrhundert [2], nicht erfahren; vielmehr wurde damals die in (faktischem) Notstand begangene Tat prinzipiell genau so behandelt und geahndet, wie jede andere Verletzung fremder Rechtsgüter auch [3]. Darin konnte, hier wie überall, eine Wandlung lediglich auf dem Wege eintreten, daß die betr. Rechtsordnung selber, fußend auf der allmählich gewonnenen Erkenntnis, daß jene, zunächst rein tatsächlich vorhandene Konstellation gerechter Weise auch eine juristische Privilegierung verdiene, ihr dieselbe zu gewähren beschloß und wirklich gewährte.

Gerade dieser Umstand aber, daß der faktische Notstandsbegriff einzig und allein durch Akte positiver Rechtssetzung in den juristischen überführt werden kann, wird von der Lehre vom internationalen Notstand so gut wie vollständig außer Acht gelassen; sie operiert offenkundig mit

---

[1] Binding, Handbuch des Strafrechts, I, S. 759.

[2] Wie aus den Darlegungen von His, Das Strafrecht der Friesen im Mittelalter (Leipzig 1901) deutlich hervorgeht. Darüber, wie spät und mühsam auch sonst im deutschen Recht der Notstandsgedanke praktischwirksame Anerkennung gefunden hat, vgl. Schroeder, Deutsche Rechtsgeschichte (4. Aufl. 1902), S. 348.

[3] Cf. u. a. Lehmann in Birkmeyers Enzyklopädie der Rechtswissenschaft, S. 281.

letzterem als rechtlich relevantem Institut, ohne irgendwelchen exakten Nachweis dafür zu liefern, wann und wodurch die ausschließlich zur Um- und Fortbildung des internationalen Normensystems kompetenten Subjekte, die Staaten, eine entsprechende Regel sanktioniert haben sollen. Und doch wären derartige Untersuchungen für sie in ihren sämtlichen drei Richtungen gleich unentbehrlich und notwendig gewesen. Denn wenn ein spezifisches Notrecht bestehen soll, so muß dieses unbedingt allen in gefährliche Lagen geratenden Mächten positiv zugebilligt worden sein; wenn die juristische Indifferenz, das Fehlen der Rechtswidrigkeit für Notstandsfälle behauptet wird, so ist die Schaffung einer einschränkend-negativ wirkenden Norm des Inhalts eingehend darzutun, daß sämtliche Völkerrechtspflichten [1] auf gewisse Exzeptionalverhältnisse keine Erstreckung finden, wenn die Ullmann'sche Auffassung das ausnahmsweise „Zessieren der sonst mit rechtswidrigen Handlungen verknüpften rechtlichen Folgen" vorsieht, so hat sie den generell verfügten Satz aufzuzeigen, auf Grund dessen diese regelmäßig und im allgemeinen eintretenden Folgen [2] unter bestimmten Voraussetzungen nicht Platz greifen sollen. Solange für alle diese Dinge der

[1] Einschließlich der durch ausdrückliche Vereinbarung völlig illimitiert übernommenen! Ein Beispiel mag die Sache verdeutlichen. Durch die St. Petersburger Deklaration vom 11. Dezember 1868 haben die beteiligten Mächte ohne jeden Vorbehalt versprochen, sich bei Kriegen miteinander gewisser Explosivgeschosse nicht zu bedienen; trotzdem wäre es nach der durch v. Liszt, Völkerrecht, S. 191 ganz allgemein aufgestellten These, nicht als formell völkerrechtswidrig zu erachten, wenn ein Staat beim letzten Ringen um seine Existenz im Gebrauch derartiger Kugeln seine Rettung suchen wollte. Das bestreite ich jedoch auf das Entschiedenste: ich vermisse eben gänzlich die positiv-juristische Grundlage für den abstrakt-supponierten Satz, daß „der Notstand allen Akten den Charakter der Rechtswidrigkeit zu nehmen vermag" (v. Liszt, a. a. O., S. 176), daß „der Begriff der völkerrechtswidrigen Handlungen unter allen Umständen dann entfällt, sobald das Vorgehen eines Staats gegen einen anderen im Interesse seiner eigenen Sicherheit, zur Wahrung seiner Souveränetät erforderlich wird" (A. Zorn, Grundzüge des Völkerrechts, 2. Aufl., S. 156).

[2] Was als solche für das der spezifischen Strafgewalt entbehrende Völkerrecht allenfalls in Betracht kommen könnte, darüber siehe Ullmann, a. a. O., S. 177f.; v. Liszt, S. 183f.

Nachweis entweder gar nicht angetreten[1] oder bestenfalls in unzulänglicher[2] Form geführt wird, schwebt die Annahme, daß auch in die internationale Ordnung das Notstandsinstitut in technisch-juristischem Sinne Aufnahme gefunden habe, vollständig in der Luft; sie kann nur die Rolle eines naturrechtlichen „Mädchens aus der Fremde" spielen — „man wußte nicht, woher sie kam!" [3]

Selbstverständlich würde dieses Urteil seine Berechtigung verlieren, sobald überzeugend dargetan würde, daß die Staaten einen derartigen, sei es nun ausdrücklich oder stillschweigend-gewohnheitsmäßig erklärten Gemeinschafts-

---

[1] Das ist u. a. bei Heilborn der Fall, der dem S. 139 von uns zitierten Satze: „Es wird im (faktischen Notstande gehandelt" noch auf derselben Seite (a. a. O., S. 296) ganz unvermittelt den anderen folgen läßt: „die Notstandshandlung ist nicht widerrechtlich", worauf später (S. 358) von „der allgemeinen Notstandsnorm des Völkerrechts" wie von etwas unbestreitbar Feststehendem gesprochen wird.

[2] Das gilt z. B. von demjenigen, was Lunder in Holtzendorffs Handbuch des Völkerrechts (Bd. IV, S. 255), freilich nicht generell, sondern bloß für einen angeblichen Notstand-Spezialfall (Verhältnis der sogen. Kriegsraison zur regelmäßig einzuhaltenden Kriegsmanier) bemerkt: „Ebensowenig kann die Berechtigung zur Kriegsraison geleugnet werden beim Eintreten äußerster Notfälle. Ist schon bei Notlagen einzelner(!) die Straflosigkeit von noch so schwer verletzenden Notstandshandlungen anerkannt (!!), so muß (?!) das in noch höherem Maße im Kriege der Fall sein, bei dem so viel mehr auf dem Spiele steht." Darauf ist zu erwidern, daß, wenn auch in 100 Rechtsordnungen irgend ein Satz positiv eingeführt ist und besteht, dies noch gar keinen Rückschluß auf die 101. erlaubt, am wenigsten dort, wo die letztere (was auf das Völkerrecht notorisch zutrifft) weitaus unentwickelter und loser organisiert ist wie sämtliche ersteren.

[3] Übrigens läßt sich ganz die nämliche Kritik auch auf gelegentliche Erscheinungen aus anderen Rechtsgebieten anwenden. Wenn u. a. H. Schulze (Preußisches Staatsrecht, II, S. 447) das Nichtzustandekommen des Etatgesetzes einen „abnormen, verfassungswidrigen Zustand nennt, in welchem die Regierung nur nach den Geboten des Notstands die Staatswirtschaft weiter zu führen berechtigt (!) und verpflichtet ist", so sieht man sich vergebens nach Normen um, durch welche dieses Prinzip in das Staatsrecht positiv eingeführt wäre. Sollte etwa eine Basierung auf solche überhaupt für entbehrlich und überflüssig gehalten werden, dann könnte man natürlich mit derselben Berechtigung beispielsweise auch behaupten, in dringenden Notfällen sei die Regierung des Deutschen Reiches zum Erlaß sogen. provisorischer Gezetze formell befugt, trotzdem die spezifisch-rechtliche Regelung unseres Verfassungslebens, insbesondere die Konstitution vom 16. April 1871, von dieser Kompetenz nicht das mindeste weiß (vgl. Laband, Reichsstaatsrecht, 3. Aufl., I, S. 265, 567).

willen wirklich an den Tag gelegt haben. In der Tat stößt man, sobald zunächst die erstere Form internationaler Rechtsbildung, die rechtsetzenden Verträge daraufhin durchgesehen werden, verhältnismäßig gar nicht so selten auf Bestimmungen, die ganz unverkennbar eine gewisse Regelung des Notstandsproblems bezwecken. Indes ist wohl zu beachten, daß es sich dabei fast stets nur um völkerrechtliche Abmachungen darüber handelt, wie nach bestimmten, auch das Ausland tangierenden Richtungen die innerstaatliche Herrschaftsgewalt gehandhabt werden soll; mit anderen Worten, die betr. Traktate geben weit überwiegend nur bindende Anweisungen, daß und wann einzelne in Notstand geratene Menschen von letzterer für ihre Handlungen nicht haftbar zu machen sind[1]. Dagegen bieten sie im allgemeinen äußerst wenig, was auf das hier allein in Frage kommende gegenseitige Verhältnis der Staaten als solcher Bezug hätte; vielmehr läßt sich in dieser Hinsicht nur höchst spärlich und ausnahmsweise[2] einmal eine Festsetzung, daß die Mächte selber in außerordentlichen Fällen von der Befolgung normaler Völkerrechtssätze absehen dürfen, namhaft machen; und selbst wenn dies häufiger, als

---

[1] Vgl. z. B. Art. 2 des Pariser Vertrags (vom 14. März 1884) zum Schutze der unterseeischen Telegraphenkabel (Martens, N.R.G., s. II, t. XI, S. 283): „La rupture ou la détérioration d'un câble — sousmarin — est punissable. Cette disposition ne s'applique pas aux ruptures ou détériorations dont les auteurs n'auraient eu que le but légitime de protéger leur vie ou la sécurité de leurs bâtiments, après avoir pris toutes les précautions pour éviter ces ruptures ou détériorations.“ Einen weiteren recht interessanten Fall (bei dem der technische Notstandsbegriff zu dem einer Art Nothilfe erweitert auftritt — bez. dieses Begriffs zu vgl. u. a. Knauer, Über den strafrechtlichen Notstand und die Grenzen der Selbsthilfe nach Reichsstrafrecht, 1902, S. 17) gewährt die Bestimmung des deutsch-niederländischen Vertrags vom 11. Dezember 1873, daß Ärzten der Grenzgemeinden bei drohender Todesgefahr auch im Nachbarstaat die (sonst verbotene) Verabfolgung von Medikamenten gestattet ist.

[2] Cf. Art. 23 des auf der Haager Friedenskonferenz angenommenen Règlement concernant les lois et coutumes de la guerre sur terre: „Outre les prohibitions établies pour des conventions spéciales, il est notamment interdit: — g., de détruire ou de saisir des propriétés ennemies, sauf des cas ou ces destructions ou ces saisies seraient impérieusement commandées pour les nécessités de la guerre.“

es wirklich zutrifft, der Fall wäre, würde bis zum strikten Beweise des Gegenteils jedenfalls immer noch die Regel Platz zu greifen haben, daß gerade die ausdrückliche Anerkennung, die einem Grundsatz für bestimmte Spezialbeziehungen beigelegt wird, weit eher gegen die Absicht seiner unbeschränkten und generellen Sanktionierung spricht als für sie[1].

Demgemäß würde man von vornherein in der Hauptsache darauf angewiesen sein, durch Argumentation aus der gewohnheitsrechtlichen Praxis den Nachweis für die positive Einführung einer allgemeinen internationalen Notstandsnorm zu versuchen. Indes, wer diesen Weg einschlägt, für den macht sich alsbald wieder die schon oben[2], bei der Lehre

---

[1] Bei dieser Gelegenheit wird passend gleich auch zu Auseinandersetzungen Stellung zu nehmen sein, die v. Liszt auf S. 192 seines Völkerrechts gibt. Nachdem derselbe nämlich, S. 191, zunächst bloß die unbewiesene (vgl. oben S. 142f.) Behauptung aufgestellt hat: „Der strafrechtlich und privatrechtlich anerkannte Begriff des Notstands schließt auch für das Gebiet des Völkerrechts die Rechtswidrigkeit der begangenen Verletzung aus", zählt er weiterhin als „auf dem Begriff des Notstands beruhend" noch „eine Reihe von allgemein anerkannten (?), wenn auch meist nicht unter ihn gebrachten (Spezial-)Rechtsgrundsätzen" auf. Daraus könnte man allenfalls schließen wollen, daß indirekt überhaupt das Prinzip als solches, in und vermöge der Sanktionierung der letzteren, nach v. Liszt als positiv anerkannt zu erachten sei. Indes würde gegen eine solche Argumentation bei der doch immerhin recht geringen Zahl (es sind bloß vier) der von ihm namhaft gemachten Einzelnormen vor allem natürlich der oben im Text formulierte Grundsatz wieder mit voller Schärfe sprechen; außerdem aber ließe sich wider sie auch noch verschiedenes andere ins Feld führen. Namentlich wäre darauf hinzuweisen, daß die angeführten Fälle — der größere Teil vollständig, der Rest wenigstens partiell und nach bestimmten Richtungen hin — dem spezifischen Kriegsrecht angehören: es muß aber offenbar als methodisch bedenklich gelten, aus einem anomalen, bloß ausnahmsweise unter den Staaten herrschenden Rechtszustande Schlüsse auf das normale Verhältnis zwischen ihnen zu ziehen. Dazu kommt dann noch, daß der zuletzt gegebene Fall, der der sogen. relâche forcée, gar nicht oder höchstens sekundär, in den gegebenen Zusammenhang herein paßt, wie mir scheint; denn wenn ein (Staats- oder Privat-)Schiff bei Seenot einen fremden, kriegsrechtlich blockierten oder aus sonst einem Grunde ihm verschlossenen Hafen anlaufen darf, so handelt doch eigentlich kaum die Heimatmacht, sondern bloß die Bemannung des Fahrzeugs in dringender Zwangslage, d. h. es wird systematisch richtiger eine zugunsten von Individualpersonen erlassene Notstandsbestimmung (und damit in gewissem Sinne ein Seitenstück zu den S. 145, N. 1 genannten Fällen) anzunehmen sein.

[2] S. 139.

vom Selbsterhaltungsrecht, kurz berührte Tatsache entscheidend bemerklich, daß eigentlich jedesmal, wenn eine Macht in dringender Zwangslage sich über irgendwelche Internationalpflicht hinweggesetzt hat, die Gegenpartei lebhaft dawider remonstriert, und es folglich zu der für die Entstehung praktisch-gültiger Völkerrechtsnormen schlechterdings unentbehrlichen staatlichen Willens**einigung** regelmäßig nicht kommt. Damit ist nun auch die zweite und letzte Möglichkeit geschwunden, mit der überhaupt die Bildung solcher Normen positiv sich dartun läßt, und man wird deshalb notgedrungen ganz darauf verzichten müssen, in dem dermaligen Bestande rechtlich gesetzter und **geübter** Völkerverkehrssätze etwas ähnliches wie die von einem Teil der Wissenschaft theoretisch gelehrte Notstandsdoktrin wiederzufinden.

Auch ist meines Erachtens nicht darauf zu rechnen, daß hierin jemals eine wesentliche Änderung eintreten wird. Denn im letzten Einsatz und auf die extremste Möglichkeit zugespitzt, würde die positive Anerkennung jener Norm notwendig doch auch das gegenseitige Zugeständnis involvieren müssen, in Fällen dringender Gefahr dürfe der eine Staat sogar auf Kosten des gesamten politischen Bestands des anderen sich helfen. Tiefer und schärfer erfaßt, die Mächte müßten erst altruistisch genug denken, sich unter Umständen zu Gunsten eines Mitstaats die eigene Existenzberechtigung abzusprechen; sie müßten die Erklärung — formell oder doch der Sache nach — über sich gewinnen, zu sagen: „Ich gestehe dir das ausdrückliche Recht zu, unter Umständen mich selber umzubringen,“ resp.: „Eine derartige Tat soll mir wenigstens als rechtlich unverboten, materiell verzeihlich und entschuldbar (oder wie sonst die Formel gewählt werden mag) gelten.“ Einer Entwicklung nach dieser Richtung hin steht aber ein für allemal die rein egoistische Tendenz entgegen, auf Grund deren der gesamte Völkerverkehr entstanden ist und permanent sich abspielt: wenn die Staaten innerhalb desselben notorisch stets bloß

Nutzen und Vorteil, Förderung ihrer spezifischen Einzelinteressen suchen, so wird nie daran zu denken sein, daß sie die Antastung ihres höchsten Interesses, des eigenen Lebens je in irgend einer Form für erlaubt oder auch nur diskutabel erklären sollten[1]. —

Durch die sämtlichen, vorstehend entwickelten Erwägungen kann jetzt wohl soviel als ausreichend festgestellt gelten, daß die Heranziehung des technisch-juristisch geordneten Notstandsinstituts für das Völkerrecht prinzipiell verfehlt ist. Ja es läßt sich aus ihnen im Grunde sogar noch ein wesentlich weitergehender Schluß ziehen, nämlich ganz allgemein folgern, daß überhaupt keine wie immer geartete Konstruktion des uns hier beschäftigenden Problems sich praktisch wirksam zu bewähren vermag, die, wie es bei jenen tatsächlich zutrifft, für den tiefsten und entscheidenden Nachweis ihrer Berechtigung lediglich auf das Dartun einer seitens der Staaten selbst gemeinsam gesetzten Regel angewiesen ist; einzig eine solche Theorie darf von vornherein auf befriedigende Ergebnisse hoffen, die von dem letzteren Requisit vollständig zu abstrahieren in der Lage ist.

Das ist nun aber bei derjenigen Lehre wirklich der Fall, die von uns seinerzeit aufgestellt wurde, und die jetzt

---

[1] Des Vergleichs wegen sei hier die Einflechtung einer rechtshistorischen Reminiszenz aus einem anderen Gebiet gestattet. Als Beccaria sich 1764 entschieden gegen die Zulässigkeit der Todesstrafe aussprach, war einer der Hauptgründe für seine Stellungnahme bekanntlich der, „weil in dem Vertrag, worauf der Staat beruht, keiner eine Macht gewollt haben kann, welche das Recht, ihn zu töten, einschließt“. Diese Argumentation war, von allem anderen abgesehen, schon um deswillen falsch, weil der (auf realgegebene Naturtriebe basierte) Staat und mit ihm sein Recht in Wahrheit gar nicht erst aus einer Vereinbarung von Individuen hervorgegangen ist und also aus dieser, bei ihm nur fiktiver Weise angenommenen Entstehungsart auch keine Folgerungen bez. der Grenzen seiner Betätigungsfähigkeit gezogen werden dürfen. Dagegen paßt jener Gedankengang, sofern man ihn nur seiner spezifisch-kriminalistischen Gewandung entkleidet, nach der tatsächlich gegebenen Lage der Dinge recht gut auf das internationale Leben und das letzterem eigentümliche Völkerrecht.

zur Kontrastierung nochmals kurz und in ihren Hauptzügen übersichtlich zusammengestellt werden mag.

Selbstverständlich ist auch sie nicht imstande, ohne jedwede Bezugnahme auf den real sich betätigenden Willen der Staaten auszukommen; das erscheint ja schon gegenständlich völlig ausgeschlossen, da doch die ganze Lehre vom Verkehrsleben der Völker grundsätzlich mit nichts anderem als eben mit staatlichen Willensaktionen zu tun hat. Demgemäß bilden solche auch für uns den ausschließlichen Gegenstand aller Ausführungen; wir knüpfen an die historisch erfahrungsmäßig feststehende Tatsache an, daß jedesmal, wenn die getreuliche Erfüllung einer Völkerrechtspflicht den betreffendne Staat mit schwerer Gefährdung seiner vitalen Existenzbedingungen bedroht, ihre Einhaltung schlechterdings verweigert zu werden pflegt. Dabei handelt es sich aber für unsere Auffassung stets und durchweg bloß um einseitig vorgenommene Einzelhandlungen; wir behaupten nicht, daß die mit konstanter Gleichmäßigkeit verfahrenden Subjekte selbst schon zur gemeinsamen (ausdrücklich oder auch nur stillschweigend erklärten) Setzung einer derartigen Regel gelangt wären[1]. Diejenige Instanz, welche zur Statuierung dieser verschreitet, ist vielmehr eine total andere: lediglich durch die völkersoziale Wissenschaft als solche wird sie vollzogen nach derselben Methode und mit genau der nämlichen Berechtigung, wie die Naturwissenschaft[2] ihre rein empirischen Gesetze bloß aus der Fülle regelmäßig übereinstimmender Einzelgeschehnisse herleitet.

Nach alledem ist als Schlußergebnis jedenfalls dies fest-

---

[1] Hieran ändert nichts der Umstand, daß wir die partielle Nichteinhaltung aller Völkerrechtssätze früher (vgl. S. 116 f., sowie S. 120 f.) kurzweg als dem „wahren und eigentlichen Willen" der Staaten entsprechend bezeichnet haben (s. auch noch S. 160 f.). Denn in unserem Sinne manifestiert sich der letztere eben ausschließlich in solchen, rein konkreten Akten und Betätigungen, hat es dagegen in keiner Weise vermocht, sich in eine allgemeine, vereint geschaffene und ausgesprochene Norm umzusetzen.

[2] Cf. oben S. 110 f.

zuhalten, daß das Phänomen einer eigenartig-faktischen Beschränkung, welches wir, den Wegen der üblichen Klausellehre nachgehend, ursprünglich bloß in Anwendung auf die eine Regel Pacta sunt servanda kennen gelernt haben, überhaupt für das gesamte Völkerrecht unverändert wiederkehrt und bemerkbar ist. Bei jeder positiv-allgemeingültigen Norm des letzteren steht prinzipiell die Sache so, daß eine wesensgleiche, d. h. selbst wieder juristische Einengung ihrer Gültigkeit schlechterdings nicht stattgefunden hat; deshalb können und müssen vom einseitigen Rechtsstandpunkt aus alle Verletzungen derselben, gleichviel welche speziellen Umstände dabei vorliegen, zunächst nie als etwas anderes wie konkrete Zuwiderhandlungen charakterisiert werden. Indem dann aber die praktische Beobachtung lehrt, daß solche unter bestimmten Voraussetzungen sich unbedingt und mit nie versagender Zuverlässigkeit einstellen, tritt in gewisser Weise, eben streng tatsächlich genommen, dem ersten Satze trotzdem ein zweiter beschränkend an die Seite: beide lassen sich, wiewohl nach Wesen und Beschaffenheit völlig von einander verschieden, immerhin in dem Sinne synthetisch zu dem Verhältnis von Regel- und Ausnahmenorm verknüpft denken, weil die eine der anderen offenbar einen Teil ihrer faktischen Wirksamkeit, ihres realen Geltungsbereiches[1] entzieht.

Zum Schlusse dieses ganzen § 12 nur noch einige wenige Bemerkungen, die einen Gegenstand rein terminologischer Natur betreffen. Man könnte nämlich die Frage aufwerfen, ob im Interesse einer knappen Bezeichnung des soeben skizzierten Tatbestands, daß bei Konflikten mit dem höchsten staatlichen Interesse, dem der Selbsterhaltung, kein einziger Völkerrechtssatz praktische Befolgung und Durchführung zu finden pflegt, nicht dennoch Begriff und Ausdruck eines internationalen Notstands zu empfehlen und

[1] Über die diesem beizulegende Bedeutung s. ausführlich § 17.

vorteilhaft anzuwenden sei. In der Tat wird gegen die analogische Verwertung desselben kaum etwas Stichhaltiges eingewandt werden können; liegt es doch auf der Hand, daß es grundsätzlich gleichartige Sozialzustände und -bedürfnisse sind, die einerseits das juristisch-geordnete Notstandsinstitut der innerstaatlichen Rechtssysteme, anderseits jene faktisch sich betätigende Eigentümlichkeit des Völkerverkehrslebens gezeitigt haben. Mit Rücksicht hierauf erscheint es keineswegs bedenklich und unangemessen, die für das eine Mal allgemein gebräuchliche Benennung auch auf den zweiten Fall prinzipiell anzuwenden, um so weniger, als wir ja wissen, daß in bestimmt begrenzter Weise für das innerstaatliche Kriminalrecht gleichfalls von einem rein tatsächlichen Notstandsbegriff gesprochen werden kann und wirklich gesprochen wird[1]. Freilich aber, zur Vermeidung weittragender Irrtümer und Mißverständnisse, muß dabei eben unbedingt an dem von uns klar gelegten Sachverhalt festgehalten werden, daß im Völkerrecht die letztere Bedeutung, ganz anders wie bei jenem, die einzig mögliche geblieben ist, daß, während dort im Laufe der Jahrhunderte aus dem faktischen Notstand allmählich auch ein irgendwie rechtlich geordnetes Verhältnis herauswachsen konnte, dieses hier durchaus und vollständig mangelt; man muß sich wohl bewußt bleiben, daß, mit dem innerstaatlich-juristischen Institut verglichen und in Parallele gebracht, das von uns beobachtete Internationalphänomen — bei aller Übereinstimmung im materiellen Grundgedanken! — formell doch eine ganz selbständig geartete, von jenem scharf differierende Bildung darstellt.

---

[1] Vgl. oben S. 141.

Sechster Abschnitt.

Die Unzulänglichkeit des Moments der „veränderten Umstände".

§ 13.

Wir gelangen nunmehr zur Erörterung und kritischen Prüfung desjenigen Elements der herrschenden Klauseltheorie, dem diese recht eigentlich ihren technischen Namen verdankt. Indem sie das internationale Vertragsrecht dahin geordnet wissen will, daß beim Fortdauern von „rebus sic stantibus" alle Traktate prinzipiell gültig bleiben sollen, setzt sie ihrer vertragsaufhebenden Wirkung selbst eine festumschriebene Grenze: sie erklärt, unter keinen Umständen dort Platz zu greifen, wo nicht irgendwelche Veränderung der früheren Verhältnisse objektiv vorhanden und nachweisbar ist.

Jedem, der eine etwas eingehendere Kenntnis von der bunten Mannigfaltigkeit des praktischen Völkerverkehrslebens besitzt, werden von vornherein einige Zweifel beikommen müssen, ob diese Formulierung nicht auf ein viel zu geringes Erfahrungsmaterial zugeschnitten und deshalb die ganze Beschränkung recht willkürlicher Art ist. Es sind nämlich offenbar die historisch gegebenen Tatbestände gar nicht so selten, für welche die Heranziehung der clausula rebus sic stantibus ihrem innersten (von uns bestimmtartig modifizierten) Grundgedanken nach durchaus passend und geeignet erscheinen würde, bei denen aber das Dartun von res mutatae auf erheblichste Schwierigkeiten stößt, wo nicht geradezu unmöglich ist.

Um das näher zu illustrieren, wollen wir zunächst noch einmal auf einen schon früher behandelten Fall, die einseitige Einverleibung der Republik Krakau in Österreich, zurückgreifen. Wir haben seinerzeit[1] nur dasjenige Rechtsverhältnis ins Auge gefaßt, welches zwischen den drei Ostmächten Preußen, Rußland, Österreich einesteils und Krakau selbst anderenteils stattfand, und haben dabei konstatiert, daß hier naturgemäß nicht so sehr eine Verletzung des völkerrechtlichen Satzes Pacta sunt servanda, als die einer von ihm prinzipiell verschiedenen Internationalnorm anzunehmen ist. Wie jedoch damals bereits kurz angedeutet wurde, hat man wohl zu beachten, daß die Angelegenheit für die juristische Betrachtung auch noch eine ganz andere Seite darbietet, insoweit nämlich, als die Beziehungen Englands und Frankreichs zu der Sache in Frage kommen.

Als Mitunterzeichner der Wiener Kongreßakte waren diese Mächte rechtlich zweifellos befugt, die Einhaltung aller in ihr festgesetzten Bestimmungen und so u. a. auch desjenigen Artikels zu verlangen, der die Bildung eines besonderen Staates Krakau verfügt hatte. Zwar haben ihre Gegner den Versuch gemacht, ihnen die juristische Kompetenz hierzu abzustreiten, aber mit recht schwächlichen, unzureichenden Gründen: sie stellten nämlich für die Tragweite der Wiener Kongreßbeschlüsse eine eigenartige „Einregistrierungs“-Theorie[2] auf, derzufolge Angelegenheiten, die zuvörderst durch einen Sondertraktat zwischen einzelnen Staaten[3] reguliert und erst nachträglich der allgemeinen

---

[1] Vgl. S. 124, insbes. Anm. 2.

[2] Am deutlichsten gelangt diese, von Rußland 40 Jahre später in der Batumfrage unverändert wieder aufgenommene (cf. oben S. 52, N. 2) Lehre zum Ausdruck in einer Metternich'schen Depesche vom 9. Januar 1847. Vgl. Martens, N.R.G., X, S. 128 ff.

[3] Für den Krakauer Fall fungiert als solcher der russisch-preußisch-österreichische Vertrag vom 3. Mai / 21. April 1815.

Kongreßakte einverleibt worden waren, in letztere gewissermaßen bloß zur öffentlichen Kenntnisnahme, ohne Gewährung eigener vertragsmäßiger Rechte an die Mitunterzeichner, aufgenommen sein sollten, und also auch jederzeit von den ursprünglichen Kontrahenten einseitig abgeändert werden dürften. Selbstverständlich geht es an dieser Stelle nicht an, uns in eine ausführlicher gehaltene Widerlegung[1] der ostmächtlichen Argumentation einzulassen; es sei daher bloß das Eine in aller Kürze hervorgehoben, daß für die Behauptung einer derartig abgeschwächten Wirkung in der Kongreßakte selber irgend ein Anhaltspunkt nirgends zu finden ist. Überall aber, wo die Sache so liegt, wo in einem völkerrechtlichen Vertrag nicht klar und deutlich gesagt wird, daß derselbe, ganz oder auch teilweise, bloß in einem besonderen, von der üblichen Bedeutung durchaus abweichenden Sinne gemeint war, da muß auch „jusqu'à preuve d'une intention contraire des parties“[2] unbedingt präsumiert werden, daß aus der Gesamtheit seiner Bestimmungen für alle Signatarmächte eigene Ansprüche und Rechte entspringen sollen; oder, speziell auf den hier zur Erörterung stehenden Fall angewandt, formal-juristisch waren England wie Frankreich nur zu sehr befugt, in der ohne ihre Zustimmung erfolgten Aufhebuug des Krakauer Freistaats eine rechtswidrige Verletzung des 1815 mit ihnen abgeschlossenen Vertrags zu erblicken.

Allerdings aber auch nur formal-juristisch. Denn da die beiden Seiten des einen Rechtsverhältnisses doch unmöglich einer prinzipiell verschiedenartigen Beurteilung unterzogen werden dürfen, so muß die Rechtfertigung aus einem höheren, der spezifisch-juristischen Betrachtungsweise transzendenten Standpunkt, die wir früher dem Verfahren der Ostmächte Krakau selbst gegenüber zuteil werden ließen, im Verhältnis zu den Kosignataren der Wiener Kon-

[1] Speziell in Anwendung auf die Batumaffaire gibt eine solche Rolin-Jacquemyns in der Revue de droit international, XIX, S. 40ff.

[2] Rolin-Jacquemyns, a. a. O., S. 43.

greßakte nicht weniger eintreten; sobald einmal dort die Verletzung des strengen Völkerrechts als materiell begründet und zulässig anerkannt ist, kann das Gleiche auch der Übertretung der Regel Pacta sunt servanda schlechterdings nicht mehr versagt werden: d. h. wenn irgendwo, liegt gerade hier ein Fall vor, auf den man auch die für das spezielle Vertragsrecht ausgeprägte clausula rebus sic stantibus mit vollstem Recht anzuwenden in der Lage ist[1].

Ein Anhänger der üblichen und herrschenden Klausellehre freilich müßte, ehe er das zugestehen dürfte, zuvor eben noch die zu Beginn dieses Paragraphen formulierte Frage aufwerfen und befriedigend beantworten können, er müßte den Nachweis liefern, daß in der Zeit von 1815 bis 1846 eine fundamentale Veränderung in der politischen Gesamtlage vor sich gegangen ist. Das ist aber eine Aufgabe, an der er, wenn er die Sache logisch genau nimmt, im gegebenen Falle rettungslos scheitern wird. Der sachlich entscheidende Punkt bestand ja, wie wir wissen, einzig und allein darin, daß die Existenz des kleinen Freistaats für die Nachbarmächte eine permanente Bedrohung involvierte und deshalb von ihnen im Interesse der Selbsterhaltung einfach nicht länger geduldet werden konnte. Dieser Sachverhalt ist nun aber keineswegs als das Resultat einer erst später eingetretenen Entwicklung der Dinge anzusehen; vielmehr stand die Sache gleich von Anfang an so, daß „eine Republik Krakau unfehlbar der Herd einer hochgefährlichen polnischen Propaganda werden mußte“[2].
Anstatt also daß, wie die völkerrechtliche Doktrin generell

---

[1] Tatsächlich finden sich in dem auf die Krakauer Angelegenheit bezüglichen Aktenmaterial mehrfach Stellen vor, die eine gewisse Bezugnahme auf jene deutlich erkennen lassen (vgl. z. B. die österreichische Depesche vom 15. November 1846, Martens, a. a. O., S. 67: „Toute situation peut être altérée dans ses fondements. Il en est ainsi de l'existence de Cracovie“), wenngleich dieser Gesichtspunkt der vorhin zurückgewiesenen Einregistrierungstheorie gegenüber verhältnismäßig viel zu wenig zur Geltung kommt.

[2] Treitschke, Deutsche Geschichte im 19. Jahrhundert I (5. Aufl.), S. 651.

verlangt, im Laufe der Jahre eine wirklich neue Konstellation sich herausgebildet hätte, liegt in concreto die Sache vielmehr so, daß bloß etwas Altes, objektiv längst Vorhandenes zunächst latent geblieben, subjektiv übersehen und verkannt worden ist und erst hinterher die zutreffende Beurteilung fand.

Bei alledem soll ja nicht geleugnet werden, daß die Krakauer Affaire auch gewisse Momente darbietet, in denen man bei oberflächlicher Betrachtung immer noch die von der Theorie geforderte objektive Veränderung der Dinge zu erblicken vermöchte[1]. Es können aber auch Fälle vorkommen, bei denen von etwas derartigem nicht, selbst nicht bei weitherzigster Auslegung der Sachlage, mehr die Rede sein darf. Das läßt sich sehr instruktiv an einem Vorkommnis aus der deutschen Kaisergeschichte demonstrieren, welches auf Grund der üblichen schablonenhaften, nicht sachgemäß rektifizierten Klausellehre tatsächlich schon einer recht schiefen und ungerechten Kritik unterworfen worden ist, und das ich deshalb auch hier kurz mitbesprechen möchte, wiewohl es sich dabei nach Lage der Dinge nicht eigentlich um ein technisch-völkerrechtliches Geschehnis handelt.

Ich meine den Fall, welchen Pfaff auf S. 28 seiner wiederholt bereits zitierten Schrift[2] erörtert. Derselbe beschäftigt sich dort mit der Form, die die Klausellehre seinerzeit bei Leyser angenommen hat, und führt als dessen Meinung u. a. folgendes an: „Man habe mit ihr Mißbrauch getrieben; unverschämt oft sei sie der Vorwand gewesen, hinter dem sich Wankelmut und Wortbruch verbargen. So hätten auf Grund eines mit Heinrich VI. geschlossenen Paktes die Fürsten seinen Sohn zum König

---

[1] Z. B. in der Weise, daß man die erst seit dem Jahre 1830 einsetzenden offenen Insurgierungen der Nachbargebiete nicht als bloße Symptome eines tieferliegenden Grundübels, sondern als wahre, für sich bestehende novae res auffaßte.

[2] Vgl. S. 5, Anm. 2.

gewählt und ihm Treue geschworen, seien aber alsbald nach Heinrichs Tod von ihm abgefallen, und man habe diesen Vorgang durch die Berufung auf die Klausel rechtfertigen wollen. Nie aber sei diese Regel unglücklicher angewendet worden. Alles, worauf sich die Fürsten zur Beschönigung ihres Abfalls beriefen, hätten sie vorausgewußt, insbesonders daß der von ihnen Gewählte ein in der Wiege liegendes Kind war, und ebenso seien ihnen bekannt gewesen jene novae res, quas circa liberam Germanorum electionem imperatoris moliebatur pontifex."

Gegen diese ganze Art der Argumentation lassen sich gewichtige Einwände geltend machen. Dabei mag noch vollständig von der Frage abgesehen werden, ob eine Bezugnahme auf das (technisch erst seit der späteren Glossatorenzeit auftauchende) Institut der clausula nach der Gedankenwelt jener Epoche überhaupt möglich war und praktisch vorkommen konnte[1]; es ist das ein verhältnismäßig nebensächlicher Punkt, der hier um so eher unerörtert bleiben darf, als aus den Leyser'schen Worten selbst nicht mit voller Sicherheit zu entnehmen ist, ob unter denjenigen, „die den Vorgang durch die Berufung auf die Klausel rechtfertigen wollten", die deutschen Fürsten in Person oder nur spätere Verteidiger ihres Verhaltens verstanden werden sollen. Wogegen aber mit aller Entschiedenheit protestiert werden muß, das ist die Behauptung, die ersteren hätten alles Wesentliche von der nachmals erfolgenden geschichtlichen Entwicklung „vorausgewußt": woher sollte es ihnen denn bekannt sein, daß Heinrich VI. so unerwartet früh sterben würde? Gerade dies ist aber hier dasjenige Moment, auf welches alles ankommt.

---

[1] Soviel mir bekannt ist, waren es, dem ganzen Zeitcharakter entsprechend, weit andere Gesichtspunkte, die für die Zulässigkeit einer neuen Wahl geltend gemacht wurden, insbesondere das Bedenken, ob ein Eid, der einem noch gar nicht getauften Kinde geschworen sei (und ein solches war damals der spätere Kaiser Friedrich II. noch) überhaupt Verbindlichkeit besitze.

Als die Fürsten Ende 1196, auf dem Reichstage zu Frankfurt, dem Drängen des Kaisers nachkamen und sein nicht lange vorher geborenes Söhnchen zum Nachfolger wählten, da stand jener in der Blüte seiner Jahre; menschlicher Berechnung nach war gewiß anzunehmen, daß ihm noch ein langes Leben beschieden sein würde, und man durfte deshalb auch zuversichtlich darauf hoffen, daß mit dem zum König gewählten Kinde vor der wirklichen Thronbesteigung noch eine wesentliche Umwandlung, das Heranwachsen zum Jünglings- oder Mannesalter, vor sich gehen würde. Statt dessen trat aber, schon ehe es in dieser oder irgendwelcher sonstigen Beziehung auch nur zur geringsten Änderung hatte kommen können, bereits wenige Monate nach vollzogener Wahl, der für Deutschland so verhängnisvolle Tod Heinrichs VI. ein, und es hätte also nunmehr eine langwierige Zeit der Regentschaft vergehen müssen, bis endlich das nominelle Reichsoberhaupt auch tatsächlich die Funktionen seiner Stellung wahrnehmen konnte. Die Erfahrungen jedoch, die man bei früheren Gelegenheiten (insbes. Heinrich IV.) mit einer auf viele Jahre sich erstreckenden Reichsverwesung gemacht hatte, erschienen sicherlich nicht gerade als verlockend, und ganz besonders die stürmische Zeit gegen Ausgang des 12. Jahrhunderts mit ihren mannigfaltigen weltlichen und kirchlichen Wirren war wohl für die Wiederholung eines derartigen Experiments am allerwenigsten geeignet. Mit Hinblick hierauf hat man im vollen Gegensatz zu Leyser anzuerkennen, daß die deutschen Fürsten damals ihren formellen Treubruch materiell mit guten Gründen zu entschuldigen vermochten: die Wohlfahrt des Reiches, auf die es vor allem ankam, wurde tatsächlich schwer gefährdet, wenn sein König ein zweijähriges Kind war, und vor dieser Erwägung mußte die Rücksicht auf frühere, unter anderen Voraussetzungen und Erwartungen abgegebene Zusagen notwendig zurücktreten. Nur bei einer solchen Auffassung der Dinge läßt sich den Motiven der beteiligten Personen vollständig gerecht werden, und nur sie vermag es auch zu erklären, warum gerade die treuesten Ghibellinen, darunter Heinrich dem Sechsten persönlich nahestehende Männer wie sein ehemaliger Erzieher und Waffenmeister, der Reichsmarschall Heinrich von Kalden, die Königswahl des persönlich lange widerstrebenden Philipp von Schwaben entweder von sich aus direkt verlangten oder doch sofort acceptierten. —

Es versteht sich von selbst, daß das zuletzt gebrauchte Beispiel, weil nicht dem spezifischen Völkerrecht angehörend, für unsere Zwecke keine unmittelbar beweisende Kraft in Anspruch nehmen darf. Um so mehr ist das aber indirekt der Fall; wird doch zum mindesten die Möglichkeit kaum sich bestreiten lassen, daß auf diesem Rechtsgebiet, bei den internationalen Verkehrsbeziehungen, gleichfalls Konstellationen eintreten können, die jenem durchaus analog sind und mithin vollständig nach seinem Vorbild beurteilt werden müssen[1]. In diesem Sinne erscheint es nicht unzulässig, auch aus dem zweiten Falle, genau so gut wie aus der früher erörterten Krakauer Affaire, jetzt die entsprechenden allgemeinen Schlußfolgerungen zu ziehen: beide zusammen liefern jedenfalls genügendes Material, um die Revisions-

---

[1] Zur Illustration diene ein möglichst einfach und übersichtlich gewähltes Beispiel. In früheren Zeiten bildete einen recht häufigen Gegenstand von Traktaten zwischen souveränen Staaten die Zusage, daß einer dem andern ein bestimmtes Quantum von Getreide oder sonstigen Lebensmitteln gegen Entgelt zu beschaffen habe (ich erinnere u. a. an die von der Republik Genua regelmäßig abgeschlossenen Salzlieferungsverträge; cf. Sieveking, Genueser Finanzwesen, I, 1898, S. 94 f.). Wenn nun der Versprechende ursprünglich einen, seinen eigenen Bedarf übersteigenden Vorrat tatsächlich zur Verfügung gehabt, hinterher aber den Überfluß durch irgendwelche Umstände eingebüßt hatte, so waren hier offenbar wirkliche res mutatae und damit der typische Schulfall für die Anwendbarkeit der clausula rebus sic stantibus gegeben. Wenn dagegen ein entsprechender Vertrag von einem Staate eingegangen wurde, der momentan gar kein überschüssiges Getreide besaß, wohl aber solches später mit voller Sicherheit zu erlangen hoffen durfte, und wenn dann die letztere Aussicht wider alles Erwarten fehlgeschlagen war, so lag hier, an Stelle der vorhin beobachteten mutatio, nur ganz der gleiche tatsächliche Zustand noch wie früher vor, und doch hat mit Rücksicht auf die staatliche Selbsterhaltung die Nichtlieferung in dem zweiten Falle sicherlich gerade so als entschuldigt und materiell gerechtfertigt zu gelten wie in dem ersten.

bedürftigkeit der bisherigen Fassung der Klausellehre überzeugend darzutun.

Die sich aus ihnen ergebenden Konsequenzen sind offenbar folgende. Es bedeutet eine viel zu enge Auffassung des zur Behandlung stehenden Problems, wenn lediglich der Veränderung der (zur Zeit des Traktatsabschlusses vorhandenen) Umstände eine vertragsaufhebende Kraft zugeschrieben wird. An und für sich vermag überhaupt keine wie immer geartete objektive Gestaltung der Dinge ohne weiteres Einfluß auf den Bestand oder Nichtbestand eines menschlichen Willensaktes zu üben; vielmehr wird das erst dadurch möglich, daß sie subjektiv zur Voraussetzung gemacht, das Geschäft von ihr entscheidend, wiewohl vielleicht nicht klar bewußt, intern abhängig gemacht ist. Da wird es nun zunächst in der Tat überaus häufig vorkommen, daß eine stillschweigende Bezugnahme auf die Fortexistenz der wesentlichen, dermals vorhandenen äußeren Verhältnisse stattfand. Daneben aber kann man auch auf Fälle stoßen, bei denen (vgl. die Angelegenheit Krakau) nicht so sehr auf die Dauer der letzteren wie darauf abgestellt ist, daß die innere Beurteilung, die man ihnen seinerzeit zuteil werden ließ, unverändert dieselbe bleiben darf. Und weiterhin drängen sich wieder abweichend gestaltete Erscheinungen nach der Richtung hin auf, daß (Königswahl Friedrichs II.) manchmal das den Fortbestand des rechtsgeschäftlichen Willensaktes tangierende Moment überhaupt nicht mehr in irgend einer (sei es nun äußeren oder inneren) Veränderung, sondern gerade darin besteht, daß eine solche wider alles Verhoffen nicht eingetreten ist, vielmehr genau der ursprünglich gegebene status auch jetzt noch anhält.

Diese sämtlichen Fälle, die auf den ersten Blick so mannigfach von einander differieren, stimmen unverkennbar in dem einen Punkte durchaus überein, daß es bei ihnen im Grunde darauf ankommt, dem „wahren und eigentlichen Willen“ der Parteien wider den ausgesprochenen zur Geltung zu verhelfen[1]: überall ist ein rechtsgeschäftlicher Akt zustande gekommen, der nicht gewollt worden wäre, wenn der Betreffende hätte voraussehen können, daß die in ihm vorhandene Vorstellung vom Verlauf der Dinge und die nachmalige wirkliche Entwicklung sich in wesentlichen Elementen nicht decken würden. Mit anderen Worten, es ist eben ein rein subjektives Kriterium, welches in den von uns kurz skizzierten Fällen gleichmäßig den Ausschlag gibt, und auf das überhaupt, hiernach zu schließen, die gesamte Klausellehre entscheidend zurückgeführt werden muß. Es liegt auf der Hand, daß mit dieser Wendung die von der völkerrechtlichen Theorie regelmäßig gewandelten Bahnen beträchtlich und nach den verschiedensten Richtungen hin[2] überschritten werden. Indes ein solches Hinausgreifen über sie erscheint als gar nicht zu vermeidende Notwendigkeit; denn nur, wenn jenes subjektive Moment — und zwar in allgemeinster Fassung[3] — zugrunde gelegt wird, kann man dem internationalen Klauselproblem wahrhaft erschöpfend und vollbefriedigend gerecht werden; namentlich vermag erst dann dem von der herrschenden Lehre allzu einseitig bevorzugten Falle, dem Eintritt nichterwarteter Veränderungen, ebenbürtig seine vollständige Umkehrung, d. h. der Nichteintritt erwarteter Veränderungen, an die Seite zu treten[4].

---

[1] Vgl. hierzu oben S. 117, Anm. 1.

[2] Die vorhin erfolgte Nennung von Einzelfällen beansprucht durchaus nicht, vollständig zu sein.

[3] Etwa nach dem Muster der Formulierung, die für das Privatrecht von Bekker aufgestellt worden ist; cf. Pandekten, II (1889), S. 367: „‚Voraussetzungen' eines geschäftlichen Willens heißen wir dasjenige Denken und Meinen des Wollenden bezüglich auf das was ist und das was geschehen ist (‚annehmen'), sowie auf das was ist und das was geschehen wird (‚erwarten'), ohne welches er diesen Willen nicht gefaßt haben würde. Also ergibt die falsche Voraussetzung auch einen gefälschten Willen."

[4] Speziell der letztere Fall würde eine beträchtlich eingehendere Behandlung verdienen, als sie ihm hier nach Lage der Dinge zuteil werden kann. Besonders wichtig und deshalb auch an dieser Stelle wenigstens kurz zu erwähnen ist der Umstand, daß der Zeitpunkt, bis zu welchem auf die zur wesentlichen Voraussetzung erhobene Änderung gewartet werden muß, durch die obwaltenden Umstände meist ziemlich scharf be-

§ 14.

Im Anschluß an die zuletzt gegebenen Ausführungen mag noch auf eine spezielle Frage kurz eingegangen werden, eine Frage, die nach der gewöhnlichen Formulierung der Klausellehre mit dieser scheinbar nichts zu schaffen hat, die sich aber für uns, in dem vorstehend veränderten und erweiterten Sinne derselben, aufs engste damit verknüpft erweist.

Zwei eigentümliche Endigungsgründe sind es, die von der völkerrechtlichen Doktrin fast übereinstimmend für das internationale Vertragsrecht in Anspruch genommen und als besondere Singularitäten des letzteren ausgegeben zu werden pflegen: das ist einmal die uns hier grundsätzlich beschäftigende „wesentliche Veränderung der Umstände", außerdem aber noch die „Nichterfüllung des Übereinkommens von seiten der einen Vertragspartei" [1]. Beide werden regelmäßig als völlig selbständige, isoliert neben einander stehende Dinge behandelt, dergestalt daß zwischen

---

stimmt wird, dergestalt, daß jede frühere Berufung auf den Nichteintritt jener als unzulässig erscheint. Wir geben auch dafür wieder ein historisches Beispiel. Im Jahre 1721 wurde, hauptsächlich auf Betreiben des Regenten Philipp von Orléans, ein spanisch-französischer Traktat des Inhalts abgeschlossen, daß König Ludwig XV. die damals erst drei Jahre zählende Infantin Maria Anna Viktoria heiraten solle. Indes bereits 1725 sagte man sich in Frankreich von dem Vertrage einseitig los, und zwar mit der ausschließlichen Motivierung, daß das Staatsinteresse gebieterisch die möglichst rasche Fortpflanzung des königlichen Mannsstamms erheische, eine solche aber noch in weite Ferne rücke, wenn man auf Realisierung der spanischen Heirat warten wolle (cf. Gauthier-Villars, Le mariage de Louis XV d'après des documents nouveaux [Paris 1900], S. 26, 39, 83, 88, 93 und öfter). Dieser Versuch einer materiellen Rechtfertigung des formellen Vertragsbruchs war jedoch insofern zweifellos mit einem bedenklichen Mangel behaftet, weil der geltend gemachte Sachverhalt doch absolut nichts Unvorhergesehenes enthielt; vielmehr mußte man gleich anfangs, als die kleine Prinzessin in Paris ihren Einzug hielt „assise sur les genoux de sa gouvernante, en tenant sa poupée" (Gauthier-Villars, a. a. O., S. 9), genau wissen, daß die „erwartete Veränderung", d. i. das Heranreifen zur wirklichen Vollziehbarkeit der Ehe erst bedeutend später wie 1725 gegeben sein würde.

[1] Vgl. Ullmann, Völkerrecht, S. 175, Jellinek, Rechtliche Natur der Staatenverträge, S. 62/64 u. a. m.

ihnen vermeintlich kein Zusammenhang obwalten soll. In Wahrheit ist aber ein solcher sehr wohl vorhanden; die zwei Fälle lassen sich recht gut unter einen gemeinsamen obersten Gesichtspunkt bringen, wobei die Art, wie das zu geschehen hat, nach dem vorausgegangenen kaum noch irgend welche Schwierigkeit bereiten kann.

Wir haben in § 13 gesehen, daß dem Eintritt nicht erwarteter Veränderungen der Nichteintritt erwarteter Veränderungen gleichwertig ist. Nun liegt es aber auf der Hand, daß der Traktatsbruch ungezwungen als bloßer Spezialfall der letzteren Gestaltung aufgefaßt werden darf[1]. Denn die erste und nächstliegende „Veränderung" gegen den derzeitigen Stand der Dinge, die vernünftigerweise bei jedem Vertrag von den Parteien erwartet werden muß, ist doch offenbar die, daß der Gegenkontrahent die von ihm übernommene Leistung auch wirklich ausführt; der eine wie der andere Teil hofft, in den wirklichen Genuß eines bis jetzt entbehrten, nunmehr aber ihm versprochenen Interessenguts einzutreten, und gibt lediglich unter dieser stillschweigenden Voraussetzung seine eigene Zusage ab[2]. Danach liegt, wenn von der einen Seite der Vertrag gebrochen, die Ausführung der in Aussicht gestellten Leistung verweigert wird, für den zweiten Paziszenten, ganz nach dem in § 13 allgemein entwickelten Schema, die Sache so, daß derjenige Tatbestand, den er subjektiv erwartete und nach Lage der Dinge erwarten durfte, objektiv nicht eingetreten ist; mit anderen Worten, die Erfüllung des an

[1] Zum mindesten gilt das ausnahmslos von den (weitaus die Mehrzahl bildenden) Fällen, bei denen die gegenseitige Verbindlichkeit auf ein positives Tun gerichtet ist. Von den (viel seltener vorkommenden) Verpflichtungen auf ein spezifisches Unterlassen ist bald, je nach den näheren Umständen, das nämliche zu behaupten, bald kommt wieder mehr der Gesichtspunkt des „Eintritts nichterwarteter Veränderungen" in Betracht. Ein genaueres Eingehen auf diese Fragen ist hier unmöglich.

[2] Vgl. die auf S. 72 der Pfaffschen Schrift über die Klausel (oben S. 5, Anm. 2) zitierte Äußerung Schmitthenners: „Indem ich die Leistung unternehme, tue ich dies natürlich nur unter der Voraussetzung, daß die Gegenleistung erfolgen werde."

seinem Teile Versprochenen und streng juristisch auch jetzt noch Geschuldeten steht unter den angenommenen Verhältnissen abermals in Widerspruch zu seinem wahren und eigentlichen Willen und braucht deshalb in Durchbrechung des formellen Rechts von ihm ebenfalls nicht mehr prästiert zu werden.

Wäre dies, und nicht mehr als dies, der Sinn der von der herrschenden Theorie behaupteten vertragsaufhebenden Kraft des Traktatsbruchs, so würde man sich mit ihr, wenigstens im Resultat, durchaus einverstanden erklären dürfen. In Wirklichkeit jedoch begnügt sie sich keineswegs mit einem qualitativ so eng begrenzten Ergebnis, sondern sucht weit mehr zu erreichen; damit gerät sie aber auf einen Abweg, wie jetzt gezeigt werden soll. Freilich kann das letztere an dieser Stelle nicht mit der eigentlich erforderlichen Ausführlichkeit geschehen, etwa in der Weise, wie solche bei den völlig analoge Verhältnisse behandelnden Darlegungen unserer Abschnitte II ff. zur Anwendung gelangt ist; vielmehr müssen wir uns hier mit bloßen Andeutungen zufrieden geben und dürfen das auch, da ja das Ganze für uns lediglich die Bedeutung eines Exkurses hat.

Es geht nämlich die völkerrechtswissenschaftliche communis opinio [1] ohne Zweifel dahin, daß die Regel, durch Bruch eines internationalen Übereinkommens werde auch der andere Vertragspartner seiner Obligation los und ledig [2], selbst wieder einen Teil des zwischen Staaten gültigen technischen Rechts bilde. Um diese

---

[1] Einzelne Ausnahmen von ihr kommen allerdings vor. So erwähnt z. B. Martens-Bergbohm bei Aufzählung der juristisch wirksamen Endigungsgründe für internationale Verträge unseren Fall überhaupt nicht (cf. sein Völkerrecht, I, S. 425 ff.); das gleiche gilt auch von A. Zorn (Grundzüge des Völkerrechts, 2. Aufl., S. 146 ff.).

[2] Resp., mit einer kleinen Variante, er sei seinerseits zur formellen Lossagung von dem betr. Traktat befugt. Vgl. hierzu u. a. Gareis, Institutionen des Völkerrechts (2. Aufl.), S. 213: „Im Gegensatz zum Privatrecht wird im Völkerrecht der Vertragsbruch zum Endigungsgrund; mindestens wird durch ihn der nicht vertragsbrüchige Teil zum Rücktritt berechtigt", und die oben S. 19 f., 89 ff. besprochenen Lehre.

Auffassung[1] zu begründen, wird indeß nie etwas anderes angeführt wie allgemeine philosophisch-politische Erwägungen darüber, daß und warum im internationalen Verkehr wegen der besonderen Eigentümlichkeiten desselben ohne eine derartige Hilfe einfach nicht auszukommen sei[2]. Nun wird ja sicherlich die praktische Unentbehrlichkeit der letzteren so leicht von niemandem verkannt und geleugnet werden; anderseits ist doch aber auch gar nicht in Abrede zu stellen, daß, wofern ihre Qualität als spezifisch-juristische Norm einzig und allein auf Material wie das oben kurz charakterisierte gestützt wird, reinstes Naturrecht das notwendige Produkt sein wird. Soll das vermieden bleiben, soll die gegebene Erscheinung in dem einzigen Sinne, in dem heutzutage überhaupt noch von Recht die Rede sein darf, als solches dargetan werden, so muß man unbedingt zeigen können, daß sie durch gemeinsamen, entweder ausdrücklich oder stillschweigend erklärten Willen der Staaten

---

[1] Die wieder eine notwendige Einzelkonsequenz des gegenwärtig so weit verbreiteten Grundirrtums darstellt, daß jedes Rechtssystem eine sich selbst genügende, der Ergänzung durch anders geartete Normen weder fähige noch bedürftige Welt sei. Wir haben diesen Punkt schon einmal, bei Erörterung der spezifischen Klausellehre, berührt (cf. oben S. 96) und werden auf ihn, wie dort (Anm. 3) bemerkt, noch allgemeiner zurückkommen.

[2] Ich verweise z. B. auf Nippold, Der völkerrechtliche Vertrag S. 243: „Ein weiterer Grund, der zum Rücktritt vom Vertrag berechtigt — ein Grund, der ebenfalls dem Völkerrecht eigentümlich ist — ist Bruch des Vertrags von seiten eines der Kontrahenten. — Dies Rücktrittsrecht versteht sich völkerrechtlich wohl (!) deshalb von selbst (!?), weil bis jetzt die Staaten auf rechtlichem Wege in den meisten Fällen keine Erfüllung erlangen können, und ihnen also solchenfalls neben dem Rücktritt nur der Weg der Selbsthilfe offen steht." Vgl. ferner v. Liszt, Völkerrecht (3. Aufl.), S. 176: „Nichterfüllung des Vertrags durch den einen der vertragschließenden Teile berechtigt den andern zum Rücktritt von dem Vertrage. Die Rechtfertigung (aber auch die positiv-juristische Quelle?) dieses von den meisten Privatrechten abweichenden Satzes liegt darin, daß das Völkerrecht keinen anderen Erfüllungszwang als die Gewalt, in letzter Linie den Krieg, kennt, dem gegenüber der Rücktritt vom Vertrage für beide Teile das kleinere Übel darstellt." Ganz ähnlich auch Jellinek, a. a. O., S. 64, Heffter-Geffcken, Europäisches Völkerrecht, S. 216, Anm. 8, und noch viele andere.

selbst positiv eingeführt wurde. Und da nun die erste Entstehungsart, die Statuierung durch generellen Rechtssetzungsvertrag, anerkanntermaßen nicht stattgefunden hat, so kommt hier praktisch, wie schon früher öfters, alles auf den (von der Doktrin nicht einmal angetretenen) Nachweis an, ob hinreichend zahlreiche Einzelfälle auffindbar sind, bei denen unsere Regel in concreto ständig zur Anwendung gebracht und so gewohnheitsmäßig schließlich zum Rechtssatz erhoben worden ist.

Tatsächlich stoßen wir denn auch in der völkerrechtlichen Praxis verhältnismäßig gar nicht so selten (jedenfalls häufiger als dies zugunsten der spezifischen Klausellehre zutrifft) auf Vorkommnisse, die dafür ein völlig geeignetes Belegmaterial abzugeben scheinen[1]. Indes ganz abgesehen davon, daß von den Beispielen dieser Art durchaus nicht sämtliche einer schärferen und eingehenderen Prüfung standhalten werden[2], so ist wohl zu beachten, daß in noch viel zahlreicheren Fällen die (zur eventuellen Rechtsnormbildung unerläßliche) Übereinstimmung beider Parteien vollständig fehlt und somit immer wieder dem (hier und da vielleicht wirklich vorhandenen) usus der contrarius usus gegenübersteht. Ich darf für letzteres hier einen praktischen Einzelbeleg anführen.

Am 19. September 1833 schlossen das Herzogtum Nassau und Frankreich mit einander einen Handelstraktat ab, kraft dessen jenes versprach, für fünf Jahre keine Zollerhöhung auf französische Weine und Seidenstoffe vorzunehmen, wogegen dieses sich zu einer Begünstigung der

---

[1] Es ist auch leicht einzusehen, warum es an solchen präsumtiv nicht mangeln kann: jede Macht, die einen als drückende Fessel empfundenen Vertrag doloser Weise bricht, wird sicherlich nichts einwenden, wenn dieser daraufhin von dem Gegenkontrahenten überhaupt für aufgehoben erklärt wird, denn sie erreicht damit im Grunde doch nur das, was sie für sich erstrebt und gewollt hat.

[2] Es kommen da analoge Erwägungen und Bedenken in Frage, wie sie von uns in § 6, S. 61/62 angedeutet worden sind.

Nassauischen Mineralwässer verpflichtete[1]. Wiewohl nun der Vertrag bestimmungsgemäß gleich in der nächsten Session von den französischen Kammern hätte genehmigt werden müssen, war die Vorlegung an diese im Drange lebhafter parlamentarischer Kämpfe verabsäumt worden; doch hatte Frankreich sachlich seiner Verbindlichkeit dadurch völlig genügt, daß es zugunsten der Nassauischen Mineralwässer eine königliche Ordonnanz erließ und gleichzeitig versprach, für diese Verordnung nachträglich die (mit zweifelloser Sicherheit zu erwartende) Zustimmung der Kammern einzuholen. Nichtsdestoweniger erklärte das Herzogtum, für welches sich mittlerweile der Eintritt in den preußischen Zollverein als eine unbedingte Notwendigkeit erwiesen hatte, den Traktat für gebrochen und folglich nicht mehr rechtsbeständig. Es fand aber für diese Art der Beweisführung bei Frankreich keine Zustimmung; im Gegenteil sprach ihm letzteres durch eine geharnischte Erklärung im amtlichen Moniteur[2] jede Befugnis zum Rücktritt ausdrücklich ab und erhob nunmehr seinerseits gegen Nassau die Anklage dolos-rechtswidrigen „Vertragsbruchs", der nur schlecht hinter einer „Spitzfindigkeit" versteckt worden sei.

Eine derartige Auffassung des Verhältnisses hätte nicht vertreten werden können, falls wirklich, wie die Theorie gern glauben machen möchte, der Satz von der durch Verletzung des Vertrags erfolgenden Aufhebung desselben in allgemein anerkannter und unangefochtener Gültigkeit stünde; ist doch jedenfalls soviel sicher und wurde auch gar nicht geleugnet, daß ein gewisser Formalverstoß gegen eine Traktatspflicht tatsächlich vorgekommen war. Wohl war es ein recht nebensächlicher und materiell belangloser

---

[1] Näheres über den Fall s. bei Treitschke, Deutsche Geschichte im 19. Jahrhundert, Bd. IV, S, 398 f. Den Vertragstext selbst anzuführen ist leider nicht möglich, da es mir nicht gelungen ist, einen vollständigen Abdruck des (nach Treitschke seinerzeit ängstlich geheimgehaltenen) Traktats in die Hand zu bekommen.

[2] Cf. Treitschke, a. a. O., S. 399.

Punkt, um den es sich hier handelte. Indes es liegt auf der Hand, daß, wenn einmal jene Norm als rechtlich gültig angenommen wird, jede Differenzierung zwischen den verschiedenen Bestandteilen und Elementen eines Internationalvertrags schlechterdings unzulässig erscheint: der von einzelnen Rechtslehrern nach der Richtung hin unternommene Versuch, daß nur der Verletzung von wesentlichen, prinzipiellen, Hauptartikeln die traktatauflösende Kraft innewohne, ist wegen der Vagheit und objektiven Unfaßbarkeit dieser rein subjektiv-vernunftrechtlich postulierten Unterscheidung als gänzlich mißlungen zu bezeichnen[1]. Demgemäß wäre es unter der gemachten Voraussetzung auch für Frankreich einfach unmöglich gewesen, der Nassauischen Argumentation mit solcher Schroffheit und apodiktischen Sicherheit zu widersprechen; da es aber in Wirklichkeit doch in dieser Weise vorgegangen ist, so kommt darin eben zu deutlichem Ausdruck, daß jene angebliche Rechtsnorm keineswegs von sämtlichen Staaten gleichmäßig als gültig und prinzipiell verbindlich behandelt wird.

Hiermit übereinstimmende Betrachtungen werden überhaupt regelmäßig dort zu machen sein, wo die ursprüngliche Vertragskontravention, analog dem bei der französisch-nassauischen Angelegenheit zweifellos obwaltenden Tatbestande, nicht aus bösem Willen, sondern aus bloßer Fahrlässigkeit hervorgegangen ist: jedesmal wenn ein Staat rein versehentlich wider eine, wichtige oder unwichtige, Traktatsbestimmung verstoßen hat, pflegt er sich begreiflicherweise energisch dagegen zu sträuben, daß dies gleich zur Aufhebung des ganzen Vertrags ausgebeutet werden soll. Alle derartigen Vorkommnisse sind nun aber offenbar ebenso viele Zeugnisse dafür, daß unser, von der völkerrechtswissenschaftlichen communis opinio schrankenlos und in weitestem Umfange behaupteter, Rechtssatz einer kon-

---

[1] Vgl. hierzu u. a. Rivier, Lehrbuch des Völkerrechts, 2. Aufl., S. 353.

stanten tatsächlichen Übung vollständig entbehrt und deshalb gewohnheitsmäßig entstandene positiv-juristische Kraft in Wahrheit gar nicht besitzt.

Man wird auch rückhaltlos zugestehen müssen, daß letzteres die den realen Bedürfnissen des Völkerrechts einzig entsprechende Ordnung des Verhältnisses darstellt, daß das Gegenteil einen gesicherten internationalen Vertragsverkehr aufs Schwerste gefährden würde. Um das darzutun, braucht nur nochmals an die schon öfter erwähnte Tatsache erinnert zu werden, daß das Völkerrecht jeder autoritär fungierenden Richtergewalt durchaus ermangelt[1]. Daraus folgt, daß der Satz: „Ein Traktat verliert seine Rechtsverbindlichkeit, sobald er von der einen Partei verletzt wird" praktisch wieder mit Notwendigkeit auf die bedenklich subjektive Lehre hinauslaufen muß: „sobald er von der einen Seite für verletzt gehalten wird". Unter diesen Umständen wird man aber bald von den wenigsten Verträgen mit voller Gewißheit sagen können, ob sie noch in Gültigkeit sind oder nicht. Denn die große Mehrzahl derselben ist keineswegs so klar und unmißverständlich gehalten, daß sie die Parteien absolut nicht in verschiedenem Sinne zu interpretieren vermöchten; vielmehr werden die letzteren auch bei vollster bona fides immer und immer wieder zu recht differierenden Auslegungen einzelner Artikel gelangen können und so überaus häufig Gelegenheit haben, den Traktat als von dem Gegenkontrahenten verletzt zu erachten.

Ich will das Ganze durch Anführung eines praktischen Falles anschaulicher zu machen suchen und wähle dazu den bekannten, nach der Person der beiderseitigen Unterhändler so bezeichneten Clayton-Bulwer-Vertrag vom 19. April 1850[2]. In Art. 1 desselben bestimmten, veranlaßt durch den schon seit langer Zeit bestehenden Plan, den Mexikanischen Meerbusen durch einen Schiffahrtskanal mit

---

[1] Vgl. S. 74 ff., 87, 107, 137, auch unten S. 186, Anm. 2.
[2] Abgedruckt bei Martens, N.R.G. XIV, S. 187 ff.

dem Stillen Ozean zu verbinden, England und die Vereinigten Staaten von Nordamerika folgendes: „The Governments of Great Britain and the United States hereby declare, that neither the one nor the other will ever obtain or maintain for itself any exclusive control ever the said ship-canal; agreeing that neither will over erect or maintain any fortifications commanding the same, or in the vicinity there of, or occupy or fortify or colonize or assume or exercise any dominion over Nicaragua, Costa Rica, the Mosquito Coast or any part of Central America —". Bereits wenige Jahre nach Unterzeichnung dieses Abkommens, schon 1854, entstanden über seine Tragweite unter den beteiligten Mächten wesentliche Differenzen: Nordamerika behauptete, England habe in Konsequenz desselben die Pflicht gehabt, das von ihm über die Mosquito-Indianer[1] ausgeübte Protektorat aufzugeben[2], wogegen der andere Kontrahent die Existenz einer solchen Verbindlichkeit aufs entschiedenste in Abrede stellte.

Ich vermag mich nun in dieser Streitfrage keineswegs der mehrfach geäußerten Meinung anzuschließen, nach welcher von vornherein einzig und allein der letztere Standpunkt haltbar erscheinen, dagegen die amerikanische Deduktion jedweder Möglichkeit der Rechtfertigung aus dem Vertrage entbehren soll; umgekehrt glaube ich anerkennen zu müssen, daß der Wortlaut desselben (mag auch vielleicht die britischerseits geäußerte Auffassung die objektiv richtigere und begründetere gewesen sein) doch zu subjektiven Zweifeln sehr gut Anlaß geben konnte. Sollten die Kontrahenten nur keine n e u e n Besitzungen erwerben (occupy, assume) oder überhaupt in der Nähe des zu erbauenden Kanals keine Herrschaft ausüben (exercise any

---

[1] Das Territorium derselben bildet jetzt einen Bestandteil des Staates Nicaragua.

[2] Daneben wurden auch noch einige weitere Klagen erhoben, die ich hier übergehe. Vgl. zu der ganzen Angelegenheit M a r t e n s, a. a. O., S. 204—250, woselbst die zwischen beiden Regierungen gewechselten Noten vollinhaltlich mitgeteilt sind.

dominion)? Muß nicht der ausdrückliche Vorbehalt, den England zugunsten eines bestimmten, schon länger besessenen Territoriums[1] machte, die Frage in dem letzteren Sinne entscheiden, dergestalt daß es außer dem speziell reservierten Gebiet gar keine Hoheit mehr behalten sollte?[2] Dieses auch zugestanden, involviert ein bloßes Protektorat „any dominion"? Und wenn das wieder im allgemeinen wohl zu leugnen sein dürfte, muß es nicht wenigstens in Anwendung auf unzivilisierte Stämme wie die Mosquito-Indianer unbedingt behauptet werden? Das alles sind Punkte, über die sich selbst unter Voraussetzung beiderseitiger Gutgläubigkeit immerhin streiten ließ, und die denn auch wirklich in dem englisch-nordamerikanischen Schriftenwechsel als wichtige Auslegungsdifferenzen ausgiebig erörtert worden sind.

Übrigens ist die Art, wie die Auseinandersetzung beider Parteien damals vor sich gegangen ist, für uns auch noch in anderer Hinsicht wie als Einzelbeleg für die ständig unter Staaten sich ergebenden Interpretationsstreitigkeiten recht instruktiv. Wiewohl nämlich die Vereinigten Staaten den Traktat in einem einzelnen Punkte tatsächlich als verletzt ansahen, und wiewohl diese behauptete Verletzung hier zweifellos einen Hauptartikel, ja recht eigentlich den Kern des ganzen Abkommens betraf, so waren sie doch weit entfernt, ihn daraufhin ohne weiteres als hinfällig zu behandeln; im Gegenteil suchten sie gerade auf Grund desselben, aus dem noch als bestehend vorausgesetzten Vertrag heraus die Verpflichtung zur Aufgabe des Mosquito-Protektorats zu demonstrieren und so im Wege der freund-

---

[1] Britisch-Honduras. Daß auf dieses der Clayton-Bulwer-Vertrag keine Anwendung zu finden habe, wird in einer besonderen Erklärung vom 29. Juni 1850 durch Großbritannien mit Nachdruck betont und unterm 4. Juli auch von der Union anerkannt. Cf. Martens, a. a. O., S. 192 ff.

[2] Vgl. die Argumentation der Vereinigten Staaten, Martens, a. a. O., S. 232; die Engländer seien nach dem Satze Expressio unius est exclusio alterius verpflichtet gewesen, „to with draw from all their other Central American possessions".

schaftlichen Verständigung, durch Ausführungen mancherlei Art den Mitkontrahenten von der Richtigkeit dieser Auffassung zu überzeugen[1].

In dieser Weise pflegen überhaupt regelmäßig derartige Angelegenheiten sich abzuspielen. Abgesehen von dem

---

[1] Auch in der Folgezeit ist es niemals zu einer einseitigen Lossagungserklärung gekommen, obgleich mit dieser Eventualität an nichtamtlichen Stellen amerikanischerseits oft genug gespielt wurde. Vielmehr ist der Clayton-Bulwer-Vertrag in Wirklichkeit nur durch regelrechten mutuus dissensus, durch den, Ende 1901 zwischen England und den Vereinigten Staaten abgeschlossenen, (zweiten) Hay-Pauncefore-Traktat aufgehoben worden; erst seit diesem ist das sachlich sehr begreifliche (schon von Goethe einmal als durchaus gerechtfertigt bezeichnete) Bestreben der letzteren, sich eine gewisse Vorzugskontrole über den projektierten Kanal zu sichern, international voll durchgedrungen und von dem 1850 übernommenen vertraglichen Hindernis formell frei geworden. Ausdrücklich hervorgehoben sei noch, daß Nordamerika bei den späteren Verhandlungen mit Großbritannien das Moment der angeblichen Traktatsverletzung schließlich ganz fallen ließ, und dafür immer mehr den Gesichtspunkt der spezifischen clausula rebus sic stantibus, der „vollständig veränderten Umstände“ in den Vordergrund rückte. Zwar ist derselbe auch schon 1854 hier und da gestreift worden (cf. Martens, a. a. O., S. 205, 206, 212, 233); doch ist eine schärfere Betonung erst nachmals zu konstatieren, besonders deutlich im Anfang der 80er Jahre des 19. Jahrhunderts, wo ein amerikanischer Staatsmann in einer amtlichen Note es ganz offen als Leitgedanken aussprach: „The conditions of 1882 are not those of 1850“ (s. Wharton, International law II, S. 228. Auch die eigenen Bemerkungen von Wharton über diesen Gegenstand nehmen sehr entschieden auf die Klausel Bezug, wie u. a. aus der Äußerung auf S. 238 hervorgeht: „Stipulations in treaties based on a particular state of facts become inoperative, when these facts are so materially modified that these stipulations connot be rightfully enforced“). Speziell für unsere Zwecke recht beachtenswert erscheint bei diesen neueren Vorgängen noch zweierlei. Einmal daß England auch diese Art der amerikanischen Beweisführung in keiner Weise als durchschlagend anerkannte, und damit einen neuen Beleg für den, von uns oben auf S. 54 statuierten allgemeinen Erfahrungssatz lieferte, daß immer nur der verpflichtete, keineswegs aber auch der berechtigte Partner etwas von einer praktischen Gültigkeit der clausula rebus sic stantibus wissen will. Andererseits ist sehr charakteristisch, daß auch die Union, wie zu Eingang dieser Note bereits kurz bemerkt, dem britischen Protest gegenüber nie gewagt hat, auf Grund der veränderten Umstände offiziell die direkte Rechtsunverbindlichkeit des Clayton-Bulwer-Vertrags zu behaupten, weshalb es z. B. auch als irreführend und ungenau zu bezeichnen ist, daß Holland in seinen 1898 erschienenen „Studies in international law“ (cf. S. 274) ohne jeden einschränkenden Kommentar sagt: „It will be remembered that the United States in 1882 gave notice that, owing the change of circumstances, and especially to the development of their trade on the Pacific coast, they could not consent to remain bound by the treaty.“

Falle großer Völkerkrisen[1], die ohnehin rasch zur Entscheidung durch Waffengewalt hindrängen, stößt man relativ nur höchst selten auf die Erscheinung, daß ein Staat die (wirkliche oder vermeintliche) Verletzung eines Traktats sofort mit der Erklärung beantwortet, er sehe denselben deshalb für aufgelöst an. Statt dessen zieht die betreffende Macht gewöhnlich es vor, bei der Gegenpartei vorstellig zu werden, ihr das Unzulässige und Rechtswidrige ihres Tuns nachzuweisen, auch wohl von sich aus die Geneigtheit zu gewissen Konzessionen, zu einer Revision des bisherigen Zustands durchblicken zu lassen; kurz, sie legt ein Verhalten an den Tag, welches deutlich zeigt, daß für sie trotz des Traktatbruchs der Vertrag als solcher noch immer existent geblieben ist und die Basis zu weiteren Verhandlungen bildet. Es wird nun schwerlich zu bestreiten sein, daß diese Tatsachen mit der üblichen kategorischen Lehre „Einseitige Verletzung eines Vertrags hebt letzteren ganz auf" nicht zum besten zusammenstimmen, sodaß also die Untersuchung der völkerrechtlichen Praxis, die uns vorhin[2] schon auf seiten des Traktatsbrechers selbst wichtiges, gegen die Ausbildung eines solchen Satzes sprechendes Material geliefert hat, auch auf seiten der Gegenpartei zu einem ähnlichen Resultat führt. —

Das Schlußfazit, welches man aus alledem zu ziehen hat, kann hiernach nicht zweifelhaft sein: wie schon mehrmals im Verlauf dieser Untersuchungen dürfen wir auch hier den Tatbestand konstatieren, daß die Doktrin vorschnell und ohne die unbedingt nötige Durchforschung des realen

[1] Bei ihnen kommt es naturgemäß besonders leicht zu dem schon früher einmal beobachteten (vgl. § 5 S. 58) Tatbestand, daß die Staaten Sätze, welche von der Doktrin fälschlich für spezifisch-juristische Normen ausgegeben werden, gern für politische Zwecke als Argumentationsmittel benutzen. Recht interessant ist in dieser Hinsicht beispielsweise die Vorgeschichte des 1866er preußisch-österreichischen Kriegs, insoweit als sie sich auf die Stellungnahme beider Parteien zur Gasteiner Konvention, zur deutschen Bundesakte u. dergl. bezieht. Cf. Hahn, Zwei Jahre Preußisch-Deutscher Politik, S. 110, 119, 125.

[2] Vgl. oben S. 168 f.

Staatenverkehrs etwas als formelle Rechtsregel proklamiert hat, was in Wirklichkeit diese Qualität nicht besitzt und deshalb aus dem spezifisch-juristischen internationalen Normensystem zu entfernen ist.

Nun ist es allerdings einleuchtend, daß es bei diesem negativ-kritischen Ergebnis allein unmöglich sein Bewenden haben kann. Wir haben selbst anerkannt [1], daß die Theorie, indem sie einen derartigen Satz aufstellte, nur einem gar nicht wegzuleugnenden praktischen Bedürfnis wissenschaftlich Rechnung zu tragen suchte; wir dürfen es daher auch keinesfalls von uns ablehnen, die durch unsere Darlegungen zweifellos entstandene Lücke nach Möglichkeit wieder auszufüllen, in anderer und besserer Form für das Aufgegebene Ersatz zu beschaffen. Auch in dieser Beziehung erscheint der von uns einzuschlagende Weg durch früheres bereits klar vorgezeichnet.

Zunächst haben wir, gleich bei Beginn dieses Paragraphen, schon dargetan, daß es keineswegs dem wahren und eigentlichen Willen des Kontrahenten entsprechen kann, einen Vertrag selbst dann noch einzuhalten, wenn er von dem einen Partner unerfüllt gelassen wird. Es liegt aber auf der Hand, daß diese (als latent stets vorhanden supponierte) Schranke des ausgesprochenen, nach außen rechtswirksam erklärten Willens notwendig — wofern sie objektiv überhaupt existiert und von uns nicht bloß irrtümlich aus der „Natur der Sache" subjektiv deduziert wurde — in einer entsprechenden tatsächlichen Behandlung der praktisch vorkommenden Einzelfälle zutage treten wird; anders ausgedrückt, die von uns mit den Mitteln des abstrakten Rechts vergeblich gesuchte Korrektur- und Hilfsnorm vermag sich noch ohne und gegen das Recht, in Form eines rein faktisch sich betätigenden Erfahrungssatzes als gegeben zu erweisen.

Demgemäß würde es an und für sich jetzt unbedingt

[1] Vgl. oben S. 165.

unsere nächstliegende Aufgabe sein müssen, ein derartiges empirisches Material wirklich zu sammeln und so das Schlußresultat, welches wir, unserer gesamten Grundanschauung nach, hier wie überall von der verstandesmäßigen Deduktion allein nimmermehr erwarten dürfen, auf das sichere Fundament erfahrungsmäßig gefundener Induktionsreihen unterstützend aufzubauen. Indes mit Rücksicht darauf, daß wir uns bei der ganzen Frage doch auf einem bloßen Seitengebiet unseres Hauptthemas bewegen, mag die (praktisch zwar unschwer zu bewerkstelligende, aber auch der Gefahr ermüdender Eintönigkeit leicht anheimfallende) Durchführung dieser Aufgabe im einzelnen hier unterbleiben, und es soll dafür nur das gesamte Ergebnis, das auf solchem Wege zu gewinnen ist, in aller Kürze angegeben werden. Dasselbe lautet:

Unbekümmert um das formelle Völkerrecht, welches in einem derartigen Falle einfach die grundlegende Norm Pacta sunt servanda fortbestehen, d. h. beide Parteien gleichmäßig weiter gebunden sein läßt, pflegen die Staaten, sobald Bestimmungen eines Vertrags von dem einen Kontrahenten verletzt werden, das Übereinkommen am letzten Ende auch ihrerseits nicht mehr zu beachten und zur Realisierung zu bringen. Dabei sind und bleiben die näheren Umstände, unter denen das geschieht, regelmäßig so qualifiziert, daß von dieser fortlaufenden Kette faktischer Ereignisse niemals eine, allmählich sich anbahnende spezifisch-juristische Korrektur des bisherigen internationalen Normenbestands erhofft werden darf[1]; außerdem ist noch wohl zu beachten, daß die eben konstatierte Erscheinung durchaus nicht unterschiedslos bei

[1] Die einzige Form, in der wenigstens etwas ähnliches einmal ausgebildet werden könnte (vielleicht sogar schon ausgebildet ist), wäre die, daß für den in Frage kommenden Staat einstweilen die Pflicht zur sofortigen Effektuierung seines vertragsmäßigen Versprechens rechtlich suspendiert würde, d. h. daß er, unbeschadet der Fortexistenz des Traktats als solchen, juristisch befugt erschiene, die reale Leistung so lange zurückzuhalten, als von der anderen Partei die Gegenleistung verweigert wird. Ich will jedoch dergleichen in keiner Weise positiv behaupten, sondern lediglich als nicht ganz ausgeschlossene Möglichkeit zugeben.

sämtlichen Vertragsbrüchen, sondern nur bei einer ganz bestimmten Gruppe derselben eintritt. Welcher Art wieder die letztere ist, darüber läßt sich an dieser Stelle bloß soviel sagen, daß stets solche Punkte verletzt sein müssen, um derentwillen die betreffende Macht den ganzen Traktat recht eigentlich erst abgeschlossen hat, ohne die er also für sie jeden realen Wert, jedes praktische Interesse überhaupt gänzlich verliert.

Siebenter Abschnitt.

Bedingter Wert des Moments der „staatlichen Gefährdung".

§ 15.

Von den einzelnen Bestandteilen, die in ihrer Vereinigung das Gesamtbild der üblichen Theorie von der völkerrechtlichen clausula rebus sic stantibus ergeben, ist nunmehr bereits die Mehrzahl kritisch untersucht und als irrig befunden worden. Wir haben an erster Stelle nachzuweisen vermocht, daß die clausula durchaus nicht einen spezifischen Rechtssatz, sondern eine ganz andersartige Regel darstellt. Es ist ferner gezeigt worden, daß das, entsprechend modifizierte, Grundprinzip der Klausel keineswegs bloß dem internationalen Vertragsrecht eigentümlich ist, vielmehr einen weit größeren, überhaupt das gesamte Völkerrecht ergreifenden Herrschaftsbereich hat. Wir haben endlich dargetan, daß eine wahrhaft erschöpfende Erfassung des Problems nicht im Sinne der herrschenden Lehre ausschließlich an das Moment der veränderten Umstände anknüpfen darf, sondern nach den verschiedensten Richtungen über dasselbe hinausgehen muß.

Wir schreiten jetzt zur Erörterung des vierten von uns zu besprechenden Punktes. Derselbe betrifft, wie wir wissen, die Frage, welcher Art und Beschaffenheit die Veränderung der „res sic stantes" des näheren zu sein hat, wenn sie zu einem hinlänglichen Anstoß für die Aufhebung des ganzen Vertrags werden soll.

In dieser Beziehung haben wir (abgesehen von dem eine ganz spezielle Frage behandelnden § 14) bisher durchweg an der Voraussetzung festgehalten, daß die Umgestaltung der früheren Zustände, bezw., genauer und allgemeiner gesprochen, die Diskrepanz zwischen der subjektiv erwarteten und der objektiv eintretenden Entwicklung der Dinge eine derartige ist, daß jetzt eine treuliche Erfüllung des Traktats den betreffenden Staat geradezu gefährden, seine eigene gesicherte Fortexistenz schwer bedrohen würde. Es ist nun zu untersuchen, ob diese Beschränkung tatsächlich ganz das richtige trifft oder aber zugunsten einer ausgedehnteren Fassung aufgegeben werden muß.

Getreu der von uns überall befolgten Methode gehen wir hier abermals von der Betrachtung tatsächlich-konkreter Verhältnisse aus; und zwar empfiehlt sich in diesem Zusammenhang als äußerst charakteristisches Beispiel ein Fall aus der antiken Geschichte[1].

---

[1] Die Heranziehung auch dieser wird wohl insofern grundsätzlichem Widerspruch begegnen, weil nach einer weit verbreiteten Meinung (zu vgl. beispielsweise die Ausführungen von F. v. Martens, Völkerrecht I, 1883, S. 31 ff.) das Altertum ein eigentliches jus inter gentes gar nicht gekannt haben und deshalb auch für spezifisch-völkerrechtliche Zwecke kein prinzipiell brauchbares Material darbieten soll. Diese Ansicht ist jedoch nicht als richtig anzuerkennen. Selbstverständlich kann ich nicht daran denken, das hier im Vorbeigehen, sozusagen als Inzidentpunkt, mit darzutun, und will daher an dieser Stelle bloß kurz auf den Hauptirrtum hinweisen, der meines Erachtens das fehlerhafte Schlußresultat in erster Linie verschuldet hat. Es legt nämlich die völkerrechtliche Doktrin, mehr oder weniger bewußt auf der Grundanschauung fußend, die das Recht nicht als etwas der objektiv-realen Außenwelt Angehörendes, sondern in letzter Instanz als etwas Subjektives, bloß Vorgestelltes, Intern-Psychologisches betrachtet (vgl. hierzu unten § 17, S. 216 ff.), regelmäßig viel zu viel Gewicht darauf, wie das gegenseitige Verhältnis verschiedener Völker damals von einzelnen Individuen, insbesondere von den antiken Philosophen und anderen Schriftstellern in abstracto beurteilt und aufgefaßt worden ist (cf. Martens, a. a. O., S. 32: Ablehnung des antiken Völkerrechts „schon aus rein theoretischen Erwägungen — a priori"; S. 49, Anm. 13: „gesamte Weltauffassung der antiken Völker"). Anstatt aber deduktiv aus beiläufig hingeworfenen, allgemein lautenden Aussprüchen dieser (z. B. Aristoteles, Politik I, 4, 7; weitere Angaben bei Martens, a. a. O., S. 33) prinzipielle Schlußfolgerungen zu ziehen,

Derselbe ist der so wichtigen und inhaltreichen Periode des dritten und vierten Jahrhunderts vor Christi Geburt entnommen: Zu einem nicht genau zu bestimmenden Zeitpunkte, wahrscheinlich gegen 350[1], hatten nämlich Rom und Tarent miteinander einen Vertrag des Inhalts geschlossen, daß die Schiffe des ersteren nicht über das lakinische Vorgebirge hinaus[2] das Meer befahren dürften[3].

---

hätte man auch hier wieder allen Anlaß gehabt, die streng induktive Methode zur Anwendung zu bringen. Die begrifflichen Voraussetzungen der Entstehung internationaler Regeln (eine Vielheit unabhängiger Staaten, zwischen denen eine gewisse ständige Beziehung und Berührung stattfindet) waren jedenfalls, schon im Verhältnis der Griechen und Römer zu den „Barbaren“, ganz besonders aber innerhalb der so reich entwickelten hellenischen Staatenwelt, tatsächlich vorhanden; wo aber dies der Fall ist, da pflegt sich auch, unter dem Druck realer Verhältnisse, zwischen den beteiligten Mächten objektiv sehr rasch ein in wechselseitigem Einverständnis regelmäßig geübtes Normensystem und damit ein technisches Völkerrecht zu entwickeln, gleichviel ob man nun subjektiv die Sache richtig erkennt und formuliert oder nicht. Mit diesem notwendigen Vorbehalt verstanden, entbehrt auch das Altertum keineswegs eines spezifischen jus inter gentes, ja dasselbe muß, wie teils mit Hilfe der alten Geschichtsschreiber, teils und mehr noch an der Hand des uns erhaltenen Urkundenmaterials sich zeigen läßt, in einzelnen Partien sogar ein sehr ausgebildetes und detailliertes gewesen sein. Eine sorgfältige Durchforschung beider Quellen würde alsbald zu dem Ergebnisse führen, daß so manches, scheinbar ganz moderne internationale Rechtsinstitut bereits in jener Zeit einen Vorläufer, ein unverkennbares Seitenstück gehabt hat! — Als für uns interessantes Kuriosum möchte ich bei dieser Gelegenheit wenigstens das eine erwähnen, daß selbst die Lehre von der clausula rebus sic stantibus damals nicht ganz unvertreten geblieben ist; spricht sich doch ein antiker Historiker (und zwar gerade derjenige, dem schon direkt nachgesagt worden ist, er müsse theoretisch-völkerrechtliche, später leider verloren gegangene, Schriften gekannt und benutzt haben (cf. v. Scala, Studien des Polybius I, S. 156 f.) einmal mit aller Klarheit dahin aus, wenn bei einem Vertrage (im gegebenen Falle einem Kriegsbündnis) die jetzigen Verhältnisse genau die nämlichen seien wie beim Abschlusse desselben, so habe man bei dem Traktat auszuharren, wenn sie sich aber vollständig geändert hätten, so dürfe man sich die Sache noch einmal von frischem überlegen (Polybius IX, S. 37: *Τοῦτο δ' ἦν· εἰ μὲν ὅμοι' ἐστὶ τὰ πράγματα νῦν καὶ καθ' οὓς καιροὺς ἐποιεῖσθε τὴν συμμαχίαν, διότι δεῖ μένειν καὶ τὴν ὑμετέραν αἵρεσιν τῶν ὑποκειμένων. — εἰ δ' ὁλοσχηρῶς ἠλλάωται, διότι δίκαιόν ἐστι καὶ νῦν ὑμᾶς ἐξ ἀκεραίου βουλεύεσθαι περὶ τῶν παρακελευομένων*). Vgl. noch das Beispiel oben S. 44.

[1] Cf. Mommsen, Römische Geschichte (7. Aufl.), I, S. 391 und 413.

[2] D. h. nicht östlich von dem jetzigen Kap Nao in Calabrien (auch „Säulenkap“, Capo Colonne genannt).

[3] Von antiken Schriftstellern erwähnt den Traktat gelegentlich (bei Schilderung der nachmaligen, zum casus belli werdenden Ereignisse)

Dieses Übereinkommen, das über der großen mittlerweile eingetretenen Umwälzung der politischen Gesamtlage vielleicht etwas in Vergessenheit geraten sein mochte, sollte dann 70 Jahre später die Ursache zu ernstesten Mißhelligkeiten, ja im weiteren Verlauf zum Ausbruch des offenen Kriegs zwischen den Kontrahenten werden. Denn als im Jahre 283 eine kleine römische Flotte, die sich auf der Fahrt nach den kurz vorher von ihrem Staate erworbenen neuen Besitzungen am adriatischen Meer befand, in den Hafen von Tarent eingelaufen war, wies in der Stadt ein Demagog das leicht erregbare Volk darauf hin, daß dies eine zweifellose Vertragswidrigkeit involviere, und reizte die Massen hierdurch so sehr auf, daß sie einen plötzlichen Angriff auf die Römer machten, fünf Schiffe derselben wegnahmen und ihre Bemannung der Hinrichtung oder der Sklaverei überlieferten.

Will man in dem hier gegebenen Streitfalle nach Möglichkeit beiden Parteien Gerechtigkeit widerfahren lassen, so muß zunächst rückhaltslos anerkannt werden, daß die Römer, da für jenen Vertrag ein spezifisch-rechtlich wirkender Aufhebungsgrund, insbesondere mutuus dissensus, sicher nicht vorlag, formal-juristisch jedenfalls im Unrecht waren[1]. Es ist aber weiterhin auch noch zuzugeben, daß für ihre Umfahrung der *Λακινία ἄκρα* ebenso der Versuch einer materiellen Rechtfertigung, wenigstens in der bis jetzt

---

Appian mit den Worten (Samnit. 7): *Ὅτι Κορνήλιος ἐπὶ καταφράκτων δέκα νεῶν ἐθεᾶτο τὴν μεγάλην Ἑλλάδα καί τις ἐν Τάραντι δημαγωγὸς Φιλόχαρις — παλαιῶν ἀνεμίμνησκε συνθηκῶν μὴ πλεῖν Ῥωμαίους πρόσω Λακινίας ἄκρας, παροξύντας τε ἔπεισεν ἐπαναχθῆναι Κορνηλίῳ.*

[1] Damit erledigen sich für uns die Bedenken von Ihne, der (Römische Geschichte, I, S. 418, N. 16) in einer Polemik wider die, mit der hier vertretenen Auffassung durchaus übereinstimmenden, Darlegungen Mommsens die entrüstete Frage aufwirft, ob denn in einem solchen Falle „der Vertrag sofort aufhören solle bindend zu sein"? Ein derartiges Verlangen würde in der Tat viel zu weit gehen, wird aber auch nur von der von uns gerade als irrig bekämpften bisherigen Klausellehre (und selbst von dieser, mindestens formell, nicht durchweg, cf. § 8, S. 89 ff.) aufgestellt.

von uns geübten Weise (cf. oben S. 178), vollständig fehlschlägt; kann doch gewiß nicht davon die Rede sein, daß sie zu ihrem vertragswidrigen Verhalten durch eine dringende Notlage, durch wesentliche Gefährdung der politischen Existenzbedingungen Roms gezwungen worden wären. Dagegen in anderer und neuer, von dem letztangedeuteten Moment völlig abstrahierender Form läßt sich ein solcher Versuch sehr wohl erfolgreich durchführen, woraus dann die Notwendigkeit einer entsprechenden Erweiterung der nur jenes berücksichtigenden alten Fassung ganz von selbst sich ergibt.

Man darf nämlich nicht außer acht lassen, in welchem Sinne der ganze Vertrag in concreto eigentlich gemeint war. Die Absicht, in der er von den Tarentinern abgeschlossen wurde, ging anerkannt dahin, der Gegenpartei den Zutritt zum östlichen Becken des Mittelmeers zu versperren und sich selbst so von deren maritimer Konkurrenz zu befreien; unter Verwendung eines neuzeitlichen terminus technicus könnte man sagen, sie wollten jenes zur exklusiven „Interessensphäre"[1] machen mit der Wirkung, daß sie innerhalb desselben „das Recht, die Ausübung fremder Staatsgewalt auszuschließen"[2], erwarben[3]. Dieses Ziel wurde auch ursprünglich durch die von ihnen gewählte Formel vollkommen erreicht. Denn da die Römer um die Mitte

---

[1] Die Parallelisierung mit diesem Institut des modernen Völkerrechts soll sich natürlich nur auf die hier wie dort gleichmäßig vorhandene Gesamttendenz, nicht aber auch auf die, beidemal recht verschiedenen, Mittel zur Realisierung des angestrebten Zwecks beziehen. Daß in letzterer Hinsicht die heutige Fassung wegen ihrer größeren Zuverlässigkeit weitaus den Vorzug vor der ziemlich primitiven antiken verdient, ist sicher.

[2] v. Liszt, Völkerrecht, 2. Aufl., S. 73.

[3] Ähnliche Verträge sind im Altertum überaus häufig zu konstatieren. Vgl. z. B. den, hinsichtlich seines förmlichen Abschlusses allerdings etwas zweifelhaften, Kimonischen Frieden, den römisch-karthagischen Handels- und Schiffahrtsvertrag vom Jahre 508 (interessant auch deshalb, weil in ihm, vielleicht zum ersten Male in der Geschichte, der Begriff der sogen. relâche forcée aufgestellt und völkerrechtlich fixiert wurde; cf. v. Scala, Staatsverträge des Altertums, I, S. 29/31), weiter den 190/189er Vertrag Roms mit dem syrischen König Antiochos, u. m. dergl.

des 4. Jahrhunderts bloß Besitzungen an der Küste des tyrrhenischen Meeres hatten, so vermochten sie von dort aus nur unter Passierung des lakinischen Vorgebirges nach dem Osten zu gelangen und wurden folglich durch die Sperrung dieser Route überhaupt ganz von ihm abgeschlossen. Hierin war jedoch späterhin eine große Wandlung eingetreten. Teilweise schon vor der Vernichtung des keltischen Stammes der Senonen, in erster Linie aber durch diese hatten die Römer am adriatischen Litoral gleichfalls weite Landstriche gewonnen und dieselben auch schleunigst durch Befestigung von Land- und Küstenstädten (Sena Gallica, Castrum Novum, Hadria) gesichert. Damit hatten sie aber offenbar auch im östlichen Mittelmeer wieder freie Hand erhalten, insofern als keinerlei Vertrag ihnen untersagte, dasselbe von den neuen Kriegshäfen aus, also unter gänzlicher Vermeidung der *Λακινία ἄκρα*, mit ihren Schiffen zu befahren. Mit anderen Worten, wegen inzwischen eingetretener faktischer Veränderungen hatte jetzt jener alte Vertrag für die Tarentiner seine eigentliche ratio, seinen Grund- und Hauptwert vollständig eingebüßt, dergestalt, daß er bloß die praktisch kaum ins Gewicht fallende, höchstens zu Chikanezwecken noch brauchbare Bedeutung behielt, die direkte Seeverbindung zwischen den tyrrhenischen und adriatischen Küstenstrichen der Römer zu sperren. Unter diesen Umständen hatten aber die letzteren gewiß guten Grund zu der Annahme, das mit ihnen bisher ständig befreundete Tarent werde seine formelle Weiterbeachtung überhaupt nicht mehr verlangen: schon das natürliche Gefühl muß ja jedem unbefangenen Beobachter sagen, daß einem derartig antiquierten, in seinem innersten Kern und Wesen überlebten Traktat jede materielle Existenzberechtigung fortan eigentlich abgeht.

Es gilt nun aber, für dieses natürliche Gefühl, diese vorläufig mehr instinktiv gewonnene Überzeugung, noch die geeignete wissenschaftliche Ausdrucks- und Begründungsformel zu finden. Dabei wird gleichzeitig auch zu entscheiden sein, ob und in welcher Weise die hier erörterten Fälle mit der bisher (vor § 15) ausschließlich behandelten Gruppe doch unter einen gemeinsamen höheren Gesichtspunkt sich bringen lassen.

Die grundsätzliche Möglichkeit einer solchen Vereinigung ergibt sich leicht aus folgendem Gedankengange. Nach seinerzeit erfolgten Feststellungen[1] erscheint theoretisch auch das Kriterium der staatlichen Gefährdung keineswegs schon als solches an und für sich, sondern lediglich auf Grund der komplizierteren Erwägung als die vertragliche Gültigkeit wesentlich tangierend, weil es präsumtiv dem wahren und eigentlichen Willen der Parteien zuwiderläuft, daß eine von ihnen, wenn nötig, selbst auf Kosten der eigenen Existenz den Traktat durchführen soll. An dieses international-subjektive Moment darf aber offenbar bei den uns jetzt beschäftigenden Fällen genau so gut angeknüpft werden, bloß mit einer kleinen, die volle Gemeinsamkeit des Prinzips nicht beeinträchtigenden Differenzierung. Jener wahre und eigentliche Wille der Kontrahenten kann nämlich inhaltlich entweder so gestaltet sein, daß er überall ohne weiteres vorauszusetzen ist, bei sämtlichen Verträgen generell und unverändert wiederkehrt; er kann aber auch eine derartige Beschaffenheit aufweisen, daß er der einen konkreten Vereinbarung und nur dieser eigentümlich ist. Das erste war der Fall bei der früher besprochenen Eventualität: es liegt eben in der Natur der Sache begründet, daß ausnahmslos jedem Vertrag die präjuristisch-zweckliche Schranke gesetzt ist, seine Erfüllung dürfe niemals auf eine Gefährdung der politischen Selbsterhaltung hinauslaufen. Mit dem zweiten haben wir es hier, in § 15, zu tun: es kommen hier diejenigen Tatbestände in Frage, bei denen ein Traktat außerdem von irgendwelchem Sondermomente wesentlich beherrscht erscheint, d. h. bei denen er lediglich um einer, nicht rechts-

[1] Vgl. S. 116 f., 121, 160 f.

wirksam mitstipulierten[1], deshalb aber nicht weniger existenten, Spezialvoraussetzung willen überhaupt abgeschlossen wurde und folglich durch nachträgliche Vereitelung derselben seine letzte Basis, sein sachliches Fundament völlig verliert.

Das so gewonnene Resultat ist übrigens auch noch in anderer Beziehung, im vergleichenden Hinblick auf die entsprechenden Teile der üblichen Klauselformulierung, von großem Interesse. Wir haben in § 3[2] gesehen, daß die letztere prinzipiell nach zwei verschiedenen Seiten auseinandergeht, daß die völkerrechtlichen Autoren bald nach generellen, bald nach konkreten Gesichtspunkten und Merkmalen die den Rechtsbestand des Internationalvertrags durch ihre spätere Änderung ungünstig beeinflussenden Momente näher bestimmt wissen wollen. Zu dieser Streitfrage haben wir unsrerseits nunmehr in der Weise Stellung zu nehmen, daß von den beiden Lehren keine ganz recht und keine ganz unrecht hat, daß es sich hier in Wahrheit nicht so sehr um ein „Entweder — oder" wie ein „Sowohl — als auch" handelt. Die erste, d. h. diejenige Richtung, welche grundsätzlich das Gegebensein eines „Konflikts mit den höchsten Staatsinteressen" verlangt, in einzelnen Vertretern auch, formell noch besser und präziser, diese Interessen ausdrücklich mit der Rücksicht auf Selbsterhaltung identifiziert[3], bringt insofern ein sehr richtiges und zutreffendes Element zur Geltung, als das durch sie erörterte Gebiet nicht bloß das weitaus wichtigste[4], sondern vor allem das

---

[1] Natürlich kann es praktisch auch vorkommen, daß im Vertrage selbst mit aller Bestimmtheit erklärt ist, er werde nur im Hinblick auf gewisse konkrete Verhältnisse und für die Zeit ihrer Fortdauer abgeschlossen; doch bedarf dieser Fall hier keiner weiteren theoretischen Erörterung, denn es versteht sich ja von selbst, daß jedes unter einer spezifischen Resolutiv-Bedingung gesetzte Übereinkommen sofort mit deren Eintritt schon von Rechts wegen seiner Gültigkeit verlustig geht.

[2] Cf. S. 20.

[3] Vgl. § 8, S. 83 ff.

[4] Daß dem wirklich so ist, wird schon durch die, von uns S. 20 ff. konstatierte Tatsache zur Genüge bewiesen, daß regelmäßig auch die

einzige allgemein-theoretischer Betrachtung überhaupt fähige ist; sie irrt aber darin, daß sie die außerdem noch vorhandenen Möglichkeiten gänzlich ignoriert und so den bloßen Teil zum Ganzen erhebt. Die andere wieder vermeidet zwar glücklich den letztgenannten Fehler; denn ihre These, es komme stets auf das an, was die Parteien bei jedem Einzeltraktat entscheidend voraussetzten und intima in mente hatten, vermag offenbar den ständig wiederkehrenden Vorbehalt der politischen Selbsterhaltung ebenfalls mit zu decken; hingegen verurteilt sie sich dadurch, daß sie mit dieser streng konkreten Formulierung durchweg und schlechthin sich zufrieden gibt, selbst zum hoffnungslosen Verzicht auf jede tiefergreifende Erfassung des Problems, die naturgemäß immer nur auf generell-gültiger Grundlage erfolgreich versucht werden kann. Erst eine Verbindung des richtigen Gehalts beider Lehrmeinungen vermag hier zu einem wahrhaft und allseitig befriedigenden Ergebnisse zu führen[1]. —

Durch die zuletzt gegebenen Darlegungen ist implizite bereits angedeutet, daß und warum dem Wenigen, was über

Anhänger der gegnerischen Doktrin sich bei der praktischen Durchführung ihrer Ansicht mehr oder weniger von jenem Moment beeinflußt zeigen.

[1] Es ist nicht zu verkennen, daß eine derartige Verschmelzung hier und da bereits angestrebt worden ist. Wenn z. B. Rolin-Jacquemyns (Revue de droit international, XIX, S. 46) für die Anwendbarkeit der Klausel rebus sic stantibus solche Veränderungen verlangt „(a) qui équivalent à une impossibilité matérielle ou morale d'exécution ou (b) qui désintéressent la partie au profit de laquelle l'exécution devait se faire“, so paßt jedenfalls die letztere Hälfte dieser Begriffsbestimmung vortrefflich auf Fälle wie die im Text besprochene römisch-tarentinische Kontroverse, während die erstere auf den Gesichtspunkt der Sorge für die eigene Existenz sich wenigstens mitbeziehen läßt. Eine ähnliche Tendenz tritt in den Ausführungen zutage, die v. Liszt in der zweiten Auflage seines Völkerrechts, S. 166—168 über die clausula gibt; dabei zeichnet sich seine Darstellung (die im übrigen, besonders in der spezifisch-juristischen Qualifizierung der Klausellehre, sowie in dem einseitig-exklusiven Betonen des Moments der „veränderten Verhältnisse“, durchaus an den gewöhnlichen Fehlern partizipiert) noch durch den weiteren Umstand wesentlich aus, daß sie, ganz mit Recht, die aus Rücksichten der Selbsterhaltung erfolgenden Traktatsverletzungen mit einem viel umfassenderen Institut, mit der allgemeinen internationalen Notstandsnorm in Verbindung bringt (vgl. S. 84, Anm. 1).

das spezifische Thema unseres Paragraphen bisher gesagt wurde, kaum noch viel hinzuzufügen sein wird. Wir haben uns jetzt, gewissermaßen nachtragsweise, nur noch mit solchen Klauselfällen näher zu beschäftigen, die nach Ausscheidung der ganzen, aus dem staatlichen Selbsterhaltungstriebe zu erklärenden Teilgruppe noch übrig bleiben; für diese muß es aber (allein den ebenfalls schon erledigten und deshalb jetzt nicht mehr in Betracht zu ziehenden Gegenstand des § 14 ausgenommen) notgedrungen dabei sein Bewenden haben, daß sie nur rein individuell, durch sorgfältigste Analysierung des jeweils gegebenen Einzelfalls richtig zu erfassen sind — für wissenschaftlich-allgemein gehaltene Erörterungen eo ipso ein höchst sprödes und unergiebiges Arbeitsfeld!

Die einzige Aufgabe, die diesen unter den obwaltenden Umständen überhaupt noch zufallen kann, besteht darin, kurz die Art und Weise zu schildern, wie bei solchen konkreten Untersuchungen regelmäßig zu verfahren ist; wir müssen auf diejenigen Momente hinweisen, an denen eine etwa vorhandene Differenz zwischen dem in Traktatsform erklärten und dem wahren Parteiwillen auch nach außen hin kenntlich und nachweisbar zu werden vermag.

Am wenigsten kompliziert liegt die Sache überall dort, wo der Text des Übereinkommens selbst eine mehr oder minder klare Hindeutung darauf enthält, daß die Parteien, ohne direkt die Rechtsbeständigkeit ihrer Willenserklärungen davon abhängig zu machen [1], doch jedenfalls materiell nur unter der bestimmten Voraussetzung irgendwelchen Geschehens, Sobleibens, Anderswerdens usw. gehandelt haben; hier ist nach Lage der Dinge noch die einfache Vertragsauslegung imstande, eventuell, beim einseitigen Hinwegsetzen über den Traktat, auf sachlich-metajuristische Rechtfertigung, natürlich aber auch nur auf solche [2] zu plaidieren.

[1] Cf. oben S. 184, Anm. 1.

[2] Da nach den gemachten Annahmen einerseits eine rechtlich-gültige Deklaration des vertraglichen Hauptwillens durchaus gegeben ist, anderer-

Indes wird man damit allein bloß in den seltensten Fällen auskommen, vielmehr zu diesem Zweck zumeist noch andere und fernerliegende Umstände zu Hilfe rufen müssen. Da wäre zunächst auf die dem wirklichen Vertragsabschlusse vorausgehenden Besprechungen und Verhandlungen der beiderseitigen Unterhändler hinzuweisen: schon aus diesen kann mit voller Deutlichkeit hervorgehen, daß das von den Kontrahenten eigentlich Beabsichtigte in der offiziellen Vertragsurkunde durchaus keinen genau angemessenen Ausdruck gefunden hat. Dann haben wir auch, noch weiter zurückgreifend, die ganze politische Entwicklungsreihe in Rechnung zu ziehen, die unter den betreffenden Mächten vor der Vereinbarung selbst sich abspielte, und als deren Schlußprodukt die letztere erscheint; es muß berücksichtigt werden, ob der Traktat am Ende eines Krieges zwischen Sieger und Besiegten zustande kam oder nicht, ob und durch welche praktischen Einzelvorkommnisse er nachweislich angeregt wurde, und mehr dergleichen. Endlich darf aber auch das gesamte sonstige Milieu, aus welchem derselbe hervorgewachsen ist, keineswegs völlig außer acht gelassen werden. In dieser Hinsicht ist z. B. das Verhältnis des einen oder des anderen Kontrahenten zu fremden Staaten

seits der zu diesem hinzutretende und ihn beschränkende Nebenwille der adäquat wirksamen (d. h. geradezu resolutiv bedingenden) Erklärung umgekehrt ermangelt, so muß aus diesen Prämissen mit begrifflicher Notwendigkeit der Schluß gezogen werden, daß die formal-juristische Kraft des ersteren auf alle Fälle gewahrt bleibt. Wenn im Gegensatz dazu für das innerstaatliche (Privat-)Recht derartigen Willenserklärungen unter Umständen direkt die juristische Wirksamkeit abgesprochen werden kann, so kommt dies nur dadurch zustande, daß hier autoritär entscheidende Richter auf Grund einer entsprechenden positiven Ermächtigungsnorm tätig zu werden vermögen — zwei schlechthin unentbehrliche Tatsachenvoraussetzungen, an denen es je dem jus inter gentes leider gänzlich gebricht. Demgemäß haben wir uns für letzteres abermals mit dem bekannten, schon zu wiederholten Malen (s. S. 169 bei und in Anm. 1) konstatierten Sachverhalt resigniert abzufinden, daß hier das Recht die zu seiner sachgemäßen Berichtigung erforderlichen Mittel nicht selber zu beschaffen fähig ist, und daß deshalb, genau wie bei den früheren Fällen, alle in concreto gebieterisch sich aufdrängenden Korrekturen immer bloß faktisch, im Wege der regelmäßigen Durchbrechung jenes, eintreten können.

manchmal geeignet, wichtige Aufschlüsse zu geben; sogar Beziehungen lediglich zwischen dritten Mächten können unter Umständen recht bedeutungsvoll werden.

Für sämtliche eben genannte Momente ist noch wohl zu beachten, daß bei ihnen, genau genommen, überhaupt nicht mehr von einer Auslegung des Vertrags als solchen, sondern nur des letzterem zugrunde liegenden staatlichen Willens die Rede sein darf: liegt es doch auf der Hand, daß, wenn in einem Traktatstexte irgend ein Element, hier der materiell als Willensbeschränkung wirkende Bestimmungsgrund, von Anfang an nicht enthalten gewesen ist, es niemals durch bloße Interpretation nachträglich aus ihm herausgeholt werden kann [1].

Zur Ergänzung dieser abstrakten Ausführungen sei schließlich noch eine historische Untersuchung eines Einzelfalls gegeben, die die nicht leicht übersehbare Materie besser veranschaulichen wird.

Am 15. November 1715 kam zwischen den niederländischen Generalstaaten und Österreich der sogen. Barrière-Vertrag [2] zum Abschluß, kraft dessen die ersteren in zahlreichen genau angegebenen belgischen Festungen, in Namur, Ypern, Tournai usw., ein Besatzungsrecht [3] erhielten. Nach ziemlich siebzigjährigem Bestande wurde dieses Übereinkommen von Kaiser Josef II. einseitig aufgehoben, als derselbe 1781 zwecks gründlicher Informierung über die ihm bis dahin sehr wenig bekannten Verhältnisse seiner niederländischen Besitzungen eine Reise durch letztere machte [4];

[1] So u. a. zu verstehen die guten Bemerkungen bei Phillimore, Commentaries upon international law, II, S. 105. Vgl. zu der ganzen Sache auch die vom Verfasser an anderem Orte (Das Gewohnheitsrecht als Form des Gemeinwillens, S. 39, Anm. 1) über analoge innerstaatliche Verhältnisse gemachten Ausführungen.

[2] Abgedruckt u. a. bei Zinck, Ruhe des jetzt lebenden Europa (Coburg 1726), I, S. 463.

[3] Übrigens traten zu der spezifisch-militärischen Staatsdienstbarkeit noch einige andersgeartete Akzessorien, namentlich kraft Artikel 9 gewisse kirchlich-konfessionelle Befugnisse.

[4] Vgl. hierzu Schlitter, Die Regierung Josefs II. in den österreichischen Niederlanden, I, (1900); S. 14, 148, N. 11.

er ließ nämlich unterm 7. November des genannten Jahres der Gegenpartei eine Erklärung[1] zustellen, daß er sämtliche Barrière-Plätze zu schleifen beabsichtige und aus diesem Grunde die ungesäumte[2] Zurückberufung aller auf belgischem Boden garnisonierenden holländischen Truppen erwarte. Dabei war er bestrebt, sein eigenmächtiges Vorgehen näher in einer Weise zu motivieren, die, zwar nicht formell und expressis verbis aber doch sachlich, einer Bezugnahme auf die clausula rebus sic stantibus gleichkommt: denn indem er zur prinzipiellen Rechtfertigung desselben lediglich anführte, daß die Fortexistenz einer so großen Menge von Festungen für Österreich „aus vielen Gründen nicht mehr zuträglich sei“, stützte er sich offenkundig darauf, daß ein anfänglich vorhandener wichtiger Umstand hinterher in Wegfall gekommen und insofern „veränderte Verhältnisse“ überhaupt eingetreten seien.

Es unterliegt keinem Zweifel, daß diese Argumentation, rein juristisch beurteilt, durchaus ungenügend ist, in keiner Weise von der österreichischen Aktion das Stigma des schlechthin rechtswidrigen Traktatsbruchs[3] zu nehmen ver-

---

[1] Cf. Martens, Recueil des principaux traités, IV, S. 433.

[2] Bereits am 27. November erging an die Niederländer eine zweite österreichische Note, in welcher von „accélération particulière que l'empereur désire dans cette affaire“ die Rede ist. Man sieht, wie auch auf diesem Gebiet die eigentümliche Charakteranlage Josefs II. sich nicht verleugnen konnte!

[3] Lediglich als solcher ist sie auch von seiten der gegnerischen Vertragspartei aufgefaßt und empfunden worden. Dies geht unter anderem daraus deutlich hervor, daß die Generalstaaten (die bei der großen Ungleichheit der beiderseitigen Machtmittel absolut nicht, und am wenigsten unter den damaligen politischen Konstellationen, an tätliche Widerstandsleistung denken konnten) dem wiederholten Drängen Josefs nur rein faktisch sich fügten: sie haben zwar die Festungen 1781 wirklich geräumt, dabei aber jede juristische Anerkennung der Aufhebung ihres Besatzungsrechts aufs Sorgfältigste vermieden, im Gegenteil dasselbe dadurch unverkennbar zu wahren gesucht, daß sie in ihre, formell höchst vorsichtig gefaßte Gegenerklärung vom 20. November eine Erinnerung an „les traités et les engagements les plus solennels qui ont subsisté jusqu'ici entre S. M. et la république, et qui n'ont jamais été révoqués“ einfließen ließen. Erst vier Jahre später ist auch eine juristisch-wirksame Verzichtleistung ihrerseits ausgesprochen worden, und zwar durch den österreichisch-holländischen Definitivvertrag zu Fontainebleau vom 8. November 1785 (Text bei Martens,

mag; ist es doch nach dem ganzen Wortlaut des Antwerpener Abkommens als vollkommen ausgeschlossen zu bezeichnen, daß in ihm dem Kaiser unter irgendwelchen Voraussetzungen die Befugnis zur einseitigen Kündigung reserviert worden wäre. Sonach würde die einzige Möglichkeit, wie der Beweisführung Josefs II. eine gewisse Legitimation vielleicht zukommen könnte, von vornherein nur darin bestehen, daß jener uns bekannte Zwiespalt zwischen dem rechtsgültig deklarierten und dem wahren, dem eigentlichen Parteiwillen im gegebenen Einzelfalle sich aufzeigen ließe.

Bei Untersuchung dieser Frage ist zunächst vorbehaltlos die Tatsache anzuerkennen, daß von Haus aus nicht bloß die Generalstaaten, sondern wirklich auch der Gegenkontrahent von dem Barrière-Traktat recht mannigfache Vorteile hatte. Beispielsweise wurde Österreich, sobald es seine belgischen Territorien durch holländische Truppen vor dem westlichen Nachbar, Frankreich, geschützt wußte, der Notwendigkeit enthoben, selbst für deren Verteidigung Sorge zu tragen, und konnte also die sonst hierzu erforderlichen Streitkräfte nach Bedarf und Belieben anderweit verwenden. Fernerhin zog es von dem ganzen Arrangement insofern auch finanziellen Gewinn, weil es fortan nicht mehr die gesamte, zur Instandhaltung seiner Festungen nötige Summe aus eigenen Mitteln aufbringen mußte, sondern dazu bloß einen, im Verhältnis zu der ziemlich großen Zahl jener recht mäßigen, Jahresbeitrag zu leisten hatte.

Gesetzt nun den Fall, es wäre der Nachweis zu führen, daß gerade Momente nach Art der letztgenannten die im

---

t. II, S. 602 ff.). Letzterer erwähnt freilich die Barrière-Frage nicht ausdrücklich, aber es ist auf sie sicher mit zu erstrecken der ganz allgemein gehaltene Art. XXVII: „Les deux Hautes Parties Contractantes rénoncent respectivement, sans aucune réserve, à toutes les prétentions qu'elles pourroient encore avoir, l'une à la charge de l'autre, de quelque nature qu'elles puissent être.“

Grunde beabsichtigte Hauptwirkung, die spezifische causa finalis des Barrière-Vertrags darstellten, das heißt also angenommen, daß man ein Besatzungsrecht eigentlich nicht schlechthin, sondern nur damit und solange der Servitutsschuldner selbst Nutzen davon hätte, zu schaffen gedachte[1], so würde offenbar ein späterer Fortfall aller dieser Momente prinzipiell sehr wohl geeignet sein, den 1781 einseitig vollzogenen Rücktritt sofort in völlig anderem und weit milderem Lichte erscheinen zu lassen: wenn wirklich für Österreich die Fortsetzung des 1715 konstituierten Verhältnisses 66 Jahre darnach „aus vielen Gründen nicht mehr zuträglich" geworden war, wenn es, im schneidenden Gegensatz zu der supponierten Grundintention der Parteien, neuerdings aus ihm absolut keinen Vorteil mehr zog und bloß die mit jeder ständigen Besetzung von Staatsgebiet durch fremde Truppen notwendig verbundenen Unbequemlichkeiten und Lasten noch übrig waren, so dürfte man, unbeschadet natürlich der formal immer bestehen bleibenden Rechtswidrigkeit, doch ganz gewiß sachlich nichts gegen ein Bestreben einwenden, das die gänzliche Beseitigung eines durch veränderte Umstände direkt ins zweckliche Gegenteil umgeschlagenen und deshalb jetzt zweifellos veralteten Traktats sich zum Ziele setzte. Um aber über das tatsächliche Zutreffen oder Nichtzutreffen jener, alles weitere überhaupt erst ermöglichenden Grund-Hypothese ins klare zu kommen, dazu haben wir nichts anderes zu tun, wie die

---

[1] Sachlich würde das Ganze einfach darauf hinauslaufen, daß dem scheinbar Berechtigten in Wahrheit mehr eine Besatzungspflicht auferlegt werden sollte. Eine derartige Gestaltung kann praktisch sehr wohl vorkommen, und es ist daher als fehlerhaft zu bezeichnen, daß die Doktrin, hier wie bei manchem anderen Völkerrechtsverhältnis die realvorhandenen Unterschiede unzulässig nivellierend, von dieser Möglichkeit bisher regelmäßig keine Notiz genommen hat. Man mag es z. B. nur einmal versuchen, die von 1849—1870 dauernde Okkupation Roms, resp. Civitavecchias durch französische Truppen strikt nach dem gewöhnlichen Schema zu konstruieren, daß Frankreich gegenüber dem Kirchenstaat ein technisches Besatzungsrecht ausübte, und man wird notwendig zu einem wahren Zerrbilde des in Wirklichkeit gegebenen Zustands einer international übernommenen Schutzpflicht gelangen.

S. 186 ff. abstrakt behandelten Punkte nunmehr am konkreten Falle einer kurzen Prüfung zu unterwerfen[1].

Beginnen wir demgemäß mit einem flüchtigen Blick auf die das Barrière-Abkommen historisch vorbereitenden, in der Zeit vor Abschluß desselben unter den Kontrahenten obwaltenden Zustände und Beziehungen, so ergibt sich folgendes. Gleich so vielen anderen ein Einzelglied des großen Vertragskomplexes bildend, der nach dem spanischen Erbfolgekrieg die westeuropäischen Verhältnisse international neu ordnete, steht der Traktat am Ende einer langjährigen Periode, die Holland und Österreich ständig als Alliierte, als Teilnehmer an einem umfassenden Waffenbündnis gegen gemeinsame Feinde (Frankreich-Spanien) gesehen hat. Schon dieser Sachverhalt eröffnet, wie gar nicht zu bestreiten ist, recht wenig günstige Aussichten darauf, daß für die vorhin gemachte Annahme die erforderlichen tatsächlichen Unterlagen wirklich beigebracht werden könnten; denn wenn am Schlusse eines Kriegs zwei Verbündete über ein erobertes Land in der Weise disponieren, daß dieses dem einen von ihnen gehören, der andere aber innerhalb desselben bestimmte Festungen besetzen solle, so ist für die letztere Bestimmung von vornherein sicher das weitaus wahrscheinlichere dies, daß sie, auch dem zweiten Staate einen positiven Anteil an dem gemeinsam erkämpften Gewinn zuweisend, nur zu seinem Nutz und Frommen prinzipiell vereinbart wurde, keineswegs aber den konträr wirkenden Hintergedanken verfolgte, in dieser Form dem an sich und ohnehin schon übermäßig begünstigten Gegenkontrahenten materiell noch weitere Vorteile zu gewähren.

In völliger Übereinstimmung hiermit steht auch dasjenige, was aus den zur formellen Vertragstextierung zwischen den österreichisch-holländischen Bevollmächtigten

[1] Allerdings kann diese Untersuchung, da der Traktat als solcher für unsere Zwecke nicht die mindeste Ausbeute liefert, hier nicht gleichmäßig an sämtlichen, sondern nur an den die spezifische „Vertragsauslegung“ überschreitenden Momenten praktisch durchgeführt werden.

abgehaltenen Konferenzen und Besprechungen zu entnehmen ist: soweit dieses Material der Beurteilung überhaupt zugänglich ist, läßt es immer bloß den einen Schluß zu, daß ein Besatzungsrecht durchaus in normalem Sinne, unter Vermeidung jeder fremdartigen Beigabe geplant war, und daß folglich der auch Österreich aus demselben erwachsende Nutzen als rein zufällige, unmittelbar nicht gewollte Nebenwirkung angesehen werden muß.

Schließlich erfährt diese ganze Auffassung auch noch dadurch eine höchst wichtige Bestätigung, daß offenbar sie allein den von den übrigen Teilnehmern am spanischen Erbfolgekrieg unmißverständlich geäußerten Absichten vollkommen sich anpaßt. In dieser Beziehung ist darauf aufmerksam zu machen, daß der 1715er Vertrag inhaltlich durchaus nichts ganz Neues brachte, sondern nur die (etwas detailliertere, zum Teil freilich auch modifizierte) Wiederholung und Bestätigung früherer Festsetzungen war. Bereits vor dem Ende des ganzen Krieges, im Jahre 1709, war Holland von England, namentlich auf Betreiben Marlboroughs, ein Besatzungsrecht in Festungen der spanischen Niederlande traktatsmäßig zugesichert worden. Als dann wenige Jahre darnach die (von Österreich zunächst nicht geteilten) Friedensverhandlungen mit Frankreich begannen, verwandte sich der englische Minister Bolingbroke letzterem gegenüber lebhaft für die Anerkennung dieser Stipulation, was zur Folge hatte, daß in den holländisch-französischen Vertrag vom 11. April 1713 ebenfalls eine entsprechende Bestimmung — Art. 7 — Aufnahme fand[1]. Und wieder ein Jahr später, im Friedensvertrag mit Ludwig XIV. am 7. März 1714 zu Rastatt, mußte sich auch Österreich ausdrücklich damit einverstanden erklären, daß es die belgischen Territorien nicht völlig frei und unbeschwert, sondern nur mit der beschränkenden Auflage erhielt, den Inhalt beider ebengenannten älteren Abmachungen durch direkte Ver-

[1] Cf. Ghillany, Diplomatisches Handbuch, I, S. 140.

ständigung mit den Generalstaaten nunmehr in Wirklichkeit umzusetzen. Diese sämtlichen, nach der Person der Traktatssubjekte mannigfach variierenden und untereinander sich kreuzenden Internationalvereinbarungen lassen jedenfalls sachlich nicht den mindesten Zweifel darüber aufkommen, daß sie (in strengster Exklusivität!) dem holländischen Freistaat und nur diesem ein politisches lucrum zu verschaffen bestimmt sind, und es würde daher einen geradezu unbegreiflichen Bruch in die Kontinuität der geschichtlichen Entwicklung hereinbringen, wenn der, in unmittelbarem Veranlassungsnexus durch jene doch herbeigeführten, Schlußregulierung, d. h. dem österreichisch-niederländischen Barrièretraktat vom Jahre 1715, urplötzlich eine total abweichende Grundtendenz eigentümlich sein sollte.

Nach alledem, da auch nicht der geringste Anhaltspunkt für das Vorhandensein eines, dem ausgesprochenen zuwiderlaufenden, wahren und eigentlichen Parteiwillens aus den hierzu eventuell geeigneten Umständen zu entnehmen ist, kann für die uns beschäftigende Angelegenheit die endgültige Entscheidung nur dahin ausfallen, daß das Verhalten Kaiser Josefs II. nach jeder überhaupt möglichen Auffassungsart einen reinen Gewaltakt darstellt, materiell genau so wenig wie formal-juristisch sich rechtfertigen läßt.

Achter Abschnitt.

Völkerrechtliche Clausula und allgemeine Rechtslehre.

§ 16.

Die in den sieben ersten Abschnitten von uns angestellten Untersuchungen sind vielfach über den Gegenstand unserer eigentlichen und nächstliegenden Aufgabe, die völkerrechtliche Einzelfrage der Clausula rebus sic stantibus, schon weit hinausgegangen. Auf der einen Seite haben wir bei Erörterung dieser wiederholt die Bemerkung machen können, daß die hier gegen die herrschende Meinung zu erhebenden Bedenken zu einem guten Teile nicht etwa auf Mängeln der spezifischen Klauseltheorie beruhen, sondern ganz allgemeiner Natur sind, d. h. auf essentielle Fehler der gemeinhin geübten Behandlung des jus inter gentes überhaupt hindeuten. In dieser Hinsicht ist vor allen Dingen darauf hinzuweisen, daß der in Abschnitt II wider die clausula geltend gemachte Einwand einer völlig unzulänglichen positiv-juristischen Fundierung genau so gut auch auf viele andere der durch die internationalrechtliche Wissenschaft gelehrten Regeln zutrifft[1], deutlicher und ausführlicher gesagt, daß von dem ganzen meist bloß aus apriorischen Erwägungen vernunftrechtlich deduzierten und hinterher unbefangen als „objektives Völker-

[1] Vgl. hierzu speziell S. 65 ff.

recht" etikettierten) Normenkomplex wahrscheinlich nur ein geringer Bruchteil die — für die wahre Rechtsqualität als condicio sine qua non erscheinende — Probe praktisch zu bestehen vermöchte, daß die betreffenden Sätze auch durch den zur positiven Rechtssatzung allein kompetenten Faktor (d. i. durch den irgendwie erklärten Willen der am Völkerverkehr teilnehmenden Staaten selber) wirklich sanktioniert worden sind; ebenso gehört in diesen Zusammenhang die in § 7[1] erfolgte Feststellung, daß (nicht bloß bei der Klausel, sondern für das Völkerrecht schlechthin) auch rein rechtssetzungspolitisch, sozusagen de lege ferenda genommen, jede feinere Spezialisierung und Detaillierung der internationalgültigen Verkehrsregeln eo ipso als verfehlt und schädlich zu bezeichnen ist. Auf der anderen Seite sei dann in aller Kürze noch daran erinnert, daß des Zusammenhanges wegen außer und neben der clausula selbst auch schon einige sonstige völkerrechtliche Einzelprobleme etwas näher beleuchtet worden sind: namentlich hat sich in diesem Sinne § 12 mit der Frage des internationalen Notstands und § 14 mit der gewöhnlich in der Literatur vorgetragenen Lehre beschäftigt, daß Bruch des Vertrags von seiten der einen Partei auch die zweite von ihrer Verbindlichkeit rechtlich freimachen soll.

Immerhin, so mannigfach und teilweise auch weitgehend die bisherigen Überschreitungen des ursprünglichen Themas zweifellos sind, jedenfalls ist bei ihnen regelmäßig die eine Schranke noch gewahrt geblieben, daß alle Erörterungen dem Sondergebiete des Völkerrechts und nur diesem angehörten. Mit dem nunmehr folgenden achten und letzten Abschnitt unserer Abhandlung werden wir auch hierüber hinausgehen.

Das ist, wie wir wissen, um deswillen unbedingt nötig, weil nach den seinerzeit[2] gegebenen Darlegungen zu den normalen Bestandteilen der Lehre von der clausula rebus

---

[1] Cf. bes. S. 79/80, sowie S. 81/82.
[2] S. 22 ff.

sic stantibus auch die These zu zählen ist, daß dieselbe eine spezifische Singularität des Völkerrechts darstelle.

Diese Behauptung kann von Haus aus in zwiefachem Sinne verstanden und dementsprechend auch auf doppelte Weise bekämpft werden.

Zunächst empirisch-rechtsvergleichend. So gemeint, bringt jener Satz nur ein auf erfahrungsmäßige Beobachtung und Gegenüberstellung gegründetes Urteil des Inhalts zum Ausdruck, daß die Klausel allein im jus inter gentes als positiv eingeführtes Rechtsinstitut wirklich vorkomme. Es würde deshalb auch der Gegenbeweis auf den ebenso erfahrungsmäßig zu führenden Nachweis hinauslaufen müssen, in Wahrheit seien „veränderte Umstände" auch anderwärts gar nicht so selten als in gleicher Weise wirksamer Vertragsaufhebungsgrund anerkannt. Tatsächlich wäre auch ein solches Unternehmen an sich durchaus erfolgversprechend: wie Pfaff es für die österreichische Gesetzgebung gezeigt hat[1], so könnte auch für sonstige innerstaatliche Rechtssysteme dargetan werden, daß in ihnen die Klausel — zwar wohl nirgends mehr unter diesem Namen, aber doch der Sache nach — gleichfalls noch eine bedeutende Rolle spielt[2]. Mit Rücksicht jedoch auf die Grundanlage unserer Arbeit wird von derartigen Untersuchungen an dieser Stelle besser ganz abgesehen und sofort zur zweiten Art der Betrachtung übergegangen.

Diese besteht in der philosophisch-kritischen Auffassung des thema (re-)probandum. Die Behauptung, die Klausel sei eine Singularität des Völkerrechts, läßt sich nämlich auch so verstehen, daß das Institut gerade für diese Rechtsordnung und nur für sie hervorragend passe, ihren ganz besonderen Bedürfnissen genüge, daß also eben nur bei ihr die sachlichen Voraussetzungen für die Ausbildung des

---

[1] An dem S. 5, Anm. 2 angeführten Orte.

[2] Das erkennt beispielsweise auch Stammler, Lehre vom richtigen Rechte, S. 562, an. Vgl. oben S. 75 f.

Satzes von der Aufhebung der Verträge durch res mutatae gegeben seien. Und so meint es vielfach auch wirklich die internationale Doktrin[1]. Wenn dann im weiteren Verlaufe diese Auffassung, die Klausel sei nur hier materiell angemessenes Recht, unmerklich in die erst erwähnte umschlägt[2], nur das jus inter gentes habe sie allein als positiv sanktioniertes Institut aufzuweisen, so büßt sie damit ihre Bedeutung nicht ein. Selbst wenn dies durch den oben erwähnten empirischen Nachweis widerlegt würde, so wäre damit die Annahme immer noch verträglich, daß die Klausel nur für das Gebiet des Völkerrechts passe, für andere Rechtsordnungen dagegen nicht. Indes ist auch sie nicht richtig. Der immer wiederkehrende Grundgedanke der bisherigen, auf das Völkerrecht beschränkten, Untersuchungen über das Wesen der clausula rebus sic stantibus war der, daß, und zwar nicht bloß in Vertragsverhältnissen, sondern auch da, wo andere als Vertragsnormen in Frage kamen (vgl. §§ 12, 14, 15), das Recht unzulänglich zur alleinigen Regulierung, daß es der Ergänzung durch Normen anderer Art bedürftig erschien. Ist dieses Ergebnis richtig, so handelt es sich aber um etwas, was dem gesamten Rechte eigentümlich ist. Das soll jetzt noch in aller Kürze gezeigt werden. Damit wird dann ein doppeltes gewonnen: Einmal weisen wir den letzten noch übrigen Bestandteil der herrschenden Klauseltheorie (wenn auch unter einer gewissen Verschiebung der Frage[3]) als ebenso irrig wie die früher behandelten nach, und sodann geben wir zugleich durch die Art dieses Nachweises, durch die Zurückführung unserer Grundgedanken auf immanente Beschränkungen des Rechtsbegriffs überhaupt, unseren Gesamtausführungen die breiteste Grundlage.

---

[1] Cf. oben § 3, S. 23.

[2] Manchmal finden sich beide Auffassungen der Behauptung bei demselben Schriftsteller unmittelbar nebeneinander.

[3] Die bekämpfte Theorie behauptet den Satz der Clausula als Rechtssatz; wir finden ja in ihm eine andersartige Norm. S. Abschnitt IV.

Wenn wir die Unzulänglichkeit des Völkerrechts für die Herstellung eines allseitig ausreichenden Normenbestandes feststellen, so heißt das nichts anderes als wir finden beim Völkerrechte „Lücken im Recht“.

Zur vollständigen Erfassung der Sache ist aber noch ein Punkt hervorzuheben, auf den erst neuerdings ganz mit Recht aufmerksam gemacht worden ist[1]. Es handelt sich in unserem Falle um eine „unechte“ Lücke, eine Lücke im uneigentlichen Sinne. Eine den konkreten Tatbestand ergreifende allgemeine Rechtsnorm ist sehr wohl vorhanden, nämlich der Satz Pacta sunt servanda. Aber es wird angesichts besonderer Umstände des Falles, mit Rücksicht auf inzwischen eingetretene ‚res mutatae‘ das unveränderte Platzgreifen jener Norm sachlich beanstandet. Eine Lücke ist nur in dem Sinne vorhanden, daß innerhalb des juristischen Gesamtsystems, „für besondere Tatbestände, eine besondere von der allgemeinen Regel abweichende rechtliche Behandlung vermißt wird“[2]. Gerade die Fälle dieser Art aber sind es, in denen man gemeinhin von „Lücken“ spricht[3]. Und dabei handelt es sich um eine Erscheinung, die schon längst auch innerhalb der innerstaatlichen Rechtssysteme beobachtet worden ist.

Es ist auch leicht einzusehen, warum derartiges geradezu unvermeidlich ist, sich überall mit unbedingter Notwendigkeit einstellen muß[4]. Die Gesetze, sowie alle sonstigen generellen Rechtssatzungen, in denen die herrschende Meinung so gut wie ausschließlich das Recht der Neuzeit sich verkörpern läßt, sind stets allgemeine Normen, die bestenfalls auf Grund und unter Verwertung des gesamten bisherigen Erfahrungsmaterials erlassen sind. Wenn sie schon aus

---

[1] Zitelmann, Lücken im Recht (1903), S. 17 ff., bes. S. 20 und 23 f.

[2] Zitelmann, a. a. O., S. 24.

[3] Über die hier nicht in Betracht kommenden ‚echten‘ Lücken vgl. Zitelmann, S. 25.

[4] Vgl. zum folgenden des Verfassers Staat, S. 30 ff., Gewohnheitsrecht, S. 15 ff.

dem letzteren immer bloß einen Teil der konkreten Tatbestandsmomente berücksichtigen [1], und wenn sie deshalb oft genug schon hier Zweifeln über die sachliche Angemessenheit ihrer Anwendung Raum geben, so erweisen sie sich gegenüber den von dem realen Leben in unerschöpflicher Fülle stets hervorgebrachten neuen Gestaltungen erst recht als nur bedingt zutreffend und brauchbar. Daß solche Erscheinungen stets von neuem vorgekommen sind und jeden Augenblick noch vorkommen, ist eine unbestrittene Tatsache. Dafür hier nur zwei Beispiele. Das noch geltende Deutsche Strafgesetzbuch von 1871 konnte nach dem damaligen Stande der Erfahrung unbedenklich die Diebstahlsstrafe (§ 242) auf die Wegnahme einer fremden beweglichen Sache beschränken. Der ungeahnte Aufschwung der Verwendung der Elektrizität stellte gegen Ausgang des 19. Jahrhunderts die Richter vor die Frage, ob die Aneignung fremder elektrischer Kraft von dieser Strafdrohung (wie es § 2 St.G.B. fordert) getroffen sei, eine Frage, die angesichts der nicht zu beseitigenden Verschiedenheit des natürlichen Tatbestands zu verneinen war und meist verneint worden ist [2]. Und wie man hier wegen einer flagranten „Lücke" im abstrakten Rechtssystem gegen das allgemeine Rechtsgefühl zur Freisprechung kam, so kann unter Umständen auch das Umgekehrte eintreten. Die Strafdrohung des § 223 St.G.B. führt immer wieder zur Bestrafung in Fällen, in denen das Rechtsgefühl sich dagegen ganz entschieden sträubt, so in dem von Zeit zu Zeit zur Sprache kommenden Falle, daß der Vater bei Abwehr eines Notzuchtsversuchs gegen seine unmündige Tochter dem Täter zugleich eine als wohlverdient empfundene alsbaldige körperliche Züchtigung angedeihen läßt. Im höchsten Grade unbillig erscheint das insbesondere dann, wenn zur Strafe noch

---

[1] Vgl. Zitelmann, Zum Grenzstreit zwischen Reichs- und Landesrecht (1902), S. 22.

[2] Vgl. des Verfassers Gewohnheitsrecht als Form des Gemeinwillens S. 21.

der Zwang zu einer Schadloshaltung nach § 231 St.G.B. tritt. In allen Fällen dieser Art glaubt die Jurisprudenz als einzige Abhilfemöglichkeit immer nach einem entsprechenden Gesetzgebungsakte rufen zu müssen. Aber mag es nun zu einem solchen kommen oder nicht[1], eine wahrhaft dauernde Heilung des Übels ist in dieser Weise nie zu erzielen. Denn wenn auch die gesetzgebende Gewalt dem Wunsche wirklich genügt, so hat sich jetzt nur die Zahl der allgemeinen Normen um eine neue vermehrt. Diese aber nimmt natürlich von vornherein an allen Mängeln dieser Art Normen ebenfalls teil; sie muß also auch über kurz oder lang abermals zu sozialwidrigen, materiell unangemessenen Entscheidungen Anlaß geben. Soll dann wieder auf gleiche Weise abgeholfen werden, so kommt man notwendig zur Schraube ohne Ende: es ist das Bismarcksche Wort nur zu wahr, daß „Gesetze wie Arzneien sind, die immer nur die eine Krankheit durch die andere heilen."

In dem Vorhandensein dieses Grundmangels, daß ein System abstrakter Regeln der unübersehbaren Reichhaltigkeit des konkreten Lebens nie restlos und vollbefriedigend gerecht werden kann, stimmen innerstaatliches und Völker-Recht überein; es wird daher hier wie dort gleichmäßig niemals an spezifischen „Lücken im Rechte" fehlen. Ein einziger Unterschied zwischen beiden besteht allerdings. Und zwar darin, daß dem ersteren wenigstens die Möglichkeit, sich auf anderem Wege zu helfen, prinzipiell gegeben ist, nämlich durch die Einsetzung einer zu autoritativer Entscheidung berufenen Instanz, zumal unter Verwendung der „freien Rechtsfindung"[2], die es seiner autoritären Jurisdiktionsgewalt zu gewähren jederzeit in der Lage ist, während das auf das kümmerliche Surrogat des Schiedsgerichts angewiesene Völkerrecht dem nichts an die Seite zu setzen hat[3] und

[1] Was bekanntlich inzwischen im ersten der beiden Beispielsfälle geschehen ist (R.G. vom 9. April 1900, R.G.Bl., S. 228), im letzteren dagegen nicht.

[2] Hierüber noch unten im § 17, S. 224 einige Worte.

[3] Vgl. oben S. 187 in der Anm. u. die dort in Bezug genommenen Stellen.

deshalb auf ein ganz besonders einfaches, unzweideutiges Recht angewiesen ist[1]. Indes ist auch im innerstaatlichen Leben jener eigentümliche Vorzug noch längst nicht ausgenützt, und insbesondere ist von dem erwähnten besonderen Auskunftsmittel tatsächlich bisher nur höchst vereinzelt und zaghaft Gebrauch gemacht worden. Das an sich berechtigte Bestreben, die Beamtenwillkür auszuschließen, erwartet alles Heil, anstatt von der „persönlichen Verantwortlichkeit“[2], von der objektiven Bindung. Man türmt daher lieber Normen auf Normen und kommt mit dieser Sisyphusarbeit niemals zum Abschluß — gerade wie die alte Astronomie, um das im Prinzip unhaltbare ptolemäische Weltsystem aufrecht zu erhalten, immer neue Hilfsfiguren einführte, Epizyklen auf Epizyklen konstruierte, und dabei nie darüber hinwegkam, daß das immer komplizierter werdende Gebäude ihrer Theorie der Bewegung der Planeten um die Erde von weiteren empirischen Beobachtungen stets wieder als praktisch ungenügend dargetan wurde. Die Erscheinung, daß ein noch so weit ausgedehnter Bestand von Rechtsnormen in fortwährendem Kampfe mit den von ihnen ungenügend beherrschten und sich deshalb überall gegen sie geltend machenden tatsächlichen Verhältnissen liegt, ist daher allen Rechtsgebieten gemeinsam.

Wir kommen nun im zweiten, positiven, Teile unseres § 16[3] zu der Frage, wie denn die zu konstatieren gewesenen andersartigen Normen, die faktisch wirksamen Erfahrungssätze, berichtigend und beschränkend in den eigentlich dem spezifisch-juristischen System vorbehaltenen Bereich eingreifen.

Es kann das an sich in verschiedenen, mehrfach abgestuften Formen geschehen.

Die erste Gruppe haben wir schon gelegentlich, im

---

[1] Vgl. S. 74, 87.
[2] Vgl. Jhering, Zweck im Recht, Bd. I, S. 422.
[3] Vgl. S. 198.

zweiten Teile des § 9[1], zu erwähnen gehabt, so daß sie hier nur kurz gestreift zu werden braucht. Greifen wir beispielsweise noch einmal den Fall der zivilistischen Extinktivverjährung[2] heraus, so liegt hier, wie seinerzeit bemerkt, die Sache nach unserer Auffassung so: Die zivilen Rechtsnormen, die dem Verpflichteten ein bestimmtes Verhalten gebieten, bleiben auch nach Ablauf der Verjährungsfrist in Kraft. Trotzdem vermögen sie regelmäßig keine Befolgung mehr zu erzielen. Und zwar deshalb, weil die Staatsorgane, die sonst zur Verwirklichung der zivilen Rechtsansprüche dienen, jetzt vom Staate gerade umgekehrt angewiesen sind, ihre Hilfe zu versagen.

Diese Fälle zeigen also noch ein Doppelgesicht: Vom Standpunkte des einfachen Staatsbürgers angesehen, erscheint der für ihn gültige Normenbestand nur einer tatsächlichen Beschränkung seiner Wirksamkeit unterworfen. Immerhin macht sich aber doch in dem an die gerichtlichen Behörden sich wendenden Staatsgebote, nicht einzugreifen, ein technisch-rechtliches Moment bemerkbar[3]. Bei den im folgenden behandelten Tatbeständen schwächt sich dies aber wesentlich ab, um schließlich ganz zu verschwinden.

Das Wesen der nächsten Gruppe ist am besten durch das Beispiel des Duells zu erläutern. Dieses wird bekanntlich einerseits schon seit langem als Verbrechen mit kriminellen Strafen belegt, anderseits aber auch heute noch in bestimmten Gesellschaftsklassen als unentbehrliche Notwendigkeit für gewisse Fälle betrachtet, dergestalt, daß das einzelne Mitglied einer solchen Klasse unter Umständen sich selbst widerwillig dem Zwange ihrer Anschauungen beugt, anstatt dem strafrechtlichen Verbote Gehorsam zu

---

[1] Vgl. S. 98 ff.
[2] Vgl. S. 101 ff.
[3] Vgl. S. 106 bei und in Anm. 1. Die verbreitete Meinung, daß durch Befehle nur an staatliche Organe kein objektives Recht entstehen könne, beruht auf dem Mangel ausreichender Feststellung dieses Grundbegriffs; doch kann das hier nicht weiter verfolgt werden. (Vgl. z. B. Zorn, Reichsstaatsrecht, 2. Aufl., I, S. 405, Anm. 35).

leisten. Die Tatsache nun, daß die nämliche Handlung, die von Staats wegen untersagt ist, gleichzeitig gesellschaftlich unbedingt gefordert wird, führt notgedrungen auch zu Versuchen innerhalb des spezifischen Rechtsgebiets, den Gegensatz zu vermitteln und auszugleichen. Ist es doch schon ein Kompromiß zwischen der gesellschaftlichen und der doktrinär-juristischen Auffassung, daß der Zweikampf im geltenden Recht nicht als Fall der gemeinen Tötungs- und Körperverletzungs-Vergehen, sondern als delictum sui generis erscheint. Aber auch dieser milderen Gesetzgebung gegenüber erscheint eine noch mildere tatsächliche Handhabung. Schon die Gerichte lassen bei der ihnen zustehenden Festsetzung des Strafmaßes erfahrungsgemäß meist große Milde walten. Vor allem ist aber der eigentümliche Einfluß zu beachten, den das Institut der Begnadigung für die tatsächliche Gestaltung der Bestrafung gerade des Duells gewinnt. Während die Begnadigung in ihrer allgemeinen Anwendung auf alle, oder doch nahezu alle Straftaten, die nur im einzelnen Falle mit Rücksicht auf dessen Besonderheit eintretende Ausnahme ist, weil sie nach ihrem Zwecke nur die Härte des im allgemeinen als gerecht empfundenen Gesetzes in dem besonders gestalteten Einzelfalle mildern will, wird sie hier zur Regel und setzt an Stelle der gesetzlichen Regelung eine davon grundsätzlich abweichende tatsächliche Behandlung, bei der die gesetzliche Straftat jedenfalls als ein viel milder zu beurteilendes Delikt erscheint.

Hier wie in den zuerst erwähnten Fällen sind es staatliche Organe, die von der Rechtsordnung abweichen, ihr gegenüber den Einfluß real gegebener Lebensmächte zur Geltung bringen. Aber ein wesentlicher Unterschied besteht doch auch hier schon. In jenen Fällen keine freie Wahl des Organs, sondern eine ausnahmslose Pflicht und in ihr eine rechtliche Gewähr für den steten Sieg jenes Einflusses über die strenge Rechtsnorm. Hier nur eine Befugnis des Organs zur Abweichung von der Rechtsordnung, deren Ausübung im Einzelfalle rechtlich vom

Belieben desselben abhängt, also die Gewähr für ihr regelmäßiges Eintreten nur in der gleichmäßigen Fortdauer der tatsächlichen Verhältnisse selbst findet.

Nach diesem letzteren Schema wird aber im modernen Rechtsleben auch sonst weit häufiger verfahren, als im großen und ganzen wohl angenommen zu werden pflegt. Und in noch zahlreicheren Fällen könnte dieser Weg mit Erfolg dazu benutzt werden, um für allgemein beklagte Übelstände ausreichende Abhilfe zu schaffen. Hierfür noch ein Beispiel.

Der Zeugniszwang, die Pflicht zum Zeugnisse vor den Gerichten, deren Erfüllung durch Strafen ihrer Verweigerung und unmittelbaren Zwang gewährleistet ist, erscheint im allgemeinen unentbehrlich und ist deshalb wohl in allen Rechtsordnungen von Kulturländern vertreten[1]. Ebenso gewiß ist aber, daß er mit Rücksicht auf besondere persönliche Verhältnisse Ausnahmen fordert. Diese sind im allgemeinen ebenso gesetzlich anerkannt, wie die Regel selbst[2]. Trotzdem kann ein Fall eintreten, der außerhalb der gesetzlichen Ausnahmen liegt, und in dem doch, ebenso wie in den davon betroffenen Fällen, der Zeugniszwang eine ungerechtfertigte Härte enthält. Das ist insbesondere in neuerer Zeit, zumal angesichts bestimmter Vorgänge, augenfällig geworden hinsichtlich des Zwanges gegen Redakteure von Zeitungen zur Ermittlung der Urheber strafbarer Handlungen, die ohne ihre Mitschuld durch die Presse verübt worden sind. Hier ergab sich für den als Zeuge in Anspruch genommenen Redakteur ein Konflikt mit einer offenbaren sittlichen Pflicht, das ihm geschenkte Vertrauen nicht zu täuschen, der den Zwang nicht minder unangemessen erscheinen ließ als in den Fällen gesetzlich anerkannter Verschwiegenheitspflichten.

Das nächstliegende, tatsächlich auch vorgeschlagene

---

[1] Vgl. Deutsche St.P.O. § 69, Z.P.O. § 390.
[2] Vgl. Deutsche St.P.O. §§ 51 ff., Z.P.O. §§ 383 ff.

radikale Mittel, Aufstellung einer neuen gesetzlichen Ausnahme zugunsten der Redakteure, erscheint unannehmbar, da den bisher ins Auge gefaßten Fällen andere gegenüberstehen, in denen der Zeugniszwang auch gegen sie als unentbehrlich und nur berechtigt empfunden wird. Man würde also zu einer Kasuistik gedrängt, die von vornherein ungerechte Ergebnisse für den Einzelfall mit sich brächte und ein sehr treffendes Beispiel für die oben geschilderte Entwicklung der Gesetzgebung durch Einfügung immer neuer Ausnahmen abgäbe. In Frage käme nur eine der neuerdings häufiger werdenden, aber auch vielfach sehr bekämpften Ermächtigungsnormen, die den Wegfall des Zeugniszwangs in diesem Falle vom Ermessen des Gerichts abhängig machen würde. Eine solche Regelung würde jedenfalls sehr bald zu einem entsprechenden Zustande führen, wie er hinsichtlich des Zweikampfs durch die ausgiebige Anwendung der Begnadigung geschaffen ist. Die Sache läge auch in der Beziehung, die uns hier interessiert, durchaus gleich.

Aber auch schon der unter der gegenwärtigen gesetzlichen Regelung bestehende Zustand gibt wenigstens in gewissen Grenzen, nämlich beim Haftzwang im Strafprozesse[1] ein gleiches Bild. Das deutsche Gesetz verfügt hier nur, daß zur Erzwingung des Zeugnisses auch die Haft — in gewissem Umfange — angeordnet werden kann. Die damit an den Richter verliehene Ermächtigung enthält allerdings zugleich auch ein Gebot, von ihr nur nach sachlichen Gründen Gebrauch zu machen. Dazu gehört aber insbesondere auch die Rücksicht auf das Wohl des Staatsganzen im allgemeinen, abgesehen von dem durch das anhängige Verfahren zu erreichenden Einzelzwecke. Und gerade diese Rücksicht kann sogar zu einer allgemeinen tatsächlichen Außerkraftsetzung des Zeugniszwanges gegen Redakteure führen, wenn die Annahme richtig ist, daß seine

[1] St.P.O. § 69, Abs. 2.

Durchführung wegen der dadurch ganz allgemein herausgeforderten Kritik und Mißstimmung dem Staate selbst mehr Schaden bringt, als der bestimmungsgemäß dadurch zu erreichende Zweck wert ist.

Und so ist ja, nach den Darlegungen von seiten der Regierungen in der Sitzung des deutschen Reichtags vom 16. Januar 1904, der Zeugniszwang tatsächlich seit dem Bestehen der Reichsjustizgesetze gegenüber Redakteuren gehandhabt worden, so daß es nur in einer ganz verschwindenden Anzahl von Fällen zu seiner Durchführung gekommen ist.

Auch bei den Fällen der zuletzt erörterten Art steht aber zwischen dem sich durchsetzenden tatsächlichen Leben und der ihm zunächst widerstreitenden staatlichen Rechtsordnung doch noch ein Satz derselben Ordnung, der die Berücksichtigung des ersteren durch die Staatsorgane wenigstens in gewisser Richtung deckt. Die an sich augenfällig gegebene Machtlosigkeit der Rechtsordnung tritt zufolge einer von ihr selbst wenigstens nachgelassenen Beschränkung, mindestens praeter legem, ein. Um eine völlige Parallele mit der zum Ausgange der Betrachtung genommenen völkerrechtlichen Erscheinung zu gewinnen, müßten wir aber eine Diskrepanz zwischen abstrakter Rechtsregel und faktisch-konkreter Erfahrungsregel nachweisen können, die völlig contra legem besteht; es wären Fälle darzutun, in denen juristisch völlig gültige, innerstaatliche Normen der praktischen Befolgung durchaus ermangeln, ohne daß dies in irgendwelcher Anlehnung an das Recht selbst und durch seine Vermittlung seine Erklärung findet. Indes gibt es tatsächlich solche Fälle. Dafür zunächst einige historische Beispiele ohne aktuelle Bedeutung.

Als man in Frankreich 1824 nach dem Regierungsantritte Karls X. die schon unter seinem Vorgänger stark einsetzende klerikal-feudale Restauration zu vervollständigen unternahm, wurde auch ein Gesetz vorgelegt, und im wesentlichen im Jahre 1825 durchgesetzt[1], das mehr in einen mittelalterlichen, als in einen Staat des 19. Jahrhunderts zu passen schien. In diesem, zur Stärkung von Macht und Ansehen der Kirche bestimmten, „Sakrileggesetz" sollte nach der Vorlage auf Einbruch in katholische Kirchen durchweg der Tod angedroht, die gleiche Strafe auch für Entweihung der heiligen Gefäße festgesetzt werden; unter bestimmten Voraussetzungen sollte sogar eine qualifizierte Todesstrafe zur Anwendung gelangen. Und nur die letztere Bestimmung gelang es der Opposition zu eliminieren; im übrigen wurde die Vorlage tatsächlich Landesgesetz. Indes zu wirklichem Leben, praktischer Geltung, kam sie doch nur in ganz geringem Umfange. Es suchten nämlich die zur Handhabung berufenen Staatsorgane, die Gerichte, jeder realen Anwendung so viel wie irgend möglich aus dem Wege zu gehen, so daß die drakonischen Strafdrohungen nur sehr wenig in konkrete Urteile umgesetzt worden sind.

Ein anderes Beispiel bietet uns das Ende der Regierungszeit Friedrich Wilhelms I. von Preußen. Im Jahre 1739 erließ dieser in aller Form ein Edikt[2], daß, „wenn ein Advokat oder Prokurator oder andrer dergleichen Mensch — Leute aufwiegeln würde, um in abgetanen und abgedroschenen Sachen Sr. Majestät immediate Memorialia zu übergeben, alsdann Se. Majestät einen solchen Advokaten — ohne alle Gnade und Pardon aufhängen und neben ihn einen Hund hängen lassen wollen". Auch hier ergab sich in der Praxis ein ähnliches Bild, wie in dem vorigen Falle: wenngleich, nach der Darstellung Adickes', zu wiederholten Malen Gelegenheit gewesen wäre, die menschenfreundliche Absicht des Edikts zur Wirklichkeit werden zu lassen, so ist das tatsächlich doch kein einziges Mal geschehen.

In diesen Fällen finden wir einerseits rein juristisch

---

[1] Vgl. Weber, Weltgeschichte, XIV (2. Aufl. 1888), S. 770.

[2] Vgl. Adickes, Zur Lehre von den Rechtsquellen, inbesondere über das Gewohnheitsrecht (1872), S. 77.

gewisse Rechtssätze zweifellos in Kraft und Gültigkeit[1], andererseits aber ein praktisches Verhalten der Staatsorgane, die es anging, das nach empirisch feststellbarer Regel[2] durchaus nicht diesen Normen gemäß war, sondern völlig entgegengesetzt. Solche Fälle sind aber durchaus nicht so selten, auch der Wissenschaft längst bekannt, und von ihr in allgemeinen Sätzen erörtert. Dabei macht sich aber als solche allgemein aufgestellte These insbesondere die bemerklich, daß man solche Erscheinungen durchweg als recht kurzlebig betrachtet, daß man behauptet, der offene Konflikt zwischen den Anforderungen der Rechtsnorm und dem faktischen Geschehen vermöge sich nie auf längere Zeit zu stabilisieren, sondern finde immer bald wieder seine Lösung dahin, daß entweder das Recht über das Leben oder dieses über jenes siege, d. h. daß das eine Mal der zunächst bloß faktisch geltende Erfahrungssatz allmählich unter Überwindung des bisherigen Rechts selbst zur neuen Rechtsnorm werde, das andere Mal das alte Recht die Anfechtung siegreich überwinde und wieder zur ausschließlichen Herrschaft gelange.

---

[1] Aus früher herrschenden Anschauungen heraus hätte man das allerdings mit der Motivierung bestreiten können, daß Gesetze nicht der Sittlichkeit, der Vernunft, dem ganzen Volksgeist widersprechen dürften. Gegenwärtig wird aber eine solche unhaltbare Beweisführung kaum noch ernstlich unternommen. Auch Adickes a. a. O. erkennt z. B. ausdrücklich an, daß mit derartigen Argumentationen der (formalen) Rechtsgültigkeit der betreffenden Gesetze nicht beizukommen ist. Vgl. u. a. S. 25 ff., 76 f.

[2] Darüber, wann eine solche Regel anzunehmen ist, kann hier nicht im Zusammenhange gehandelt werden. Es genügt hier der Hinweis, daß positiv stets ein regelmäßiges Zuwiderhandeln gegen formell-gültige Rechtsnormen stattfindet, doch so, daß dabei negativ nicht selbst wieder eine entsprechend geänderte neue juristische Norm zustande kommt, sei es, daß dies prinzipiell gar nicht möglich ist (wie im Falle der internationalen clausula rebus sic stantibus), sei es, daß bei an sich gegebener Möglichkeit die dazu notwendige längere Frist noch nicht abgelaufen ist. Die erforderliche Zahl von Kontraventionsfällen läßt sich im allgemeinen nicht bestimmen. Unter Umständen erscheint schon eine geringe Anzahl ausreichend. Nur je geringer die Zahl der praktischen Fälle ist, auf Grund deren ein empirisches Gesetz aufgestellt wird, um so größer ist auch die Gefahr, daß es auch wieder empirisch widerlegt werden kann, bei den sozialempirischen Gesetzen so gut wie bei den empirischen Gesetzen jeder Naturwissenschaft. [Vgl. noch S. 222 ff. D. H.].

Daß „auf die Länge das menschliche Bewußtsein den Zwiespalt zwischen rechtloser Macht und machtlosem Recht nicht erträgt“ (Gierke), dafür lassen sich gerade die zwei erwähnten Fälle recht gut als Beispiele anführen. Denn im einen dauerte die Diskrepanz gerade fünf Jahre, 1825 bis 1830, im zweiten noch bedeutend kürzere Zeit. Es fragt sich aber, was solche kurzatmige Fälle überhaupt für die uns obliegende Darlegung beweisen.

Wir suchen nach Analogien des innerstaatlichen Rechts für die bei der internationalen clausula rebus sic stantibus gefundene Erscheinung, daß sich der formell gültige Rechtssatz (dort der Satz pacta sunt servanda) und das tatsächlich abweichende Verhalten der Betroffenen (dort der Bruch der Vertragstreue bei eigener Gefährdung des Vertragsstaats) ständig, auf die Dauer, als nebeneinander bestehende Kräfte behaupten, von denen keine die andere zu verdrängen vermag. Dergleichen ist nun hier freilich sehr selten. Immerhin darf aber sein Vorkommen, im Gegensatz zur herrschenden Meinung, auch nicht als völlig ausgeschlossen bezeichnet werden.

Die deutschen Verfassungen pflegen eine unterschiedliche Behandlung der Staatsangehörigen in Bezug auf die Zulassung zu den Staatsämtern zu verbieten. So bestimmt Art. 4 der preußischen Verfassungsurkunde: Alle Preußen sind vor dem Gesetze gleich. Standesvorrechte finden nicht statt. Die öffentlichen Ämter sind, unter Einhaltung der von den Gesetzen festgestellten Bedingungen, für alle dazu Befähigten gleich zugänglich. Der Sinn solcher Bestimmungen ist ganz klar, insbesondere wenn man berücksichtigt, welche geschichtlich vorhanden gewesenen Zustände damit ausgeschlossen sein sollen. Diesen Rechtssätzen entspricht aber die tatsächliche Übung keineswegs durchgängig, wie man immer wieder nachdrücklichst festgestellt hören kann. Allerdings erledigen sich viele Beschwerden, insbesondere die konfessionellen Imparitätsklagen, meist damit, daß das Vorhandensein befähigter Elemente in den angeblich zurückgesetzten Klassen nicht nachweisbar ist. Andere dagegen sind gewiß nicht unbegründet. So ist nicht zu bezweifeln, daß hie und da eine Bevorzugung des ehemaligen Korpsstudententums bei der höheren Beamtenkarriere stattfindet. Ebenso gilt es ziemlich allgemein als feststehende Tatsache, daß vom Stabsoffizier an eine nicht sachlich begründete Zurücksetzung des bürgerlichen Elements hinter dem adligen stattfindet. In denselben Zusammenhang gehört es, wenn in einzelnen Staaten Angehörige des mosaischen Glaubens grundsätzlich nicht zum Richteramte zugelassen werden. In allen diesen Fällen liegen hemmende Störungen vor, die den unzweifelhaften Rechtssatz nicht zur tatsächlichen Durchführung gelangen lassen. Ihre Gründe sind höchst mannigfach, wenn sie auch meist auf eine Art sozialer vis inertiae zurückgehen, die geschichtlich gewesenen Gestalten der gesellschaftlichen Verhältnisse einen Einfluß noch auf die Gestaltung der an sich veränderten Gegenwart ermöglicht.

Einfach ignorieren lassen sich diese Erscheinungen nicht. Auch als vorübergehende lassen sie sich angesichts der Tatsache nicht betrachten, daß sie durch ihre Fortdauer seit der Einführung der konstitutionellen Verfassungen bis auf die Gegenwart doch eine ziemliche Lebenskraft bewiesen haben. Auf der anderen Seite geht diese aber nicht so weit, daß es ihnen gelungen wäre oder je gelingen wird, die Rechtsordnung ganz zu beseitigen. Die an sich mögliche Folgerung aus den Tatsachen, daß die letztere den Bedürfnissen keineswegs entspreche, wird von keiner Seite gezogen, auch nicht von derjenigen, die ihrer Nichtbeachtung das Wort zu reden geneigt ist. Hier handelt es sich also wirklich um Fälle, in denen im innerstaatlichen Rechtsleben Rechtssatz und tatsächlich gefundene Erfahrungsnorm als ebenbürtige Mächte sich gegenüberstehen. Hier darf also, wenn ein vollständig getreues Abbild von dem wirklich bestehenden Sachverhalt gegeben werden soll, auch wissenschaftlich nur von einem in seiner Geltung durch die

„Macht der Tatsachen" eigentümlich beschränkten Recht gesprochen werden.

§ 17.

Die Erscheinung, die sich aus den in § 16 erörterten Beispielen ergibt[1], zeigt einen mehr oder minder großen, nämlich durch Beeinflussung des ersteren durch letztere modifizierten, Widerspruch zwischen Recht und Tatsache. Das Wesen dieses Widerspruchs zu erfassen und seine Lösung von einem höheren Gesichtspunkte aus zu versuchen, ist nun noch unsere Aufgabe. Diese Aufgabe geht über den Stoff der Rechtswissenschaft insofern hinaus, als es sich hier um mehr oder weniger rein tatsächliche Vorgänge handelt, die der Herrschaft der Rechtssätze sich ent-

---

[1 Nur um Beispiele handelt es sich. Ihre Auswahl ist vom Verfasser ersichtlich aus dem Gesichtspunkte getroffen, möglichst allgemein bekannte Fälle zu treffen. Will man in Spezialgebiete eingehen, so ließen sie sich leicht um weitere Fälle vermehren, die die Gesamterscheinung noch treffender veranschaulichen würden. So ließe sich der Fall der Verjährung in der Richtung einerseits auf die sogen. Naturalobligationen im allgemeinen, anderseits auf die Einrede im Sinne des Deutschen B.G.B. überhaupt verallgemeinern. Aber auch sonst hätte das straf- und zivilrechtliche Problem der Grenzen der Rechtswidrigkeit mit Rücksicht auf tatsächliche Verhältnisse, die die betreffende Handlung fordern, dem Verfasser reichen Stoff zur Durchführung seiner Anschauung im einzelnen geboten. Man vergegenwärtige sich nur die Fälle, die Zitelmann in seinem Aufsatze über den Ausschluß der Widerrechtlichkeit im Archiv für die zivilistische Praxis, Bd. 99, S. 1 ff., erörtert, und die Lösung, die der Verfasser in ihnen von seinem Standpunkte aus gefunden haben würde. Der Behandlung des Zweikampfs durch Gerichte und Gnadeninstanz steht das Verhältnis der Polizei zur Kuppelei in den gewöhnlichen Fällen, die zeitweise ganz begrenzte Verwendung des gesetzlichen Strafrahmens dafür (§ 180 des Deutschen St.G.B.) durch die Gerichte und die ebenfalls zeitweise den weitesten Umfang annehmende Begnadigung in derartigen Fällen zur Seite. Für den Fall des Budget-Konflikts hat der Verfasser die sich ihm ergebende Auffassung selbst wenigstens angedeutet (vgl. oben S. 144, Anm. 3). Ausführlich beabsichtigte er nach vorhandenen Aufzeichnungen das Thema des Widerstreits zwischen der gesetzten Staatsverfassung und den realen Staatsbedürfnissen in polemischer Auseinandersetzung mit den Ausführungen von Jagemanns über die rechtlichen Mittel zur Erhaltung der Handlungsfähigkeit des Reichs gegenüber Obstruktionsbestrebungen, in dessen Vorträgen über die Reichsverfassung, zu behandeln.
D. H.]

gegenstellen, genauer gesprochen, um die Wirkung von Ursachen anderer Art, als es die Rechtsgebote sind, auf die Gestaltung des tatsächlichen Lebens, hier noch dahingestellt, welcher Art sie sind [[1]]. Andrerseits gehört es aber doch auch zu den Aufgaben der Rechtswissenschaft, die Grenzen der Herrschaft der Rechtsordnung im allgemeinen festzustellen, also auch insoweit, als diese Grenzen in rein tatsächlichen d. h. andersartigen Umständen bestehen, nicht in dem Wesen der Rechtssatzungen an sich und ihrem eigenen Willen. Ebenso wie die Rechtswissenschaft auch da, wo es sich nur um den Inhalt der Rechtsordnung handelt, an dem rein faktischen Geschehen, das für ihre Gestaltung wesentlich ist, nicht einfach vorbeigehen darf, sondern z. B. auch den Tod des Menschen, den Besitz u. dergl. in den Kreis ihrer näheren Betrachtung ziehen muß[2].

Die Frage nach der Begrenzung der Rechtsordnung durch tatsächliche Verhältnisse gehört der Lehre von der sogenannten Geltung des Rechts an[3]. Diese Geltung wird heutzutage ganz allgemein als ein Erfordernis für die Annahme

[[1] Die weitere Ausführuug dieses offen gelassenen Punktes, ist in den Aufzeichnungen des Verfassers nicht enthalten. Nach Andeutungen darin blieb sie einer für später in Aussicht genommenen allgemeinen Rechtslehre vorbehalten. In früheren Teilen der vorliegenden Schrift, besonders S. 109 ff., aber auch S. 96 f. und 184 f., wird auf die nähere Charakterisierung des Gegensatzes von Recht und Tatsache anscheinend sogar verzichtet. Doch enthält ja schon die Einordnung dieses Rechts und dieser Tatsache unter den höheren Begriff des Soziallebens (oben S. 96, unten S. 226) wenigstens den Anfang einer solchen. Des weiteren bleibt aber auch die Frage offen, ob das dem Rechte in den besprochenen Fällen entgegengesetzte Tatsächliche als das Sachgemäße anzusehen ist; denn es wird von einer Kritik, Billigung oder Mißbilligung, der einen oder anderen Seite des Gegensatzes, abgesehen und auf die bloße Möglichkeit hingewiesen, daß das tatsächliche Nichtrecht den Vorzug vor dem Rechte verdiene. Um so weniger läßt sich beurteilen, ob im letzteren Falle die Rechtfertigung des Nichtrechts gegenüber dem Rechte in der Zweckmäßigkeit, oder in einer das Recht überragenden sittlichen Norm zu suchen ist, oder ob Zweckmäßigkeit und sittliche Berechtigung zusammen fallen sollen. Hier bleibt also der Ergänzung noch mancher Raum. Vgl. aber doch oben S. 209, Anm. 1 und unten S. 225. D. H.]

[2] Vgl. schon oben S. 96 ff., S. 107 f.

[3] Vgl. oben S. 150 vor N. 1 und auch schon des Verfassers Gewohnheitsrecht, S. 23 f., S. 43 ff.

von Recht überhaupt angesehen[1]. Daraus ergibt sich von vornherein ein Anstoß gegen unsere Auffassung. Denn wenn man das Erfordernis der Geltung zunächst in seinem Wortsinn nimmt, so kann man aus ihm die Verneinung einer beachtlichen Erscheinung der hier behandelten Art überhaupt herauslesen. Gibt es nur geltendes Recht, so läßt sich scheinbar einfach sagen: In unseren Fällen handelt es sich, soweit die Tatsachen wirklich dem Rechte widersprechen, um nichtgeltendes, also überhaupt nicht mehr um Recht; es steht nicht Recht im Widerspruch zur tatsächlichen Lebensgestaltung, sondern Recht ist überhaupt nicht vorhanden. Dabei liegen aber Mißverständnisse nahe, die durch den Doppelsinn teils des Ausdrucks „Geltung", teils der zur Feststellung dieses Begriffs gegebenen Umschreibungen hervorgerufen werden[2].

Die Geltung wird in mehr oder minder abweichenden Förmelungen als die tatsächliche Übung bezeichnet. Selbstverständlich ist damit nicht die ausnahmslose Befolgung der Rechtssätze in dem Sinn gemeint, daß tatsächliche Vorgänge, die damit im Widerspruche ständen, gar nicht vorkämen [[3]]. Das Recht ist und bleibt seinem Wesen nach eine F o r d e r u n g, die von denjenigen, an die sie gerichtet ist, befolgt oder nicht befolgt werden kann; ja es gehört gerade das zum Wesen der Forderung auch des Rechts, daß sie Beweggründen zum entgegengesetzten Handeln von beachtlicher Stärke eben durch ihr Dasein entgegenzuwirken sucht. Mit einem Worte: Die Verletzbarkeit des Rechts liegt notwendig im Begriffe des Rechts, das Vorhandensein

---

[1] Vgl. z. B. J e l l i n e k, Allgemeine Staatslehre (1900), S. 303; N i p p o l d, Der völkerrechtliche Vertrag, S. 18.

[2] Ähnlich wie in dem S. 109, Anm. 2 erörterten Falle. Vgl. zum folgenden: B i e r l i n g, Juristische Prinzipienlehre, Bd. I, S. 128, Anm. 4; Bd. II, S. 246 ff.

[[3] Vgl. hierzu J e l l i n e k, Verfassungsänderung und Verfassungswandlung (1906), S. 2. Diese Schrift behandelt neben anderem auch einen Teil des hier erörterten Problems, die Beeinflussung des rechtlichen Verfassungsbestandes durch abweichende tatsächliche Zustände. D. H.]

von Unrecht ist, vielleicht paradox, aber durchaus richtig gesagt, geradezu Voraussetzung der Annahme von Recht. Wo das tatsächliche Geschehen ausreichend den Anforderungen des Rechts entspricht, da hört das Recht als solches auf zu wirken. So weit das von vornherein der Fall ist, besteht kein Bedürfnis für die Aufstellung von Rechtssätzen und unterbleibt diese deshalb[1]. Darum handelt es sich hier natürlich nicht. Hier sind vielmehr solche Fälle in Frage, in denen das Leben grundsätzlich die tatsächliche Herrschaft des Rechtssatzes, ganz oder in gewissen Grenzen, überhaupt oder innerhalb gewisser Zeit, nicht aufkommen läßt. Es fragt sich, ob das möglich ist, ohne daß das Vorhandensein von Recht entfällt.

Möglich ist es zunächst zweifellos bei derjenigen Auffassung der Geltung, die dazu nichts weiter als das formelle Bestehen, genauer die Entstehung, des Rechtssatzes erfordert, die Erfüllung der Voraussetzungen, die für das Zustandekommen eines Gesetzes oder eines Gewohnheitsrechtssatzes notwendig sind. Das ist die Bedeutung der Geltung, wenn von geltendem Recht im Sinne von positivem Rechte im Gegensatz zu dem bloß aus der subjektiven Vernunft abgeleiteten, dem Naturrechte gesprochen wird[2].

Aber darum handelt es sich wieder für uns nicht. Die Erscheinung, die uns beschäftigt, ist — das wird nach dem Gegensatze, wie er bisher erörtert ist, nun ohne weiteres klar sein — die, daß ein Rechtssatz nicht bloß formell gesetzt ist, sondern auch als bestehend, verbindlich, Forderungen an die der betreffenden Rechtsordnung Unterworfenen begründend anerkannt[3], trotzdem

---

[1] Vgl. hierzu des Verfassers Gewohnheitsrecht, S. 42 ff.

[2] Vgl. Bergbohm an dem Anm. 3 angeführten Orte, S. 51, Anm. *.

[3] Diesen Begriff der Geltung finden wir z. B. bei Affolter, Grundzüge des Allgemeinen Staatsrechts, S. 22, auch S. 66 (der freilich diese Geltung für nichts dem Rechte Wesentliches ansieht — vgl. a. a. O. und Archiv für öffentliches Recht, Bd. V, S. 606 f.), oder Bergbohm, Jurisprudenz und Rechtsphilosophie, S. 80; ferner a. a. O., S. 402, S. 18, S. 560 in der Anm.

aber aus überwiegenden anderen Beweggründen bei jeder Gelegenheit dazu tatsächlich nicht befolgt wird.

Wie schon angedeutet, ist das auch dann der Fall, wenn dem anerkannten Satze der Gehorsam nur in gewissen Grenzen verweigert wird. Und zwar ist das die tatsächlich überwiegende Zahl der Erscheinungen: Dabei lassen sich nun, wie auch schon bemerkt, zwei Gruppen von Fällen unterscheiden. Einmal handelt es sich um inhaltliche Ausnahmen, die im übrigen schlechthin mit dem Bestehen des Rechtssatzes verknüpft sind, aber es nicht zur sachlich gleichartigen Einschränkung desselben bringen, wie im Falle der Verjährung. Oder aber es findet eine völlige Nichtbeachtung des Rechtssatzes statt: dann dauert aber — das soll einstweilen zugegeben werden; vgl. aber unten S. 223 f. — regelmäßig, wie in den geschichtlichen Fällen, dieser Zustand nur begrenzte Zeit, weil, wie oben (S. 209 f.) bemerkt, in solchen Fällen eine schließlich siegreiche Tendenz der Vereinigung von Recht und Tatsache, genauer, der Wiedervereinigung nach zeitweiligem Auseinandergehen, in der einen oder der anderen Richtung besteht. Auch solche vorübergehende Zustände wollen aber — ganz abgesehen von ihrer absolut vielfach ganz erheblichen Dauer — verstanden sein; und davon darf auch der Umstand nicht abhalten, daß die tatsächliche Feststellung, daß und worin der betreffende Zustand wirklich besteht, sehr schwierig ist und daß vielfach über das subjektive Meinen des einzelnen Beobachters dabei nicht hinauszugelangen sein wird.

Wir kommen damit zu einer Seite des Rechtsbegriffs, die uns bisher noch gar nicht[1] beschäftigt hat, auf das Verhältnis des Rechts zu dem subjektiven Empfinden der am Rechte Beteiligten, seien dies die theoretisch mit ihm Beschäftigten, seien es die praktisch davon Betroffenen, die Lebenskreise, denen es gilt, und die möglicherweise damit in

---

[1] Vgl. nur die Berührung gelegentlich einer besonderen Frage oben S. 178, Anm. 1.

Konflikt kommen. Die zur Erörterung stehende Erscheinung bietet nun der Erklärung ganz verschiedene und verschieden große Schwierigkeiten dar, je nachdem man sich dieses Verhältnis denkt.

Beispielsweise ist für den, der die Existenz des Rechts überhaupt nur in das subjektive Empfinden des einzelnen verlegt, eine Schwierigkeit gar nicht vorhanden. Das Rechtsgefühl, Rechtsurteil, oder wie man sonst sagen will, steht dann neben anderen Vorstellungen, Beweggründen: es wird für die Feststellung dessen, was tatsächlich geschieht, geschehen soll, von den letzteren überwunden; als solches bleibt es aber trotzdem neben diesen, weder im Inhalt noch in der Geltung an sich beeinträchtigt, weiter bestehen. Die Schwierigkeiten zeigen sich erst, wo ein objektives Element im Rechte anerkannt wird. Deshalb sind die verschiedenen Möglichkeiten der Auffassung des Rechts in dieser Beziehung gesondert zu betrachten.

Die Auffassung, die das Recht nur als Inhalt menschlicher Vorstellung denkt, ist nicht bloß an sich möglich, sondern auch, wenigstens in gewissem Sinne, richtig und unanfechtbar. Wir gehen aus davon, daß unsere Erkenntnis nicht über den Kreis unserer Vorstellungen in der wirklichen Welt hinausreicht, daß also alles, was wir von Erscheinungen in der Welt aussagen, philosophisch genau genommen, nur von entsprechenden Vorstellungen des Beobachters gesagt erscheint. In diesem Sinne ist auch das Recht im allgemeinen, wie jeder einzelne Rechtssatz nur der Gegenstand einer, freilich ziemlich verwickelten, Vorstellung[1]. Folgerichtig ist insofern auch kein Unterschied zwischen einem bloß vorgestellten, möglichen und einem wirklichen, geltenden Rechtssatze zu machen: das Paradoxon Kants

[1] Die Philosophie redet zumeist nur von der Erkennbarkeit der Dinge, des Seins. Beim Recht handelt es sich zweifellos um eine Unsumme von Vorgängen. Indes ergibt das in Wirklichkeit keinen Unterschied. Auch das Sein ist in Wahrheit nur eine Zusammenfassung eines andauernden Vorgangs oder einer Menge von Vorgängen.

von den 100 wirklichen und den 100 bloß vorgestellten Talern, die sich nicht voneinander unterscheiden, läßt sich genau ebenso für diese beiden Arten von Recht aufstellen.

In diesem Sinne müßte man auch den Satz von der Clausula rebus sic stantibus, von dem wir bei allen unseren Betrachtungen ausgingen, als einen Rechtssatz, gleichartig dem Satze Pacta sunt servanda, anerkennen, obwohl er nachgewiesenermaßen eben rein auf der Vorstellung des betreffenden Bearbeiters des Völkerrechts von dem Zweck- und Rechtmäßigen beruht. Und das gleiche gälte von den anderen einschränkenden Normen der Art, wie wir sie in § 16 erörtert haben. Von dieser Auffassung aus käme man aber zu einer höchst einfachen Lösung der Schwierigkeit auch dann, wenn man diese einschränkenden Normen, wie wir es tun, als solche tatsächlicher Art auffaßte, hier also die Rechtsvorstellung völlig ausschaltete. Denn die Existenz der vorgestellten Rechtsnorm würde durch die Anerkennung der Vorstellung solcher andersartigen Normen in keiner Weise alteriert. Diese Anschauung läßt also die Möglichkeit doppelter Lösung der Frage zu. Sie kann schon deshalb nicht die entscheidende sein. Überhaupt ist aber in dieser Abstraktion mit der Vorstellung vom Rechte ebensowenig für das praktische Leben, wie für die weitere wissenschaftliche Erkenntnis des Rechts etwas anzufangen. Es verhält sich hier nicht anders als mit anderen Erscheinungen aus dem Weltbilde, für die mit dem Stehenbleiben bei dem Satze von der Unerkennbarkeit der Dinge außer uns eben alles weitere Forschen von selbst aufhört.

Tatsächlich sind nun die Einzelwissenschaften, unbekümmert um die philosophische Erkenntnistheorie, ruhig ihren Weg weiter gegangen, haben die Dinge der Welt als erkennbar behandelt und sind so zu Ergebnissen hinsichtlich ihres Wesens gelangt, die, wenn auch nicht als erschöpfend, so doch auch von vornherein nicht als praktisch bedeutungslos gelten können. Insbesondere ist das bei der Naturwissenschaft der Fall, die gerade in ihrer Abwendung von der philosophischen Abstraktion einen großen Aufschwung genommen hat. Ebenso liegt die Sache aber auch für die Rechtswissenschaft. Und zwar handelt es sich dabei nicht bloß um ein gleichartiges Vorgehen wie dort, sondern nach unserer Auffassung ist das Recht als eine Erscheinung des sozialen Geschehens ebenso ein Gegenstand naturwissenschaftlicher Betrachtung, wie es die Vorgänge im Leben des Einzelmenschen und in der sonstigen Natur sind[1]. In der Tat steht aber diese, kurz gesagt, naturwissenschaftliche Betrachtungsweise, insbesondere des Rechts, der philosophischen keineswegs so fern, wie es auf den ersten Blick scheinen mag.

Nähere Betrachtung findet ja, daß sich den Vorstellungen von Vorgängen der Welt, von denen der Philosoph allein redet, doch noch etwas, was in den rein abstrakten Vorstellungen nicht vorhanden ist, beimischt, wenn sie die wirklichen Lebensvorgänge ins Auge fassen, nämlich die Berücksichtigung ihrer Wirkung auf Dinge, die außerhalb der Erscheinung selbst liegen. Schon die Beobachtung entsprechender Vorstellungen bei anderen Personen als dem Beobachter, genauer gesprochen, das Hinzutreten der Vorstellung von solchen Vorstellungen zur Beobachtung der eigenen, liefert für Jenen in den Fällen, wo sie auftritt, den unmittelbaren Beweis, daß noch mehr da ist, als bloß seine Vorstellung. Auch wenn wir dies hier im allgemeinen nicht weiter verfolgen[2], dürfen wir, ohne auf Widerspruch stoßen zu müssen, für unsere besondere Frage, die nach der Geltung des Rechts, den Satz aufstellen, daß in unserer Vorstellung das rein abstrakte Recht von dem wirklich geltenden sich deutlich dadurch unterscheidet, daß mit letzterem sich ohne weiteres die Vorstellung einer Einwirkung sogar auf das praktische Verhalten auch anderer

[1] Darüber s. noch unten.

[2] Über die Verschiebung des Gegenstands der Beobachtung, je nachdem man seine Einwirkung auf die menschlichen Vorstellungen in Betracht zieht oder nicht, vgl. z. B. Wundt, Grundriß der Psychologie, S. 2.

Personen verbindet. Selbst wenn wir bei diesem Unterschiede des wirklichen von dem bloß gedachten Rechte stehen bleiben, wie dies heute noch von einer verbreiteten Meinung geschieht, verschiebt sich unsere Frage schon ganz erheblich. Denn schon hier tritt die Schwierigkeit zutage, der die Anschauung, die das Recht in die bloße Vorstellung verlegt, nicht ausgesetzt ist: es handelt sich alsbald um die Feststellung, ob in den zur Erörterung stehenden Fällen eine Beeinflussung des praktischen Verhaltens durch das Recht oder durch Ursachen anderer, tatsächlicher Art erfolgt.

Noch augenfälliger wird dies aber, wenn wir weitergehend das Recht nicht bloß als einen in der Vorstellung wurzelnden und den Willen beeinflussenden Beweggrund des einzelnen auffassen, sondern diesen Beweggrund als eine reale Macht denken, die von außen an die dem Rechte Unterworfenen herantritt, weil dies unseren Vorstellungen vom Wirken des Rechts am besten entspricht. Diese Auffassung kann hier nicht noch einmal eingehend gerechtfertigt werden. Dies ist vom Verfasser in seinen früheren Schriften [1] geschehen, soweit es in dem dortigen Zusammenhange geschehen konnte; und eine weitere Ausführung, insbesondere von dem im Vorstehenden berührten philosophischen Ausgangspunkte aus, könnte mit der nötigen Gründlichkeit nur in der von ihm weiter geplanten besonderen Studie über das Recht [2] erfolgen. Hier sei nur noch einmal das Ergebnis hervorgehoben. Recht ist nichts Anderes als der Wille der Gemeinschaft, die dazu berufen ist, die Verhältnisse ihrer Angehörigen in irgendwelcher Hinsicht zu ordnen, zumal des Staates, der diesen Beruf im umfassendsten, grundsätzlich nicht beschränkten, Umfange hat. Der Gemeinschaftswille hat in seiner Art keine anderen Voraussetzungen seines Werdens und Seins als der Wille

---

[1] Vgl. insbesondere die Studie über den Staat, Abschnitt V und VI (S. 76 ff.).

[[2] Vgl. ebenda im Vorwort (S. V). D. H.]

des Einzelnen. Auch eine besondere Art der Erklärung ist ihm nicht wesentlich. Die Erklärung macht auch ihn nur nach außen erkennbar. Das geschieht für den nach innen, auf Verhältnisse im Innern, gerichteten Willen durch Gesetz und Gewohnheit[1], nach außen durch Übereinkunft zweier oder mehrerer Staaten und wieder entsprechende Gewohnheit [[2]]. Aber das sind, wie gesagt, nur die Formen, in denen das Recht erkennbar wird. Vorhandensein kann es auch ohne sie; nur daß es dann eben nicht zu erkennen ist. Deshalb ist es im einzelnen Falle sehr wohl möglich, daß eine scheinbar rein tatsächliche Handhabung in Wahrheit das geltende Recht ist, das formell erklärte dagegen nicht oder doch nicht mehr, oder, wenn doch, so nur eingeschränkt gilt. Daraus ergibt sich für diese Auffassung des Rechts zunächst eine große

---

[1] Über letztere vgl. des Verfassers Gewohnheitsrecht.

[[2] Über die Natur des Völkerrechts, die er ebenfalls in einer besonderen Studie zu behandeln gedachte (vgl. die Vorrede zum ‚Staat' a. a. O.), insbesondere über seine Rechtsqualität und seine Einordnung in einen höheren Rechtsbegriff, der auch das innerstaatliche, allgemeiner innergemeinschaftliche, Recht umfaßte, hat der Verfasser noch keine Gelegenheit gehabt, sich auszusprechen. Soviel zu ersehen, ist ihm auch hier das Entscheidende, also beiden Fällen Gemeinsame, der Gemeinschafts-(Staats-)Wille, das Unterscheidende hier die Einseitigkeit des einen Willens, dort der Zusammenschluß mehrerer solcher Willen (vgl. oben S. 2, 3 Anm. 1, S. 28, 31, 55 f., 109 Anm. 2, S. 114, 165 f.). Daß so der Wille der einzelnen Staaten auch für das Völkerrecht als die einzige Quelle erscheint, ist übrigens nur die formal-juristische Seite der ganzen Anschauung, die den Staat und sein Interesse in den Mittelpunkt der Betrachtung auch des Rechtes stellt, einer Anschauung, die mehrfach (vgl. S. 95 f., 115 f., 120 f.) auch auf die Bestimmung des Inhalts maßgebenden Einfluß gehabt hat, sofern dort auch die völkerrechtlichen Pflichten des Staats, insbesondere die der Vertragstreue, im letzten Grunde auf sein eigenes Interesse zurückgeführt werden, nicht bei dem gemeinsamen Interesse aller am Völkerrechte beteiligten Staaten stehen geblieben wird. Diese Grundanschauung des Verfassers liefert auch den Schlüssel zu seiner Verneinung jeden Rechts innerhalb der Gemeinschaft, das nicht von dieser ausginge, insbesondere eines Privatrechts, welches die Einzelnen durch Vertrag oder Gewohnheit schüfen, neben den staatlichen und kirchlichen Normen des Privatlebens. Aus der Möglichkeit derartigen Rechts zwischen Gemeinschaften, wie es das Völkerrecht ist, darf nicht auf jene Möglichkeit geschlossen werden, weil auch dort der Gemeinschaftswille das wesentliche ist. Man sieht, wie mit dem Ausgangspunkte alles steht und fällt, warum z. B. der Verfasser zu ganz anderen Ergebnissen kommen muß als Bierling in seiner juristischen Prinzipienlehre. D. H.]

Schwierigkeit, festzustellen, was Recht und was rein tatsächliches Geschehen ist[1].

Die Frage ist im Anschluß an frühere Ausführungen[2] dahin zu lösen, daß Recht erst dann anzunehmen ist, wenn feststeht, daß ein tatsächliches Verhalten, welches im Widerspruch mit den bisherigen Rechtssätzen steht oder doch in ihnen keine Stütze findet, keine Rektifikation durch irgendein kompetentes Staatsorgan auf Grund des bisherigen Bestandes an Rechtsnormen zu erwarten hat. Daraus ergibt sich für die Unterscheidung zwischen dem wirklich geltenden Recht und dem es wirksam bekämpfenden tatsächlichen Verhalten sowie für die Begrenzung des letzteren im Gegensatz zur gewöhnlichen Rechtsverletzung folgendes.

Die letztere erkennt den Rechtssatz, zu dem sie in Widerspruch tritt, als vollwirksam und für den Betreffenden selbst in jeder Richtung verbindlich an; sie handelt ihm nur im einzelnen Falle zuwider. Das tatsächliche Verhalten, das uns hier beschäftigt, bekämpft die Herrschaft des Rechtssatzes als solche; es will ihm nicht nur in jedem Einzelfalle entgegentreten, sondern grundsätzlich den Gehorsam versagen, weil es seine Herrschaft der Gemeinschaft nicht für zuträglich, nicht für sozialgemäß hält[3]. Es wird zum Recht, wenn es die Anerkennung aller berufenen Staatsorgane und damit des Staates selber, bezw. aller beteiligten Staaten erhält, gleichviel ob in Gesetzes- bezw. Vertragsform oder durch ihr tatsächliches Verhalten, und, soweit als dies geschieht. Bis dahin und soweit diese Anerkennung nicht erfolgt, bleibt es Nichtrecht, auch wenn es sich tatsächlich dem Rechte gegenüber durchsetzt[[4]].

---

[1] Vgl. oben S. 216 und Gewohnheitsrecht, S. 23 f.

[2] Besonders Gewohnheitsrecht, S. 21 f, 29, 47; aber auch schon oben S. 209.

[3] Darüber noch unten S. 225.

[[4] Näher ausgeführt ist dieser Gegensatz von Recht und Nichtrecht vom Verfasser hier nicht (vgl. auch S. 209, Anm. 2). Aus anderen Teilen seines Werkes läßt sich seine Auffassung wenigstens in zwei Richtungen ergänzen. Soviel scheint sicher, daß er zur Annahme eines Rechtssatzes eine als allgemeine gewollte Regel fordert und im Gegensatze dazu das

Damit ist der Grundsatz für die Beurteilung der in den Beispielen des § 16 vorgeführten Erscheinung gewonnen. Er deckt sich mit demjenigen, der nach unseren Ausführungen für die zutreffende Auffassung des Satzes von der clausula rebus sic stantibus und der gleichartigen Erscheinungen des Völkerverkehrs aufzustellen war. Das wird nach dem Gesagten jetzt näherer Ausführung nicht mehr bedürfen.

Wie nur in Wiederholung des früher[1] Gesagten nochmals hervorgehoben werden soll, mag faktisch dieser Zustand der Herrschaft der bloßen Tatsache über das Recht vielfach ein bloßer Übergangszustand sein; aber zu seinem Wesen gehört das keineswegs; vielmehr spielt die Herrschaft von Tatsachen ohne rechtliche Sanktionierung im Leben der Staaten, und zwar sowohl im inneren Leben, wie im Ver-

---

Wesen der hier besprochenen Erscheinung in Einzelentschlüssen sieht, die gleichmäßig wiederkehren, aber doch nur von Fall zu Fall erfolgen, also nur erfahrungsmäßigen Anhalt für die weitere Gestaltung in gleichen Fällen liefern (vgl. S. 27, 123, 149). Ferner wird sich aus seinen Beispielen folgern lassen, daß er dem zur Annahme vom Recht wesentlichen Gemeinschaftswillen (Staats- und Staaten-Willen) den in der tatsächlichen Handhabung zum Ausdruck kommenden Willen einzelner Subjekte, einzelner Staaten und einzelner Lebenskreise innerhalb eines Staats, insbesondere einzelner Staatsorgane entgegensetzt, die, wie die Gnadeninstanz in der Justiz, so gut wie ausschließlich zur Normierung der Einzelverhältnisse in gewissen Richtungen berufen sind und in ihren regelmäßig befolgten Maximen leicht den Anschein einer allgemeinen Rechtsregel hervorrufen können, während es sich immer nur um eine bloß tatsächliche und als solche im Gegensatz zu einem geltenden Rechtssatze stehende Übung handelt. Dem wird man nicht entgegenhalten dürfen, daß er vielfach den Richterspruch als dem Rechtssatze gleichwertig behandele, insbesondere wo er den Mangel des Völkerrechts in dieser Hinsicht hervorhebt (vgl. S. 187, Anm. 2 mit Anführungen); vielmehr erscheint gerade hier der Richterspruch überall auf einer Stufe mit der tatsächlichen, nicht rechtlichen, Beeinflussung des Völkerverkehrs durch die dafür erheblichen Umstände (res mutatae, res sic stantes). Als Zwischenglied zwischen den beiden Mächten, Recht und Tatsachen, erscheint allerdings die behördliche Handhabung da, wo nach der Auffassung des Verfassers neben dem Rechtssatz für die sämtlichen Staatsunterworfenen eine besondere rechtliche Anweisung zur Abweichung davon für die Behörden besteht, die den Tatsachen bis zu einem gewissen Grade Rechnung trägt, wie im Falle der Verjährung — eine Erscheinung, die aber naturgemäß auf das innerstaatliche Leben beschränkt bleibt, dem Völkerrecht fremd ist (vgl. S. 106 f., 203). D. H.]

[1] S. 209, 216.

kehr der Staaten untereinander, eine weit größere Rolle, als die einseitig juristische Beurteilung des Staats und seiner Verhältnisse anzunehmen gewohnt ist. Nur hierzu noch einige Worte.

Wenn diese Behauptung Widerspruch findet, so beruht das auf herkömmlichen, eingewurzelten Anschauungen, die der Verfasser schon wiederholt zu bekämpfen Anlaß gehabt hat[1].

Im innerstaatlichen Leben herrscht heutzutage noch vollständig die Lehre, daß es durch das staatliche Gesetz erschöpfend geregelt werde. Wenn sich das gesunde Gefühl mit Gewalt dagegen auflehnt, weil die Ergebnisse im besten Falle unerträglich sind, so hilft es sich mit künstlichen Mitteln, wandelt auf den gewundensten Wegen, um nur ja den Zwiespalt zwischen Gesetz und tatsächlicher Handhabung nicht offenkundig werden zu lassen, obwohl in diesem Zwiespalt das Recht im höheren Sinne völlig auf seiten der letzteren ist und eine Rechtfertigung aus dem Gesetze deshalb gar nicht mehr nötig wäre. So insbesondere die deutsche Rechtspflege mit ihren Auslegungskünsten und ihrer entsprechenden Anwendung[2]. Demgegenüber ist es dringend zu wünschen, daß die Grundsätze freier Rechtsfindung, wie sie in der englischen Justiz herrschen, auch bei uns Eingang finden mögen. Als Weg dazu kommt aber nicht eine gesetzliche Regelung, sondern nur die vom Richterstande selbst ausgehende bessere, andersgeartete Erziehung des Richters für seinen Beruf in Frage[[3]].

---

[1] Vgl. oben S. 201 f.

[2] Vgl. Gewohnheitsrecht S. 20, 39.

[[3] Die eingehende Erörterung dieser Frage war nach des Verfassers Aufzeichnungen einer besonderen Schrift vorbehalten. Ihrer ist sie auch bedürftig. Die obenstehenden kurzen Sätze sind dem Mißverständnisse sehr ausgesetzt. Das freilich läßt sich wohl ohne weiteres behaupten, daß der Verfasser nicht, wie Andere heutzutage, die englischen Verhältnisse der deutschen Justiz einfach als Muster vorhalten will. Eins ist ganz gewiß sicher, daß er keineswegs die strenge deutsche Gesetzesanwendung durch einen Präjudizienkult ersetzt wissen wollte, wie er in Deutschland ja auch keineswegs fehlt. Schon die früheren Ausführungen ergeben,

Gerechtfertigt ist dieser Wunsch mit dem Bedürfnis, daß anstatt der alleinigen Beobachtung der gerade geltenden einzelnen Satzungen, die die Sache nie erschöpfen und daher im Einzelfalle kein vollbefriedigendes Ergebnis liefern können, oberster Grundsatz überall die salus publica sei, der Grundsatz, von welchem alle Einzelsätze nur Anwendungsfälle sind, die sich deshalb auch nach der Natur der Sache von ihm aus eine Korrektur gefallen lassen müssen [1].

Und was nach den Ausführungen der vorliegenden Schrift für den völkerrechtlichen Verkehr der Staaten gilt, ist wieder nichts Anderes als dieser Grundsatz. Das Gedeihen der einzelnen Staatswesen und dazu auch die Möglichkeit ihres gegenseitigen Verkehrs ist die oberste Regel und Richtschnur für ihr Verhalten. Deren Beobachtung weichen und sollen weichen die für den Augenblick zugeschnittenen, mit seinem Vorübergehen veraltenden, positiven Satzungen, wenn auch ihr formal-rechtlicher Bestand nicht in Frage gezogen werden kann und gerade im Interesse der Sicherheit des Völkerrechts nicht in Frage gezogen werden soll.

Diese Anerkennung von Mächten außerhalb des Rechts [2] im Staatsleben als tatsächlich und heilsam wirkend ist es, die im Gegensatze zu der formalistischen,

daß er vor allem die Geltendmachung der selbständigen Überzeugung des einzelnen Staatsorgans von dem für recht befundenen, ohne Rücksicht auf fremde Meinung, selbst mit Gefahr für die eigene Person fordert, also das gerade Gegenteil von den Beweggründen, auf denen jene Erscheinung beruht (vgl. oben S. 202). — Wie weit der Verfasser unter und gegenüber den gegenwärtigen gesetzlichen Verhältnissen in Deutschland (§ 1 des Gerichtsverfassungsgesetzes) in der Forderung der freien Rechtsfindung gehen wollte, bleibt zweifelhaft. Oben S. 201 ist die Forderung weit vorsichtiger geförmelt als an den einschlagenden Stellen der Schrift über das Gewohnheitsrecht (S. 12—21). Vielleicht stand der Verfasser doch den Sätzen nicht fern, in denen neuerdings Bülow (im Recht 1906, S. 769 ff.) der radikalen Theorie entgegengetreten ist, für die man nach den früheren Ausführungen auch unseren Schriftsteller als Gewährsmann zu zitieren versucht sein konnte. D. H.]

[1] Gewohnheitsrecht, S. 17.

[2] Vgl. oben S. 110 f.

einseitigen Rechtswissenschaft verteidigt werden muß. Sie ist die Grundlage einer Rechtslehre, die das Recht am gebührenden Platze in die Gesamtheit der im menschlichen Gemeinschaftsleben, zumal im Staatsleben wirksamen Faktoren einordnet, der empirisch-sozialen, sozialdynamischen Rechtslehre.

Piererche Hofbuchdruckerei Stephan Geibel & Co. in Altenburg.

FSC
www.fsc.org
MIX
Papier | Fördert
gute Waldnutzung
FSC® C083411

Kolibri 360 GmbH
Ferdinand-Jühlke-Straße 7
99095 Erfurt, Deutschland
produktsicherheit@kolibri360.de

Druck:
CPI Druckdienstleistungen GmbH
im Auftrag der
Kolibri 360 GmbH
Ferdinand-Jühlke-Str. 7
99095 Erfurt